高等院校"十三五"规划教材

管理信息系统

主　编　甘　霖　刘满成
副主编　董绍斌　石卫星

南京大学出版社

图书在版编目(CIP)数据

管理信息系统 / 甘霖,刘满成主编. — 南京:南京大学出版社,2017.1(2019.1 重印)

高等院校"十三五"规划教材

ISBN 978 - 7 - 305 - 17963 - 1

Ⅰ. ①管… Ⅱ. ①甘… ②刘… Ⅲ. ①管理信息系统 Ⅳ. ①C931.6

中国版本图书馆 CIP 数据核字(2016)第 298237 号

出版发行　南京大学出版社
社　　址　南京市汉口路 22 号　　　邮　编　210093
出 版 人　金鑫荣

丛 书 名　高等院校"十三五"规划教材
书　　名　管理信息系统
主　　编　甘霖　刘满成
责任编辑　武坦　尤佳　　　　　编辑热线　025 - 83592315

照　　排　南京南琳图文制作有限公司
印　　刷　南京理工大学资产经营有限公司
开　　本　787×1092 1/16　印张 15.75　字数 374 千
版　　次　2017 年 1 月第 1 版　2019 年 1 月第 2 次印刷
ISBN 978 - 7 - 305 - 17963 - 1
定　　价　41.00 元

网址:http://www.njupco.com
官方微博:http://weibo.com/njupco
微信服务号:njuyuexue
销售咨询热线:(025) 83594756

前　言

首先提出以下几个基本问题,请相关专业的研究者思考:

(一)财务管理专业:其一,如果你被某集团聘请为 CFO,根据企业最高决策层的决定,为了提高企业产品在社会上降价后的竞争力,要求将明年的产品总成本下降 5％,但是,必须确保年利润总额不减少,那么,请你拿出一份计划书(产品结构及品种由分析者自己确定,可以提议改变设计方案和工艺流程)。其二,如何利用现有的电算化会计资料,对企业的财务结构、偿债能力、资产投资、资产存量、现金流量、经济增加值和盈利能力进行分析?

(二)人力资源专业:其一,如何对企业内部的各类人员按照生产经营的需要进行合理调配,并针对这种调配制订雇员培训计划以及近期详细的教学计划? 其二,如何针对企业的发展战略目标制定中长期的雇员教育培训计划?

(三)工商管理专业:作为管理者,如何针对你所面对的组织(政府机构、事业单位、商业企业、工业企业等)当前所处的某种劣势状况,提出你的解困方案?

(四)工程技术人员(产品设计师、工艺师、设备工程师等):必须回答几个简单却又困难的问题,针对自己所管辖范围的问题,你提出的解决方案是最佳的吗? 解决问题的成本是多少? 处理所有问题的依据是什么?

由管理问题引发的信息系统问题大概可以按照如下列示:

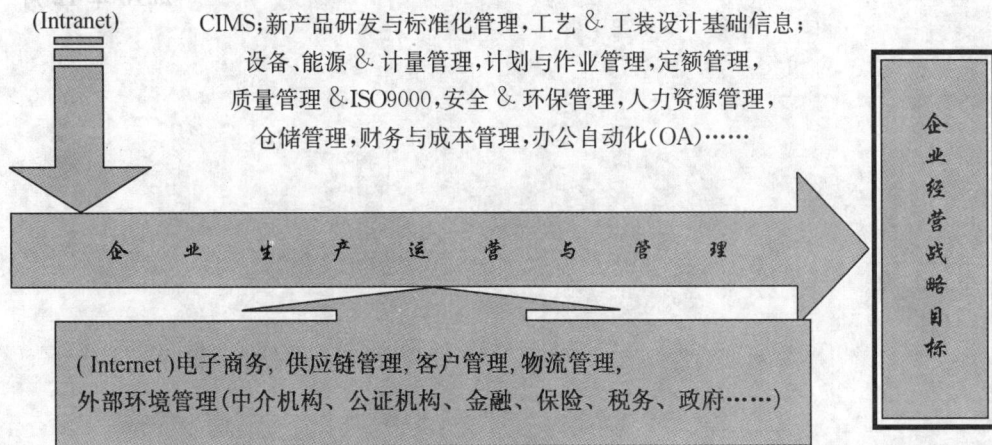

(Intranet)

CIMS;新产品研发与标准化管理,工艺 & 工装设计基础信息;设备、能源 & 计量管理,计划与作业管理,定额管理,质量管理 & ISO9000,安全 & 环保管理,人力资源管理,仓储管理,财务与成本管理,办公自动化(OA)……

企　业　生　产　运　营　与　管　理

企业经营战略目标

(Internet)电子商务,供应链管理,客户管理,物流管理,外部环境管理(中介机构、公证机构、金融、保险、税务、政府……)

管理信息系统在当前社会中的应用极其广泛。在应用中需要密切关注相关的信息问题,具体包括:① 如何收集有用信息;② 如何传递信息;③ 如何利用历史信息;④ 对已经掌握的信息进行什么类型和何种程度的加工处理等,这样,才能为你提供必要的决策依据。

管理信息系统知识的学习,其实质上是对学生思维能力和思维方法的锻炼,也是对学生知识水平以及处理问题能力的提升。很多同学对管理信息系统仅仅按照一门知识课程去学习,这样做是不够的。因为,管理信息系统教学的全过程完全符合我们处理一个"事件"(解决问题、技术设计)的过程:展开必要和正确的系统调查,以及状况分析,提出解决问题和技术设计的方案,将选中的方案付诸实施并进行必要的维护。鉴于此,学习管理信息系统也应该围绕这个中心展开。

本教材在充分吸收国内各专家学者成果的基础上,结合编者近十五年来对管理信息系统的研发和教学的经验编写而成,以供读者参考和借鉴。

管理信息系统开发和研究是一个特殊的问题,读者必须树立一个重要的思维方式:上兵伐谋、纵览全局、纲举目张、规范标化、百花齐放、创造个性。

管理信息系统研发和信息分析的流程与其他工程类问题一样,其基本流程是:

(1)"大事化小":系统协同、模块分割、由表及里、去伪存真;

(2)"小题大做":贯彻标准、制定规范、本土优化、精益求精;

(3)"PDCA":拓展时空、再造流程、求同存异、朱兰曲线。

如果将管理信息系统作为一个独立的问题来处理是注定要陷入死胡同的。

本书由陕西服装工程学院甘霖、淮阴工学院刘满成任主编,淮阴工学院董绍斌、石卫星任副主编,陕西服装工程学院、淮阴工学院部分老师也承担了本书稿的编写。

本书在编写中参考了大量国内有关专家与学者的文献,充分地借鉴了他们的成果,在此,谨向他们致以崇高的谢意。

由于时间较为紧促,错误在所难免,请读者不吝赐教。

编　者
2016 年 12 月

目　录

上 篇

基础篇

第一章 绪 论

第一节 全球信息化及其背景

信息技术和信息产业的迅猛发展使得信息化社会具有以下典型特征:知识含量高(Highly Knowledge Based)、技术多样性(Abundance of Technologies)、业务综合性(Integrity of Services)、行业融合性(Convergence of Industries)、市场竞争性(Competition of Market)和用户选择性(Choice of Users)等。

一、全球信息化的作用

1. 全球信息化使传统产业又一次得到了彻底的改造

信息技术和信息产业本身就是新经济的主体,是新经济的增长点,对各个行业具有极其广泛的渗透性,对改造传统产业具有不可替代的倍增作用、润滑作用和催化作用。计算机和通讯技术的飞速发展导致了两个主要结果的出现:其一,以知识为基础的知识经济的形成;其二,随之而来的是传统产业对知识的需求,即"数字化差距",或称为"知识的缺口"。先进和落后、发达和欠发达之间最为明显的差距就表现为"数字鸿沟"。

2. 全球信息化与信息力量

在现代国际政治中表现出两种力量:其一是硬力量,表现为以武力相威胁,即孙子所说的"伐兵"与"攻城",如美朝战争、美越战争、苏中珍宝岛之战、两次海湾战争、美国对中国在原南斯拉夫大使馆实施的导弹打击,表现出强国对弱国和政见相左者的入侵行为;其二是软力量,表现为通过政治与文化、精神和道德等意识形态方面的作用诱惑和胁迫别人去干他们想干的事。信息就是软力量之一,因为信息是最为宝贵的资源,但是,这里所说的信息在国际大环境中不仅局限于其数量,最为关键的在于其质量,即其可信性、精确性和透明度。当前计算机和通信方面的核心技术都控制在美国手中,美国同时也控制着全球性传播的媒体,因而,全球的信息传播事实上基本是单向的,从而制造了世界性的数字鸿沟,形成对全球落后和欠发达国家的威慑力量。

3. 全球信息化与国际政治

信息化和过去的农业化、工业化相比,最大的差距是它加速了人类社会的发展,从而改变了人们的社会观念、思维方式、行为方式和社会生活规律。信息化对国际政治的影响就是增加了国与国之间的数字化差距,从而将国际社会按信息拥有水平和制造水平而分解为信息化社会和非信息化社会,非信息化社会国家完全有可能落后到任人摆布的地步。伴随经济全球化,产品输出,乃至军事、政治与意识形态输出,以及为此而实施的全球化战略,而信息化是最为得力的工具和助手。

4. 全球信息化所带来的问题

在全球信息化问题上,我们面临三个方面的挑战:其一,信息透明度所带来的挑战,考验我们对全球信息所能达到的控制力度和识别能力;其二,信息量的挑战,信息化所带来的直接问题是全球信息过剩,如果处理能力不足就可能产生负效应;其三,信息化所带来的效率方面的挑战,信息是生产的投入,将对劳动生产率的提高起着倍增作用、润滑作用和催化作用,那么,高层管理者能否承受得住这个特殊的挑战?

二、信息时代的典型特征

(1) 微电子、计算机、软件和通信等技术快速发展。

在过去的三十多年中,半导体芯片每十八个月集成度就翻一番,价格却减半,这就是著名的"摩尔定律",有人预测还将继续二十年。

(2) 信息产业已经成为当今世界上经济增长的主要推动力,已经居于世界经济的支柱地位。

(3) 互联网和电子商务高速增长。

电子商务给整个社会所带来的收益已为人们所共识,具体表现在:缩短交易时间,降低交易费用,提高交易效率;有助于降低企业成本,提高企业竞争力;为消费者提供更多的选择和利益,改变了人们的思维方式和生活方式。电子商务的发展形成了新的商品交易和服务方式,它所构架的市场规则将冲破时间和空间的限制,加快经济全球化和全球市场一体化的进程。互联网(Internet)万维网(www)起到了功不可没的作用。

三、全球信息化产生的背景

1. 经济增长模式的转轨为信息化提供了强有力的需求

20世纪的50~60年代,发达国家的经济增长是以工业为核心,单纯以经济增长为社会发展目标,以无限的能源、原材料投入为增长代价的经济增长模式,带来了资源枯竭、粮食短缺和环境污染等一系列严重的社会问题,以致由罗马俱乐部为代表的一批学者对此种增长模式提出了强烈的批评。20世纪70年代,石油危机宣告了上述经济增长模式必然被新模式所替代的命运。微电子、计算机、通信和互联网等高新技术产业的兴起,代表了这种新的经济增长模式的发展方向,其共同的特点是以更少的物质资源消耗,以及更多的知识和智力的投入,取得高效、优质和更少负面效应的经济增长。要实现这种经济增长模式的转轨,就必须加快信息化的进程。

2. 信息技术和信息产业的迅猛发展为信息化奠定了物质技术基础

微型计算机、智能机、超大规模集成电路、遥感技术、卫星通信、光通信、互联网等技术的突破和推广应用,推动了信息技术乃至整个技术体系发生了深刻的变革,在全世界范围内导致了信息生产、流通和消费的急剧扩展,推动了全球的信息化进程。新兴信息技术的不断出现和迅速普及,大批信息行业从无到有,并迅速发展壮大,既较为彻底地改造了传统的产业结构和状态,也使传统的信息产业获得了空前的改造。当前,数字技术带来的信息技术与信息产业的交汇,正在塑造未来信息化发展的方向。

3. 国际范围内的竞争与合作,加快了信息化在全球的蔓延

事实证明,国际竞争正日益突出地表现为高新技术的竞争,发达国家已经成功地把先进的信息技术转化为经济竞争力乃至军事威慑力,以提高自己的国际地位;另一方面,国际信息市场的进一步开放,国际技术交流、技术贸易、合作研究与开发(R&D)的深化,国际组织与机构的推动,以及国际有关标准的普及实施,也有力地促进了信息的传播和信息技术的应用,从而加快了全球信息化的进程。

4. 各国政府的介入对信息化浪潮的形成发挥了巨大的作用

由于信息化发展水平直接影响着国家的竞争力,因此,世界范围内的所有国家,无一例外地都以空前的积极姿态直接介入了本国的信息化进程,并倾注了极大的热情,一系列国家信息化发展战略与规划和全球信息基础结构建设设想的提出和实施,更是将全球信息化推向了前所未有的高度。

5. 相关的理论研究起了推波助澜的作用

较为突出的理论如:1962年美国的马克卢普(F. Machlup)将教育、R&D、通信媒介、信息设备和信息服务5大类30多个部门定义为知识产业,并度量了它们的产值,证明了信息业的独立存在及其在经济增长中的作用;1977年美国的波拉特提出了信息产业是"第四产业"的理论,划分和定义了"第一"、"第二"信息部门,提出一整套度量信息经济的方法,并进行了实际测算,发现美国的信息业发展速度远远超过农业、工业和服务业,为信息社会的理论奠定了坚实的基础;未来学的研究对各国制定加速信息业发展的政策起了重大的作用,如1972年罗马俱乐部的《增长的极限》(*The Limits to Growth*)。

第二节 信息时代的国家信息化

一、国家推进信息化的主要任务

1. 抓紧建设国家信息基础设施

尽快建立具有相当规模、面向未来、结构合理和高速宽带的国家信息基础设施是信息化的主要任务,具体如下:

① 继续建设宽带高速传输网络,大力发展高速互联网。

② 高度重视信息资源的开发和利用。开发各种层次、系统、种类的信息资源,建立数据库,并推进信息资源的共享和利用,积极培育和支持互联网服务供应商(Internet Service Provider,ISP)、内容提供商(Internet Content Provider,ICP)的发展。

③ 推进电信网、广播电视网和计算机网的三网融通融合。

④ 确保信息安全和网络安全。

⑤ 提高通信服务水平,加快西部信息化进程。

2. 加快发展信息技术和信息产品

信息技术和信息产品是信息化的支持和保障。

① 提供信息化装备能力。调整产品、产业结构和布局,大力发展具有自主知识产权

和自主品牌的产品,逐渐掌握关键技术和核心技术,提供信息化装备能力和系统集成能力。

② 突破产业发展的瓶颈。加强以集成电路为突破口,走与整机开发相结合的道路,重点设计开发、生产市场需要量较大的具有自主知识产权的专用集成电路和系统级(如CPU)的芯片;实施软件产业化专项工程,大力推广软件复用技术,提高软件生产效率和软件质量,在自主版权的中文操作系统、中文软件平台、网络软件、数据库等方面有所突破。

③ 积极引导和推动数字技术的应用。积极推动多种技术融合的新兴新型终端产品,以满足人民日益增长的物质文化和高层次信息服务的需要。

④ 增强技术创新能力,加速技术产品更新换代。建立以企业为主体,产、学、研、用相结合的创新体制,促进各种专业技术融合,加强信息技术的研发力度和新技术的开发和应用力度,力争在信息技术的各个领域都不断有所突破。

3. 大力推进信息技术应用

大力推进信息技术在国民经济各行各业中的应用,这是关键的问题所在。

① 改造和提升传统产业。围绕国家经济结构调整,大力推进信息技术和信息产品在能源、交通、机械、冶金、纺织、轻工、建材、化工等传统产业的应用,借以增加品种、扩大出口、降低能耗、节约资源、提高效益,加强技术改造,实现产品升级和结构优化,推动国民经济由粗放型向集约型转化和变革。

② 促进国民经济和社会服务信息化。积极推进信息技术和信息系统在科学、教育、金融、保险、财税、贸易、医疗、旅游等各行各业的推广与应用,催化出新的产业和服务,促进国民经济和社会服务信息化。

③ 推动企业信息化。社会的信息化中重要组成部分之一就是企业的信息化。促进企业推进数控系统、生产过程控制、计算机辅助设计(CAD/CAM)、计算机辅助工艺、计算机管理信息系统(MIS)、计算机集成制造系统(CIMS)以及电子商务等的广泛应用,将信息技术与企业现代化管理技术相结合,应用于企业研发、运营和服务的全过程,通过信息集成、过程优化以及资源优化配置,实现物流、信息流和价值流的集成和优化,提高企业的市场应变能力和竞争能力。

④ 推进电子商务。建立完善的信用监督体系,建立电子商务的基本法规体系,为电子商务的健康发展奠定可靠的信用基础,加快信息基础设施建设,尽快建立起覆盖全国的现代物流配送中心。

4. 在统筹规划下实施信息化重大工程

政府的指导思想是:政府宏观指导,企业主体运作,把握市场需求,抓住应用服务,促进产业发展,创造经济效益和社会效益。

推进信息化要围绕政府信息化、领域信息化、区域信息化、企业信息化和家庭信息化展开。其一,支持企业内联网的建设和应用,推动电子商务活动的展开;其二,推进重点城市信息化示范工程,建设示范性信息化小区,推进区域信息化;其三,以政府政务信息化、金融系统信息化等为龙头,推进领域信息化的进程。政府上网,实施政务公开和高效服务,实现财政、税务、海关、国际贸易、银行、外汇管理、工商等有关部门的信息联网,解决资金在途积压等问题。实施国家信息库工程,有效地促进信息资源的开发和利用。

5. 为推进信息化建立良好的发展环境

具体包括以下几个方面:

① 强化对信息化的组织领导和统筹规划。只有实施国家对信息化工作的统一领导和协调,才能建立起信息化支持体系,以加强信息化理论、战略、法规和规划的研究。

② 加强法制建设,制定必要的法规。建立健全相关的执法体系和监督体系,通过法律手段形成一个公平、合理、有序的竞争环境。

③ 积极拓宽各种融资渠道,解决信息化过程中的资金缺乏问题。

④ 重视信息技术人才的培养,提高全民族信息意识和技能。重视专业人才特别是复合型人才的培养,采取切实可行的措施,调整人才结构,稳定科技队伍,提高全民族的整体素质,以多种形式吸引优秀的海外人才为国家的信息化服务。

⑤ 加大政府对信息化的支持力度,制定相应的产业政策,增加必要的投入。实施"集成电路产业政策"和"软件产业政策",鼓励企业广泛采用新技术特别是信息技术,改造传统产业。需要调拨专款,建立信息化基金,用于支持信息化核心技术的研发,以及信息化重要理论、标准和环境等软科学的研究,建立基础数据库,进行信息化普及教育,支持西部信息化示范工程,推进信息技术的广泛应用。

6. 当前推进信息化的主要内容是推进电子商务

电子商务在全世界信息技术行业领先的公司中,已经成为主体方式;在整个信息技术行业中,已经成为主流方式;在用信息技术改造传统产业中,已经成为主导方式。电子商务是当前信息化的重点,是各国和各大公司争夺的焦点,因此我们必须采取果断措施。

二、中国国家信息化的定义、方针和原则

1. 国家信息化的定义

根据 1997 年 4 月召开的全国信息化工作会议的精神,国家信息化的定义是:在国家统一规划和组织下,在农业、工业、科学技术、国防及社会生活各个方面应用现代信息技术,深入开发、广泛利用信息资源,加速实现国家现代化的进程。

上述国家信息化的定义包含了四层含义:其一,实现四个现代化离不开信息化,信息化也要为四个现代化服务;其二,国家要统一规划和统一组织信息化建设;其三,各个领域要广泛应用现代信息技术,深入开发利用信息资源;其四,信息化是一个不断发展的过程。

2. 国家信息化体系六要素

国家信息化体系六要素包括信息技术应用、信息资源、信息网络、信息技术和产业、信息化人才、信息化政策法规和标准规范。上述六个要素共同构成了一个有机的整体,形成了符合中国国情的、完整的信息化体系。

3. 我国推进信息化的特点

以经济建设为中心,满足各行业应用需求;为促进两个转变,为四个现代化和社会进步服务;强调信息化体系六个要素及其紧密关系;将信息资源开发和利用放在核心地位;突出建立自主的信息产业;信息化建设与工业化建设并举,发挥后发优势;立足国情,先试点后推广,决不能搞一刀切。

4. 我国推进信息化的战略

在完成工业化的过程中注重运用信息技术提高工业化的水准,在推进信息化的过程中注重运用信息技术改造传统产业,以信息化带动工业化,发挥后发优势,努力实现技术的跨越式发展。

5. 我国推进信息化的十条基本经验

① 党和政府高度重视信息化;② 坚持走有中国特色的信息化道路;③ 在政府统筹规划和积极推动下,充分发挥市场作用;④ 以应用需求为主导搞好信息化建设;⑤ 以信息化带动信息产业发展;⑥ 构建以"互联、开放、共享"为特征的信息化平台;⑦ 把制度创新与技术创新结合起来;⑧ 创造良好的舆论环境,广泛引导群众参与;⑨ 培育人才队伍是推进信息化的关键;⑩ 坚持开放原则,充分利用两种资源和两个市场。

6. 我国推进信息化的 32 字指导方针与指导原则

(1) 我国推进信息化的指导方针是:① 以"政府引导,面向市场;② 网络共建,资源共享;③ 以人为本,重在应用;④ 创新改革,竞争开放"。

(2) 我国信息化建设的指导原则是:① 市场牵引,政府调控;② 政企分开,有序竞争;③ 维护主权,保证安全;④ 军民兼顾,专通结合;⑤ 产用结合,自主发展;⑥ 重视人才,强化创新;⑦ 讲求实效,因地制宜;⑧ 依法执业,加强管理。

7. 我国国家信息化工作体系

抓住信息资源开发利用和电子商务、电子政务应用这两个重点,按照领域信息化、区域信息化、企业信息化和社会信息化的分类,开创有中国特色的信息化发展道路。具体包括:① 领域信息化要抓好典型;② 区域信息化要突出重点;③ 企业信息化要讲求实效;④ 社会信息化要注重服务。

8. 我国信息化建设过程中应遵循的原则

(1) 工业化和与信息化相结合。必须坚持走工业化和与信息化相结合的道路;坚持统筹规划、联合建设,突出企业是信息化建设的主体;坚持以市场需求为动力,抓应用服务带动我国信息化产业发展;坚持自主发展与国际合作相结合,以自主发展为主,建立完整的国家信息化体系。

(2) 开创有中国特色的信息化发展道路。由于信息化的根本目的在于发展社会生产力,因此,信息化建设必须与促进经济体制和经济增长方式根本转变紧密结合,必须结合中国的国情,走信息化与工业化相结合的道路,以信息化建设带动自主信息产业的发展。其一,领域信息化建设要抓好典型,切实解决国民经济和社会发展中的重点、热点和难点问题;其二,区域信息化建设要突出重点,以政府信息化和城市信息化为突破口,将领域信息化及企业信息化有机地结合起来,利用和发挥各自优势,逐步形成跨区域的互联;其三,企业信息化建设要讲究实效.要在利用信息化技术改造传统产业和企业经营管理信息化两个方面加紧推进,进而提高企业的经济效益和参与国际竞争的能力;其四,社区和家庭及个人信息化的推进要掌握时机,让全社会和全体人民都能及时享受信息化的成果,提高全民的生活质量。

(3) 坚持走经济和社会发展与信息化结合的道路。这是相辅相成的两个方面,国际信息化浪潮和我国经济发展对信息化都提出了日益紧迫的要求,我们需要从两者的结合中寻求新的发展模式。

（4）坚持统筹规划、联合建设的指导思想。必须克服诸侯割据、自成体系的弊端，这是关键问题，非典的教训永远值得我们记取。

（5）坚持以信息化带动信息产业发展的基本原则。能否建立起自主的信息产业，支持国家信息化建设，事关国家的根本利益和国家安全。因此，正确处理好信息化和产业发展的关系，为信息产业创造良好的环境，这就是为什么必须长期坚持这一基本原则的原因。

（6）坚持抓应用服务、促发展的方针。以应用为导向，建立起研究与开发、制造与应用有机结合的机制，把提高应用水平作为信息化建设的出发点和归宿，实现应用和产业发展相互促进的良性循环。

9. 信息技术的重点应用

（1）领域信息化。领域信息化是指业务内容和业务处理相关联的行业、部门的信息化，诸如金关、金卡等工程，都属于这个范畴。

（2）区域信息化。区域信息化建设与社会进步和经济发展紧密相关。各地纷纷把信息化建设列入当地的重要议事日程。例如北京市实施的"首都之窗"政府信息化工程和"首都电子商城"电子商务工程。

（3）企业信息化。企业信息化是指在建成现代化企业、形成现代企业制度的过程中，实现企业作业、管理、经营、决策等各个层次、各个环节，采用现代信息技术特别是网络技术，充分开发和广泛利用企业内外信息资源。企业信息化包括制造业、服务业等领域企业的信息化。

（4）社会信息化。社会保障系统信息化是社会信息化的重要组成部分，它能够明显地改善人们的生活质量。

（5）教育信息化。教育信息化是国民经济和社会信息化的重要组成部分，是推动教育面向未来、面向现代化，实现教育跨越式发展的重要手段。

三、国家信息化和企业信息化进程

企业是国民经济的主体，所以加强企业信息化建设是实现国家信息化目标的一项重点任务。要实现经济增长模式要实现从粗放型向集约型转变，企业的经营机制要随之相应转变为依靠对市场供求的把握和灵活应变，管理要从传统管理向现代化科学管理转变，因此，信息化是先决条件。

根据国家信息化建设的总体目标，当前对企业信息化建设的基本要求是：广泛应用电子信息技术，加快企业产品更新换代，提高市场竞争能力；推广计算机辅助设计和辅助制造技术，提高生产过程的自动化程度；建立管理信息系统和决策支持系统，促进企业生产技术和管理现代化，提高企业整体素质。特别是大中型企业，要充分利用信息化手段，采集利用好宏观信息、生产流通信息和价格信息，提高管理水平和市场快速反应能力，调整产品结构，降低生产成本，提高生产效率，发挥电子信息技术的倍增作用和催化作用，激发企业新的活力。

1. 企业形象和企业信息管理

企业之间的竞争在一定程度上是一种信息的竞争，企业不仅要适应瞬息变化的市场，还要创造市场。因此,企业要通过信息管理掌握企业内外部各种信息,如需求、供给、价格、市场环境、政府政策、竞争对手等,在激烈的竞争中正确地做出决策,快速反应,灵活运作。

(1) 宏观决策需要信息管理。在市场经济条件下,企业要生存,要发展,不仅要适应市场的变化,更要主动地为自身的生存精心谋划,为长远发展制定战略决策。而这没有良好的信息管理机制,只能是大海捞针。

企业管理已由一般管理发展到战略管理,而战略管理又从企业形象识别(Corporate Identity)战略发展到顾客满意(Customer Satisfaction)战略,并逐步过渡到缔造理性消费市场战略,企业的信息管理必须适应这种变化,才能提高企业的核心竞争能力,并给企业创造巨大的无形资产。

(2) 企业除了利用足够的信息进行宏观决策之外,还需要加强内部管理和控制。企业控制以企业信息为基础,通过企业信息的传递与处理,实现信息与能量、物质的无缝对接。

企业控制的任务在于利用信息论、控制论和系统论思想和方法,不断地对运营过程进行分析与评价,纠正其偏差,达到对系统的运行、维护和改进的目的,确保企业生产运营职能活动符合既定的规范与标准。

2. 企业信息化应采取的措施

成功的现代企业都具备一些基本的、共同的特点:完善的管理,相应的投资能力,通畅的购销渠道,以及不断更新的产品、技术和良好的用户服务等。所有这些,都依赖于正确而有效的决策,而决策的基础就是完备的信息。企业信息资源和信息技术方面的竞争能力直接影响着企业的生存和发展空间。

(1) 掌握信息知识。信息只有在决策形成基本的、付诸行动、取得相应效果时才能体现其价值。信息的知识在以几何级爆炸式增长和不断更新,也正说明人们对于信息的认识需要无止境的研究和学习。

(2) 开发信息源。信息的获得有赖于对信息源的开发,无论是企业内部信息还是外部信息,都需要疏通其流通,采取必要的措施进行采集、分类、汇总、加工、传递、存储,以便利用。

(3) 提高信息使用能力。把原始信息提炼成为决策信息,再以此做出决策,这是一个不可缺少的中间过程,也是考验一个企业信息使用能力的过程。所谓信息使用能力就是指利用信息进行正确决策的能力,取决于以下几个因素:其一,信息敏感度,也就是对信息进行快速反应的能力;其二,信息转化力,即把初始信息转化为决策信息的能力;其三,信息决策力,即把决策信息转化为决策并付诸实践的能力。

企业需要对信息进行科学管理,努力实现信息收集制度化、信息内容系统化、信息形式标准化、信息存储档案化、信息传输规范化、信息应用合理化、信息工作有序化。

(4) 用信息技术武装企业。在信息时代,企业信息的收集技术、处理技术、存储技术、传递技术、分析技术、使用技术以及交互方式、智能化的网站技术的发展,都赋予企业生存和发展以崭新的内涵。企业整个运营决策过程都离不开信息技术,强化信息意识、增加信息知识、开发信息源、提高信息利用能力等,都与信息技术的应用息息相关。因此,用信息技术武装企业是现代企业获得竞争优势并不断发展的必要条件。

（5）建立管理信息系统及信息管理机构。首先，加强企业信息管理，研究对信息进行科学、合理、深入的加工处理流程、方式，根据企业实际情况，开发建立管理信息系统，使之既具有基本功能(存储、汇总、运算、制表、查询、统计等)，又具有定量、定性分析相结合的信息模型，提高信息加工深度，发现信息本质和发展趋势，为企业的管理者服务；其次，根据企业的具体情况，建立健全信息管理机构，以面对和迎接与日俱增的大量无序信息，使信息资源的效力得到应有的发挥。

企业的管理信息机构需要有一个素质良好的主管，需要建立健全优秀的管理制度，配备必要的专业技术人员，并建立庞大的信息网络，以实现信息资源的共享。

四、中国确定信息化建设十大重点领域

今后五至十年，是我国经济和社会发展的重要时期，是经济结构战略性调整的重要时期，中国信息化建设将重点发展 10 个领域：一是加速信息网络基础设施建设，建成新一代的高速信息传输骨干网络和宽带高速计算机互联网，构筑满足经济与社会需要的信息化基础平台；二是建设电子政务系统，构筑政府网络平台，形成连接中央到地方的政府业务信息系统，实现政府网上信息交换、信息发布、信息服务；三是制定电子商务政策框架，完善金融支付清算系统，建立全国和城市物流配送体系，大力发展电子商务；四是推进数字化城市工程，加速二网合一的城市数字化建设；五是加快移动通信网，特别是第三代移动通信的研究开发和产业化工作，形成完整产业体系和网络规模；六是重点发展软件业、集成电路设计业和超大规模集成电路生产，提高信息化的装备水平；七是加强网络产品和信息安全产品的研究开发及产业化工作，构建计算机网络信息安全体系；八是发展以数字电视为代表的数字音视频产品，加快广播电视向数字电视广播的过渡；九是大力发展新型显示器件、新型电力电子器件、片式元器件、光电子器件、敏感元器件等新型元器件和新型电子材料；十是加强面向下一代光通信产品的研究开发及产业化。

复习思考题

1. 请用生活中的实例说明信息时代对人们思维方式、生产生活方式的重大影响。
2. 我国国家信息化的定义、建设方针和原则是什么？
3. 我国推进国家信息化的主要任务是什么？
4. 企业信息化要采取哪些措施？说明开发建设管理信息系统的意义。

第二章　管理、信息与信息系统

第一节　管理的基本概念

一、管理与管理现代化

管理一词各个学派解释纷繁。法国实业家亨利·法约尔（Henri Fayol）在 20 世纪 20 年代所著的《一般工业管理》一书中把管理的职能定义为计划、组织、指挥、协调和控制。

还有的认为，管理是通过一个人或一组人来协调他人的活动，以便达到个人单独活动所不能达到的效果。

ISO9000—2000 版的术语中将管理解释为"指挥和控制组织的协调活动"。

综合来看，管理本质可以包括如下含义：其一，管理工作的中心是管理其他人的工作，其目的是通过其他人的活动来实现工作目标；其二，管理工作是通过协调其他人的活动来进行的，它追求的是群体的"协调效应"；其三，管理人员必须同时考虑两个方面，一是其他人的活动，即他人的工作情况，二是其他人。所以说，管理实质上就是营造一种激励环境，使所有处于其中的人员愿意勤奋地工作，并发挥群体的协同效应，以实现企业或组织的目标，追求的是以最小的投入去获得最好的或最大的目标。

请注意，管理者有时也必须包括在设定的管理范围之内，而不是高高在上的统治者，且必须尽最大的可能争取和激励全体雇员积极参与企业活动，而不是将雇员设置在完全被动的地位。

简单地说，管理的过程就是基于信息的决策过程，因此，它的步骤基本包括三个阶段：发现问题，拟订方案，做出决策。

由于计算机引入而建立起来的管理信息系统，是管理现代化的重要标志。管理现代化是一个动态的概念，也是一个整体的概念，它主要包括管理思想、管理组织、管理方法和管理手段的现代化。

（1）管理思想的现代化。其表现形式如重视经营战略、重视决策的思想。其中，系统的思想和观念是现代管理思想的核心，也是全面地分析和处理问题的出发点。

（2）管理组织的现代化。包括管理体制、机构设置、生产组织和劳动组织等各方面的现代化。必须采用与实现现代化管理的方法和手段相适应的高效率的劳动组织和生产组织形式。

（3）管理方法的现代化。逐渐将对生产运营的全过程活动中的各种事务从定性分析发展为定量分析，从依靠经验判断逐渐转向应用数学模型与经验相结合的方法来进行决策，这是投入少而效益高的有效途径。

（4）管理手段的现代化。如信息处理手段的现代化、生产过程的自动控制、信息传递手段的现代化等。管理手段的现代化可以直接促进管理体制、管理组织、管理方法现代化的进程，计算机管理信息系统的建立可以从一定程度上反映出管理现代化的整体内容，也是由传统管理向现代化管理过渡的桥梁。

二、管理的职能

既然管理的过程就是基于信息的决策过程，那么，管理的职能就可以比较明确地分解为以下内容。

1. 计划

计划是首要职能，它是对未来的事件作出预测，以制定出行动方案，为事物未来的发展规定方向和进程。重点要解决好两个问题：其一是目标的确定，这是计划的关键问题；其二是进程的时序安排，这是计划的准则。

2. 组织

组织就是建立完成计划所需的组织结构、规章制度，以及人力、物力和财力等资源的配置等。其基本要求是：其一，按目标要求设置机构、明确岗位、配备人员、规定权限、赋予职责，并建立统一的组织系统；其二，按实现目标的计划和进程，合理地组织资源，并保证它们数量和质量上相互匹配，以取得最佳的经济效益和社会效益。

3. 指挥

指挥是对所属对象的行为进行发令、调度、检查，是运用组织权限，发挥领导的权威作用，按计划目标的要求把所有的管理对象集合起来，形成一个高效的指挥系统，保证资源在时间和空间上的相互衔接。

4. 协调

协调是指使组织内部的每一个部分或每一个成员的个别行动都服从于整体目标，是管理过程中带有综合性、整体性的一种职能，旨在消除活动过程中的矛盾、冲突与重叠，以建立默契的配合关系，保持整体平衡。与指挥不同，协调不仅可以采取命令的方式，而且可以通过调整人际关系、疏通环节、形成共识等途径来实现平衡。

5. 控制

控制就是对下属人员的行为进行监控，纠正偏差，使其按规定的要求工作。控制必须具备三个条件：其一，有明确的执行标准，如定额、指标、政策与法规等；其二，能够及时获得发生偏差的信息，如原始记录、报表、汇报、简报等；其三，具有纠正偏差的有效措施，缺少一个条件，管理活动便会失去控制。

三、管理的组织结构

组织是保证管理目标能够得以实现的重要手段。在进行信息系统分析与设计时，迫切需要了解一个企业的管理组织结构；在系统实施阶段，管理信息系统可能会显著地改变一个企业的组织结构，通常称之为组织变革。为此，需要讨论有关组织结构的以下几个问题。

1. 管理层次

管理层次就是指管理组织划分为多少等级,不同的管理层次标志着不同的职责与权限。一般来说,我们将管理分为三个层次,即高层管理、中层管理和基层管理。一个企业的组织结构犹如金字塔,自上而下,责权递减而人数递增。

高层管理属于战略管理,主要任务是根据组织内外的全部情况,分析与制定该组织的长远目标和政策。

中层管理属于战术管理,主要任务是根据高层管理所确定的总体目标,制订资源分配计划和进度表,并根据基层单位具体情况来实现总目标。中层管理有时也称之为控制管理。

基层管理也称为执行层或作业层,按照中层管理制订的计划,具体组织人力资源去实施,是原始数据记录和信息的来源。

2. 管理部门的划分

管理部门的划分是在管理工作横向分工的基础上进行的,其任务是将整个管理体系分解为若干个相互依存的基本单位,这就形成了部门。一个企业的管理部门可以按以下原则来划分。

(1) 按职能划分。这是最为广泛的一种方法,即根据专业的原则,以工作或任务的性质为基础来划分。如工业企业中的技术部门、生产部门、财会部门、人力资源部门、动力部门、销售部门、供应部门;商业企业中的采购部门,服装、家电、珠宝经营部(门)等。

(2) 按地区划分。这种划分属于大型企业或跨国集团普遍采用的方法,即将某一地区的业务组织成为一个部门,每一个部门委派一个管理者负责。典型的如处于不同地区的政府机构、银行、工商管理部门、法院等。其管理信息系统需要计算机广域网的支持。

(3) 按产品划分。属于多种经营的大型组织,这里的产品包含各种物质产品和服务,如汽车制造厂的发动机分厂、轴承分厂,学校的院、系、专业等。

当然,还可以按顾客、市场、工艺或设备来划分。

四、管理层次与决策类型

经典的管理学家们将决策看作管理活动的中心。管理活动的三个层次分别对应三种类型的决策过程,即非结构化决策、半结构化决策和结构化决策,如表 2-1 所示。

表 2-1 三种决策类型的特点

类型特点	结构化决策	半结构化决策	非结构化决策
识别程度	问题确定,参数量化	问题较难确定	问题不确定,参数难以量化
复杂程度	不太复杂	较复杂	很复杂
模型描述	可用数学模型规范描述	较难描述	需开发专用模型或无法建模
信息来源	内部	主要是内部	外部和内部综合信息
决策方式	自动化	半自动化	非自动化

（1）结构化决策。通常指确定型的管理问题,决策过程与方法有固定的规律可循,能用明确的语言和模型加以描述,解决这类问题通常采用数据管理,它着眼于提高信息处理的效率与质量,如账务处理、物资出入库管理等。

（2）非结构化决策。很难以确定的决策模型来描述,它强调决策者的主观意志(学识、经验、直觉、判断力、洞察力、个人偏好和决策风格),这类问题一般带有全局性、战略性和复杂性,它所需要的信息多半来自于外部,来自于企业内部的信息也是极具综合性的,最终的决策取决于该领域专家的知识水平和果断性。这类问题的解决寄希望于人工智能技术提供的帮助。通常,人们试图将非结构化决策问题转化为半结构化决策问题处理,如市场开发、企业战略等。

（3）半结构化决策。介于二者之间,有规律但又有不确定性。通常是指企业职能部门主管业务人员的计划控制等管理活动,多属于短期的、局部的决策。在决策的过程中,依据结构化决策过程所提供的信息,一般应用专业模型来帮助,以此来改善管理者决策的有效性,扩大和增强决策者处理问题的能力和范围,如市场预测、物资配送等。

表 2-2　不同结构化程度的决策问题

管理层次＼结构化程度	结构化决策	半结构化决策	非结构化决策
战略型	厂址选择	资金分配计划	管理体制确定
战术型	作业计划	作业调度	广告布置
业务型	库存补充	奖金分配	选择销售对象

第二节　信息的基本概念

一、管理信息系统构成要素

构成管理信息系统的基本要素:① 以人为本的组织要素;② 以信息处理技术为主的技术要素;③ 以系统为主体目的的管理功能的增效要素,即系统要素。

1. 物质、信息与人之间的相互关系

（1）物质实体是客观世界中以某种形态存在的任何东西,无论是物理的、化学的还是生物的,以及经济活动中各种组织及实体,均认为是物质实体。

（2）信息既可以是原始的状态信息,也可以是各种形式的价格信息。

（3）物质在运动和变化中要与周围的环境进行能量交换,以实现变换间的状态转换,因此,出现能量变化的信息也是变化运动过程中的基本信息。

（4）主体人既可以是单独的人,也可以是特定的群体,甚至可以是经济活动中的实体、组织或机构。

（5）必须明确一条基本定律:客观世界中的任何研究对象,无论是物质的、能量的还是其他形式的,在运动和变化中都将与周围的环境以及相互作用的对象进行信息的传递和交换,而这种传递与交换必将作用于活动中的各种主体,并对这些主体的作用机制产生影响。这是运动变化过程中的一种必然现象,这种信息交换和传递的现象及规律是研究"信息经济学"的基础。

(6)信息扮演了一个十分重要的角色,它是研究对象相互联系的中间环节,被称为客观世界构成的联结要素。通过信息链的联系,对象间才能构成一个相互联系的整体,形成一个协调的统一体系。通过信息形成了封闭的圆环链,这就是主要的信息反馈环结构。反馈环决定了作用主体的行为方式,它是研究经济活动中主体行为的主要依据。

2. 人的要素

人是系统中最主要的构成要素,社会中的任何活动都离不开人。因此,社会活动中的系统都是以人为主体构成的。信息与系统中两个构成要素在一定程度上具有客观性,作为系统构成中的人,一定要与系统的功能和目标相容。系统中人的思想、理念所决定的基本素质,特别是系统中高层管理者的素质,是系统能否成功和高效运行的关键。把握人这一要素,就是要把握管理理念、思想、组织能力及管理方法和手段,这几方面是决定管理者素质的根本因素。

3. 系统要素

系统就是为了实现某种目的而由各种事物相互联系而构成的一个复杂的对象的总称。它具有以下几个特点。

(1)整体性。一个系统至少是由两个或更多的可以互相区别的要素或子系统所组成的,它是这些要素或子系统的集合,作为集合的整体系统的功能要比所有子系统的功能总和还要大,即 1+1>2。

(2)系统构建上的层次性。系统是一个复杂的对象。复杂对象是由一些相互作用、相互联系和影响的事物构成的,这种有机的联系使系统呈现出层次性和总体功能性的特点。

将一个复杂的系统进行分解,找出相互关系、相互作用的各个构成子系统或事物的过程,称为系统分析;而将各个构成的事物和小系统整合成为一个大系统,则称为系统集成。系统分析和设计贯穿于这种从分解到整合的整个过程,从系统的作用和功能来看,系统的整体要比它的所有子系统的功能总和大,这是整合系统的基本出发点。

(3)系统层次结构上的相关性。系统中如果某一要素发生了变化就意味着其他要素也要相应地改变和调整,以适应新功能提出的要求,这就是系统层次上的相关性。系统内各要素既相互作用,又相互联系。其联系包括结构联系、功能联系、因果联系等,这些联系决定了整个系统的运行机制,分析相关联系是构筑一个系统的基础。

(4)系统输入、输出与环境的适应性。系统在环境中运行,环境是一种更高层次的系统,系统与环境相互交流,相互影响,进行物质的、能量的或信息的交换,不能适应环境变化的系统是没有生命力的。

(5)系统功能的整体目的性。任何一个人造系统都有明确的目的性,它表现为系统所要实现的各项功能。系统的目的或功能决定着系统各要素的组成和结构。

实现功能的整体目的性,除了系统软件、硬件设备的整合设计要适合外界环境的需要,结构设计要科学、合理之外,以人为核心的管理层的人员素质、整体意识和团队精神,对系统整体功能的发挥也是至关重要的因素。

系统分析和设计不仅要注重系统内部的层次、分解的合理性和科学性,还要注意在系统的功能设计上注重其功能发挥的整体目的性,以及在系统运行及评价时考虑系统与环境的相互适应性。

4. 信息要素

信息、物质和能源是人类社会发展的三大资源。对信息的地位和作用的认识是建立在下述基本观点的基础之上:① 信息是物质资源配置的信号;② 信息是经济活动决策的依据;③ 信息本身也是一种可供开发和利用的,并具有其自身价值的一种资源;④ 信息是产生知识的资源;⑤ 信息化技术是全球经济一体化实现的基本保证,也是提高管理水平、增加经济效益的技术基础。

信息是经过加工的数据,具有一定含义,它对接收者有用,对决策或行为有现实或潜在的价值。这种价值表现在:① 信息具有"新鲜"或使人"震惊"的价值;② 信息可以减少不确定性;③ 信息可以坚定或校正后来的信息;④ 在决策过程中,信息能够改变达到决策预期收益的概率。

信息是一个社会概念,它是人类共享的一切知识、学问以及客观现象加工提炼出来的各种消息之总和。因此,其特征表现为:① 信息是客观世界各种事物特征的反映。这些特征包括事物的有关属性状态,如时间、地点、程度和方式等,其范围涵盖自然信息、生物遗传信息、企业管理信息等。② 信息是可以通讯的。信息是构成事物联系的基础,人们可以通过传输工具获得信息。③ 信息可以形成新的知识。人们通过大脑对反映各种事物的信息进行加工,从而获得认识事物、区别事物和改造世界的知识,人们占有了信息就可以加深对事物的理解,并达到某些特定的目的。④ 信息既不是消息,也不是情报,也不等于知识。消息是包含某种内容的音讯。信息是消息的实质内容,但消息中包含的信息量和可信度是不同的;情报是有目的、有时效,经过传递获得的并涉及一定利害关系的,具有特定情况的报道或经过整理的资料的结果。情报属于信息范畴,但信息不一定都称得上是情报;知识是人们对其社会实践经验的总结,是人们主观世界对客观世界的概括和反映。信息中的知识含量难以度量。

数据(data)又称资料,是一组对客观事物记录下来的,表示数量、行为和目标的非随机的可以鉴别的符号,可以是数字、文字、字符、图形等。数据是信息的原材料。处理数据是为了便于很好地解释,只有经过解释,数据才有意义,才能形成信息。因此说,信息是经过加工并对客观世界产生影响的数据。

但是,人们对数据的解释,往往由于背景和目的的差异而相差很大,甚至背道而驰。

在实践中,信息与数据的概念是相对的,在一定条件下可以相互转化,某些"数据"对一些人是"数据",而对于另一些人则是"信息"。因此,其所显示的价值也就不尽相同。

信息按照其管理层次可以分为执行(作业)级、战术(策略)级和战略级;按照其领域可以分为管理信息、社会信息、科技信息等;按照其加工顺序可以分为一次信息、二次信息和三次信息等;按照其反映形式可以分为数字信息、图像信息和声音信息等。

数据、信息和知识之间的关系可以用图 2-1 和图 2-2 来表示。

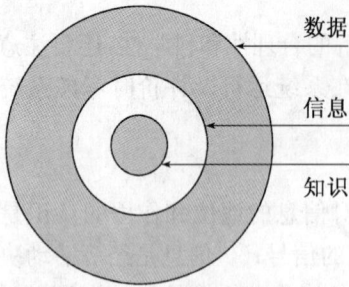

图 2-1 数据、信息和知识的范围

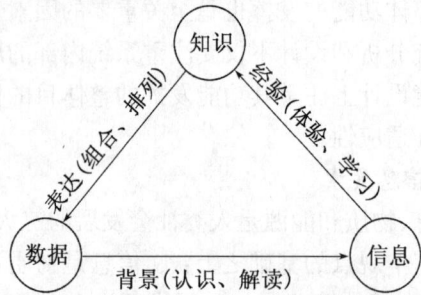

图 2-2 数据、信息和知识的相互转化

二、信息的属性

信息具有一些基本属性。

1. 普遍性

信息是普遍存在的,它是事物运动和状态改变的方式。由于运动是绝对的,信息也是普遍存在的。

2. 事实性(真伪性)

事实性描述了事物运动和状态的改变,因此,它具有事实性。这是信息第一的、基本的性质(有别于消息),事实性使信息具有中心价值。不符合事实的信息具有负价值,将对方的决策引入歧途,如战争中的虚假情报。

3. 等级性(层次性)

信息与管理层一样分执行(作业)级、战术(策略)级和战略级。

战略信息,此类信息直接关系到企业目标、总纲领等的实现,关系到为达到这一目标所必需的资源水平、种类,以及确定获得资源、使用资源和处理资源的指导方针等方面进行决策的信息,如开拓市场、厂址选择、国家政策等,此类信息多来自企业外部。

战术(策略)信息,属于管理控制信息。此类信息是使管理人员能够掌握资源利用情况,并将实际结果与计划相比较,从而了解是否达到预定目的,并指导其采取必要措施更有效地利用资源的信息,如库存控制、计划完成情况等。管理控制信息一般来源于企业内部,且经常跨越各部门,也有来源于企业外部,如新产品、新技术、效益或效率比较等。

执行(作业)信息,主要用来解决经常性的问题,它与组织日常生产活动有关,并利用此类信息来保证切实地完成具体任务。它主要来自于企业内部,如计划、定额、指标等。

4. 不完全性

关于客观事实的信息是不可能全部得到的,这也与人们认识事物的能力和信息收集能力有关。因此,只有对信息进行浓缩、集中、综合和概括,充分运用已有知识对其进行分析、判断之后,舍弃无用和次要信息,提取精髓才能被使用。常用的方法是排除干扰和滤去冗余。

5. 扩散性

信息总是试图冲破保密等自然的约束,通过各种渠道和手段向四面八方扩散,其浓度越大,信息源和接收者间梯度越大,扩散性越强,从而形成其特有的两面性:① 有利于知识的传播,如新技术推广等;② 使信息贬值或失效,如商业机密丢失、战略情报失窃等。

6. 时效性和可压缩性

信息的时效是指从信息源发送信息,经过接受、加工、传递、利用的时间间隔及其效率,与时间长度成反比。时间间隔愈短,使用信息愈及时,使用程度愈高,时效性愈强。

由此,导出信息的另一个属性,即可压缩性。信息虽然经过浓缩、集中、综合和概括等处理,但是,不会失去其信息的本质。这就使人们可以将"海量"信息和数据资源经过去粗取精、去伪存真的压缩性处理,而抓住事物的本质,为管理层提供不同细度的信息。

7. 分享性(共享性)

按照信息的固有特性来说,信息只能共享,不能交换。信息分享的非零和性(所得与所失之和不为零)造成信息分享的复杂性,企业只有将全部信息集中管理,充分共享,信息才能成为企业的一种可利用资源,才会有利于对企业进行计划与控制。信息的共享性与信息的结构化程度密切相关,格式明确、组织结构严格的信息有利于处理。

8. 增殖性(价值性、非消耗性)

管理信息是经过加工并对生产经营产生重大影响的数据,是劳动的创造,是一种资源。信息的增殖在变量的基础上可产生质变,在积累的基础上产生质的飞跃。

如报纸上经济、军事消息的披露,经过特定方式的汇总和分析,可以推断经济、军事形势的发展趋势。例如,大庆油田开发时消息报导和刊载的图片被日本商人识别,从而分析出油田的地点和可能的产量,为设备制造商提供了商业机会。

信息的增殖性和再生性使我们能在信息废品中提取有用信息。如当日的天气预报积累和未来的天气变化规律,验证预测模型。

9. 转换性

当信息被人们所有效利用,即可以转化为物质、能源、时间等。

利用信息技术可以帮助人们选择合理的材料源,节约原料、能源和人力消耗。人们经过对客观事物的运动规律的认识和总结,而预测未来,形成信息。因此,信息、能源、物质三者有机地联系在一起,形成三位一体,并可互相转化。

信息转化的目的也在于要实现其价值。信息价值可以用其所消耗的劳动量来计算,也可以用其所发挥的效果来衡量。

$$V = C + P$$

式中,V——信息产品的价值;C——生产该信息所花费的成本;P——利润。

信息的可转换属性确保信息可以利用不同的方法或载体来载荷。特别是在多媒体时代,信息载体具有多样性。

三、信息的度量

信息量的大小取决于信息内容消除人们认识的不确定程度,消除的不确定程度越大,则发出的信息量越大。如果事先就确切地知道消息的内容,那么,消息中所包含的信息量就等于零。

信息量的单位以比特(binary digits,BIT)表示,1 比特的信息量是指含有两个独立均等概率状态的事件所具有的不确定性能被全部消除所需要的信息。

$$H(x) = \sum P(X_i)\log_2 P(X_i) \qquad i = 1,2,3\cdots n$$

其中,X_i代表第 i 个状态(总共有 n 个状态),$P(X_i)$代表出现第 i 个状态的概率,$H(x)$就是用以消除这个系统不确定性所需的信息量。

[例]　下落的硬币可能有正反两个状态,出现这两种状态的概率都是 1/2,即

$$P(X_i) = 0.5$$

此时,$H(x) = -[P(X_1)\log_2 P(X_1) + P(X_1)\log_2 P(X_1)] = -(-0.5-0.5) = 1$(比特)

同样,投正六面体的骰子 $H(x) = \log_2 6 = 2.6$ 比特

值得注意的是,计算信息量的这一公式恰好与热力学第二定律中熵的公式相一致。从分子运动论的观点来看,在没有外界干预条件下,一个系统总是自发地从有序向无序的方向发展,在这个过程中,系统熵的变化总是增加的。因此,熵是系统的无序状态的量度。但是,信息量和熵所反映的系统运动方向相反,系统信息量的增加总是表明不确定性的减少,有序化程度的增加。因此,信息在系统的运动过程中可以看作负熵。信息量愈大,则负熵愈大。信息度量表述了系统的有序化过程,由此可以给出更为广泛的信息含义,信息是任何一个系统的组织性、复杂性的度量,是有序化程度的标志。

四、信息处理的生命周期

信息与其他资源一样具有生命周期,也就是从信息的产生到最终被使用而发挥作用,可以将信息的生命周期分为需求、收集、传输、加工、存储、维护、使用和退出等过程,如图 2-3 所示。当管理人要对所发生的问题、要达到的目标和一些设想进行分析决策时,就会提出对信息种类的要求。

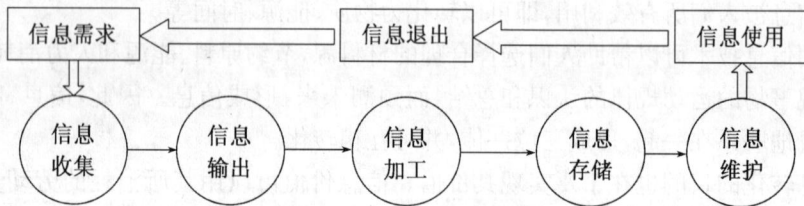

图 2-3　信息的生命周期

1. 信息的收集

信息收集是根据管理者对信息的需求而进行的原始数据的获得过程。其面临的首要问题是如何将需要的信息识别出来,因此需要解决信息搜集的方法问题,以及用何种形式将收集的结果表现出来。

(1) 信息识别的步骤。信息的识别可以分为由决策者进行识别、系统分析员的亲自观察与识别,以及两者的结合。具体表现为:① 由管理者根据自身管理决策的需要及目标,向信息管理人员提出所需的信息种类、内容、范畴和结构;② 信息管理人员在充分理解管理者需求的基础上,通过调研和观察,对所需的信息进行识别;③ 信息管理人员将识别出的信息交与管理者共同讨论,进一步补充完善。

(2) 信息搜集的方法。① 自下向上广泛收集,如企业由班组汇总到车间或分厂,再汇

总到全厂,最后形成总体信息;② 有目的地专项收集,往往围绕着决策的主题展开信息的收集工作,针对性较强,时间周期短;③ 随机积累,没有明确的具体目标,属于日常工作。

（3）信息收集结果的表达。常规的信息表达方式有文字、数字、图形、表格等。文字形式应用最为广泛,但需要注意语义的精练性、准确性,避免使用双关语和具有歧义性的语句;数字(表格)表达一般来说比较准确,但需要滤除无用信息和冗余信息;图形表达是发展趋势,是人机交互技术的主要研究内容,具有直观性和整体性效果,但准确性较差。

（4）采集信息还要注意信息的维护,一般来说,我们最为关注的是三维,即阶段维、层次维和来源维。阶段维是说明信息与决策过程的哪个阶段有关;层次维是说明企业的哪个层次需要的信息;来源维说明是内部信息源或是外部信息源。

2. 信息的传输

信息只有及时准确地送达需要信息的管理者手中,才能发挥作用。所谓及时准确,实际上是一个信息传递的效率问题,表现为信息传输的速度与质量。因此,必须解决两个问题:一个是技术问题,另一个是信息传递的语义问题。为此需要做到:① 建立大容量的信息通道;② 规定合理的信息流量;③ 减少信息传递的环节。

信息传递一般遵守如图2-4所示的香农模型。

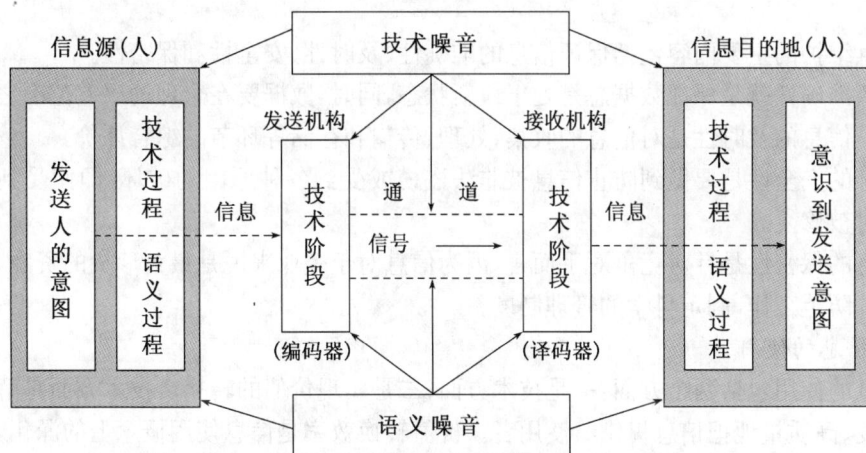

图2-4 信息传输的香农模式

3. 信息的加工

数据要经过加工以后才能成为信息,其过程如下:

$$数据 \xrightarrow{\Delta t_1} 预信息 \xrightarrow{\Delta t_2} 信息 \xrightarrow{\Delta t_3} 决策 \xrightarrow{\Delta t_4} 结果$$

其一般模式如图2-5所示:

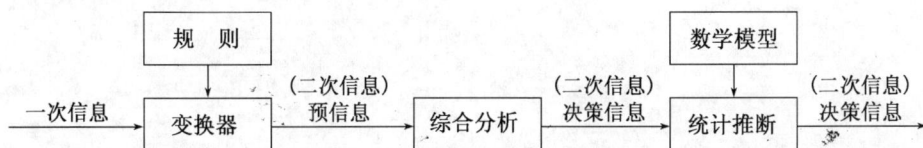

图2-5 信息加工的一般模式

信息加工就是将收集到的信息进行去伪存真、去粗取精、由表及里、由此及彼处理的过程。信息加工不可避免地会产生时间的延迟，这就是信息的一个重要特性——滞后性。

计算机技术的发展和应用，为各种数学模型的采用以及大大缩短信息的加工时间，满足管理者的决策需求提供了可能，同时也解放了管理者的手工劳动。

4. 信息的存储

信息的存储是为了将来的应用。需要考虑的问题是存储的内容、存储的介质、存储的时间和存储的方式四个主要问题。

存储的内容涉及信息使用的目的；存储的介质包括纸张、胶片、计算机内存、磁盘等，取决于适用；信息保存的时间与管理的活动需求有关，需要准确地取舍和使用，过多的信息量反而会造成决策的延误；而信息存储的方式也要视管理和决策的需求，决定是集中还是分散，集中有利于共享，减少冗余，而非公用数据一般是分散保管。

5. 信息的维护

保持信息处于合用状态称为信息维护。狭义上的信息维护包括经常更新存储器中的数据，使数据保持合用状态。广义上的信息维护包括系统建成后的全部数据管理工作。

信息维护的主要内容包括保证信息的准确性、及时性、安全性和保密性。

所谓准确性就是保证数据总是处于最新状态，同时，数据要在合理的误差范围之内。

所谓信息的及时性是对信息的收集、处理、传输和存储等环节的综合评价。

信息的安全性是要做到防止信息被非法盗窃或受到各种原因的破坏，即使受到破坏也能及时被修复。

信息的保密性是针对竞争对手而言，因为信息对于企业来说是最为珍贵的资源，需要做好各种防范工作，制定科学的管理制度。

6. 信息的使用

信息的使用包括两个方面：一是技术方面；二是实现价值的转换。技术方面是解决如何高速度、高质量地把信息提供给使用者。价值转换效率是信息使用概念上的深化，是信息使用程度上的提高，一般可以划分为三个阶段，即提高效率阶段、及时转化阶段和寻找机会阶段。

提高效率阶段与数据处理阶段密切相关，主要目的是提高效率、减少人工、节约时间。

及时转化阶段已经认识到管理的艺术在于驾驭信息，鉴于信息的寿命有限，必须及时转换，这一阶段主要是将信息用于管理的控制。

寻找机会阶段全凭企业驾驭信息能力去发现，这时预测和决策技术对寻找有所帮助。其典型特征是信息商品化，促进信息更好地共享和发挥信息系统的潜力，提高信息系统的经济效益。

第三节 信息系统概述

一、系统的概念

系统的概念是管理信息系统三大基础概念之一。系统由一些部件组成,这些部件之间存在着密切的联系,通过此种联系达到某种目的。也就是说,系统是由若干相互联系的事物结合成的具有整体功能和行为目标的统一体。系统由各元素组成;各元素之间是互相作用或相关的;系统是有目标的;系统和环境有关,要适应环境变化;系统有强烈的整体性,单元要服从整体。因此,系统的存在需要三个基本条件:目标、功能和结构。

按照一般系统论的观点,系统应当有五个要素,即输入、处理、输出、负反馈和控制,如图2-6所示。

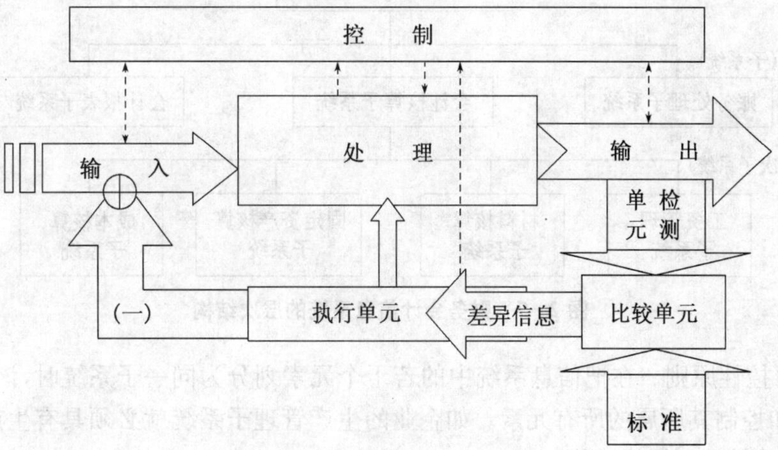

图 2-6 系统的逻辑模型

(1) 输入。给出处理所需的内容和条件。

(2) 处理。根据条件对输入的内容进行加工和转换。

(3) 输出。处理后所得到的结果。

(4) 负反馈。将输出的一部分信息返回到输入,以对系统进行控制。由于反馈信号与输入信号的极性正好相反,故称为负反馈。其工作原理是对系统输出的状态或特性进行采样,并将采集的样本与原来设定的标准进行比较,再将比较的差异反馈到系统的输入端,调整系统的输入,以改善系统的工作状态,使其保持在需要的状态和水平。因此,被控制的特性或状态、检测被控制的特性或状态的检测单元、被控制的特性或状态的实际值与所要求的标准进行比较的比较单元,以及对处理过程提供正确输入作用的执行单元,被称为负反馈环节的四要素。

(5) 控制。操纵或指挥输入、处理、输出与负反馈四个要素的工作。

二、系统的可分解性

1. 系统分解的目的

系统通常是由若干个子系统组成的,而子系统又可以进一步分解为若干个次子系统,依此类推。因此,系统具有层次性,如图 2-7 所示。通常面对一个庞大而又复杂的系统,我们需要完全弄清这个系统中所有元素之间的逻辑关系,必须将其按照一定的原则分解成若干个子系统,使其功能和结构的复杂程度得到降解,以减少我们分析问题的难度。但是,这时我们必须明确各个子系统的边界和接口,使其仍然保持有机的整体。

2. 系统分解的原则

系统的分解过程事实上就是确定子系统的边界的过程。由于对系统的理解方式与角度不同,系统的划分势必将出现不同的结果。举例如图 2-7 所示。为此,必须考虑如下几项原则。

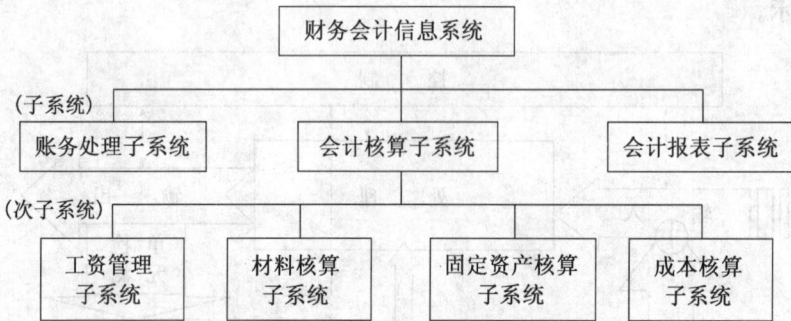

```
              ┌─────────────────┐
              │ 财务会计信息系统 │
              └─────────────────┘
                      │
(子系统) ┌────────────┼────────────────────────┐
   ┌──────────────┐ ┌──────────────┐ ┌──────────────┐
   │ 账务处理子系统 │ │ 会计核算子系统 │ │ 会计报表子系统 │
   └──────────────┘ └──────────────┘ └──────────────┘
                      │
(次子系统) ┌──────────┼──────────┬──────────┐
  ┌────────┐ ┌────────┐ ┌──────────┐ ┌────────┐
  │工资管理 │ │材料核算 │ │固定资产核算│ │成本核算 │
  │ 子系统 │ │ 子系统 │ │  子系统  │ │ 子系统 │
  └────────┘ └────────┘ └──────────┘ └────────┘
```

图 2-7 财务会计信息系统的层次结构

(1)可控性原则。在把信息系统中的若干个元素划分为同一子系统时,该子系统应能够管理和控制其所属的所有元素。如企业的生产管理子系统就必须具有生产计划、工艺、设备等关键管理模块功能。

(2)功能聚合性原则。在系统内部的元素通常按功能聚合原则来进行子系统的划分,软件系统通常是由若干模块构成的,而模块具有各自的功能。如由模块聚集构成子系统,由子系统按功能聚合构成系统。

(3)接口标准化原则。系统在分解的过程中,需要定义大量的接口。所谓接口就是子系统之间的连接点,即子系统输入输出的界面。通过接口系统可以完成过滤(去掉不需要的输入和输出元素)、编码和解码(将一种数据格式转换成另一种数据格式)、纠错(输入或输出错误的检测和修正)以及缓冲(让两个子系统通过缓冲区进行耦合,取得同步)等工作。标准接口有助于提高系统之间信息交换的效率,增强系统的扩充能力。

三、系统方法

系统方法又称系统方法论,是思考、处理系统工程的方法论。所谓系统工程有两层意思:作为学科,它是以研究大规模复杂系统为对象的一门新兴边缘学科;作为工程,它又是一门工程技术,具有和一般技术相同的特征,同时又具有本身的特点。系统方法并不以特定的工程物质对象为研究对象,即研究任何物质系统、概念系统。钱学森教授(1978)指出,"系统工程是组织管理系统的规划、研究、设计、制造、试验和使用的科学方法,是一种对所有系统都具有普遍意义的科学方法","系统工程是一门组织管理的技术"。国际学术界把系统工程和系统分析作为同义词来理解。

系统方法的要点是:系统的思想,数学的方法,计算机的技术。系统的思想就是把研究对象作为整体来考虑,着眼于整体最优运行;数学的方法就是用定量技术,也就是数学方法来研究系统,通过建立系统的数学模型和运行模型,将得到的结果进行分析,再用到原来的系统;计算机技术是求解数学模型的工具,在系统的数学模型上进行模拟,以实现系统的最优化。

美国的学者霍尔(H. Hall)最先提出系统方法的"三维结构体系",这是系统工程方法论的基础,如图 2-8 所示。

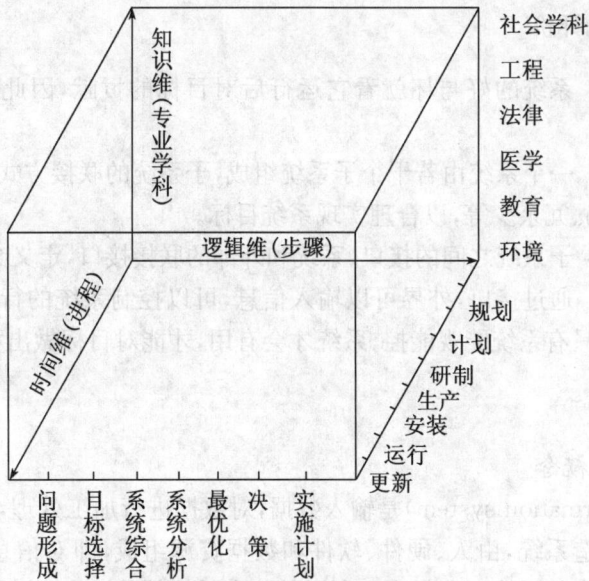

图 2-8 系统的三维结构

系统的三维结构由时间维、逻辑维和知识维组成一个立体结构。

1. 时间维

时间维将系统分为七个时间段,具体如下:

(1)规划阶段。对系统进行定义、确定目标、制定开发规划和策略。

(2)制订方案阶段。提出具体方案。

(3)研制阶段。实现系统的研制方案。

(4)试运行阶段。将项目投入试运行。

(5)安装调试阶段。将整个系统安装好,拟订运行维护规范和运行计划。

(6)运行阶段。按预期目标运行系统。

(7)更新阶段。改进旧系统,使之成为新系统。

2. 逻辑维

逻辑维指系统开发过程中每个阶段所经历的步骤。

(1) 问题确定。通过收集数据,弄清问题症结。

(2) 确定目标及评价标准。

(3) 系统综合。研究达到目标的各种策略。

(4) 系统分析。通过建模,推断可供选择的各种方案的可能结果。

(5) 最优化。求出最优系统方案。

(6) 系统决策。选出最优方案。

(7) 计划实施。将优选方案付诸实施。

3. 知识维

知识维是指完成各阶段、各步骤时所需知识。

四、系统性能的评价

(1) 目标明确。系统的好与坏就看它运行后对目标的贡献,因此,目标明确是第一指标。

(2) 结构合理。一个系统由若干个子系统组成,子系统的联接方式组成系统的结构,联接清晰、路径通畅、冗余少等,以合理实现系统目标。

(3) 接口清楚。子系统之间的接口、系统和外部的联接接口,定义必须十分清楚。

(4) 能观能控。通过接口,外界可以输入信息,可以控制系统的行为,可以通过输出观测系统的行为。只有系统能观能控,系统才会有用,才能对目标做出贡献。

五、信息系统

1. 信息系统的概念

信息系统(information system)是输入数据,对数据进行加工处理,输出信息的系统。信息系统是一个人造系统,由人、硬件、软件和数据资源组成,即对信息的采集、传输、处理、存储、管理和检索的系统。我们现在所说的信息系统就是以电子计算机作为信息处理工具的人机系统。

建立信息系统的目的:及时、正确地收集、加工、存储、传递和提供信息,实现组织中各项活动的管理、调节和控制。组织中各项活动表现为企业生产运营过程中的物流、资金流、事务流与信息流。

信息系统包括信息处理系统和信息传输系统。信息处理系统对数据进行处理,使它获得新的结构与形态或产生新的数据。信息传输系统不改变信息本身的内容,作用是把信息从一处传到另一处。

广义的信息系统概念已经延伸到与通信系统相等同,是通讯、人际交流之总和。"广义的资讯(沟通)系统强调'人'本身不但是一个重要的沟通工具,还是资讯意义的阐释者,所有的沟通媒介均需使资讯最终可为人类五官察觉(sense)与阐释(interpret),方算是资讯沟通媒介。"

2. 信息系统的功能

(1) 数据采集和输入功能。把分散在各处的数据收集并记录下来,经过整理,成为信息系统要求的格式和形式,这里涉及数据的结构性问题,也是以下几种功能需要考虑的问题。如凭证的编辑和输入,仪表记录数据的采集和转换等。

(2) 数据的传输功能。一是数据通信,形成联机系统和网络系统;二是介于人传输与计算机传输之间的磁介质传输。

(3) 数据存储功能。目的在于解决数据共享问题,有的信息需要长期保存(历史信息)以备检索、统计和预测之用。

(4) 数据加工处理功能。是将原始数据(当前信息或初等信息)经过适当的方法进行加工处理,形成具有一定细度和精确度、供各个层次的管理者使用的信息源,以期分析和解释现象,及时产生正确的控制,起到辅助决策的作用。处理的方法大致可以分为核对、交换、分类、合并、更新、检索、抽出、分配、生成和计算等。

(5) 数据输出功能。即将加工之后的数据以不同的方式输出。如某种介质形式将报表、图形、声音、图像等提供给使用者。

(6) 查询功能。满足管理者对信息的查询需求,可以进行单项查询,也可以进行多项组合查询或模糊查询;可以是本地查询,也可以是远程查询;可以是计算机屏幕查询,以可以形成打印输出或以文件方式储存,为组织的决策提供信息支持。

(7) 统计分析功能。使用各种数学方法(包括统计理论和概率理论)对大量的数据进行统计分析,为管理者提供服务。

(8) 预测功能。根据统计分析的结果和历史数据,应用各种数学模型对业务活动的未来进行预测,并进行科学的决策,建立决策支持系统(DSS)或智能决策支持系统(IDSS),对某一问题提供一个或多个方案供决策者参考。

(9) 系统管理功能。主要包括系统维护和数据恢复备份功能。

六、信息系统与管理的关系

管理的任务在于通过有效地管理人、财、物等资源来实现企业的目标,而要管理这些资源,则需要利用反映这些资源的信息。

"管理就是决策",管理工作的成功与失败,取决于能否做出有效的决策,而决策的正确程度又取决于信息的质与量;决策的迅速与及时、管理效能,以及生产经营效能等都取决于信息的完善程度,即信息的正确性、精确性与及时性。任何一个组织的职能(计划、组织、领导、实施与控制)都离不开信息系统的支持。

1. 信息系统对计划职能的支持

计划是对未来做出的安排与部署。① 支持计划编制中的反复试算,数据收集、研究分析、建立数学模型、趋势探讨与预测、方案选择;② 支持对计划数据的快速、准确地存取(各类定额、计划指标和表格数据库);③ 支持计划的基础——预测,预测方法的求解靠计算机的大量数值计算;④ 支持计划的优化,求得有限资源的合理配置。

2. 信息系统对组织职能和领导职能的支持

(1) 组织职能包括人的组织和工作的组织,具体分为机构设置、人员配备、职责和职权、各个组织机构之间的相互关系和协调原则及方法。

（2）信息技术是现阶段企业组织进行改革的有效技术基础，促使企业由传统的组织结构向扁平式结构的非集中管理转化，其特征为：① 通讯系统的完善使上下级之间指令传输直达化，削弱了中间管理层存在的必要性；② 部门分工出现非专业化趋势，功能相互交叉和融合，如事业部制；③ 计算机使企业与外界环境之间的信息交流变得非常简单便捷，强化了企业内部的沟通，可以随时根据环境的变化做出统一的、迅速的整体行动和应变策略。

"扁平化"管理的实质是信息技术进一步降低了组织内部信息交流的成本，从而使纵向（金字塔）的官僚体制开始崩溃，决策层与执行层之间距离的缩小并最终合一。

（3）全球计算机网络、多媒体技术及通讯技术的运用，拆除了世界疆域的篱藩，加速了信息的传播速度，保障决策的可靠性。

3. 信息系统对控制职能的支持

利用负反馈系统对（组织和个人）行为、（过程）质量、库存、成本、财务预算、利润等进行有效的控制。

七、信息系统与决策支持

1. 决策科学的先驱——西蒙的决策过程模型

具体如图 2-9 所示。

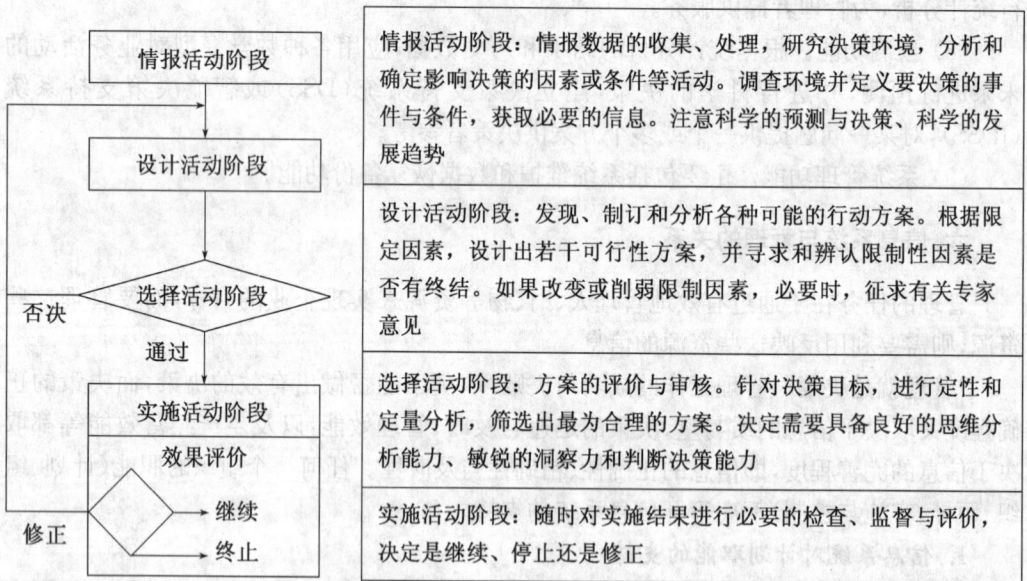

图 2-9　西蒙模型

2. 决策的科学化

在现实中干扰决策的因素多达数百甚至数千，因此，现实管理要求进行决策的科学化；计算机和现代数学的发展，也为科学决策提供了可能。

决策科学化的发展方向如下：

（1）用信息系统支持和辅助决策。

（2）定性决策向定量和定性相结合的决策发展。系统工程学、仿真技术、计算机理论、科学学、预测学、运筹学、模糊数学等为决策的定量化奠定了基础。

（3）单目标决策向多目标综合决策发展。决策不仅以经济利益为核心，而且包括更为广阔的社会和非经济的目标。

（4）战略决策向更远的未来决策发展，以避险为目的。

八、信息资源管理

信息资源管理的出发点和归宿是充分开发和有效利用信息资源，在确保企业商业机密和信息安全的前提下实现信息资源最大限度的共享。因此，其具体目标是：① 对企业信息资源进行综合管理，提高企业对信息资源的开发利用效率；② 充分开发企业各部门管理、决策所需的信息资源，尽量减少重复开发，使企业信息资源开发和利用费用降到最小；③ 保证企业信息字样的真实性、准确性、科学性、适用性，为管理活动进行有效的信息引导；④ 提高工作的效率和效能，减轻劳动强度，使管理人员从事务性的工作中解放出来，成为真正的"管理者"。

1. 信息资源管理的主要任务

（1）增强企业信息意识，提高企业各部门工作人员对信息资源的认识。

（2）提高信息资源开发和利用的能力。

（3）最大限度地降低信息资源开发和利用的费用，使信息生产最经济、信息分配最有效，使各职能部门、管理层次对信息的使用最容易、最方便。

（4）保障信息资源的安全。

2. 信息资源管理的主要内容

（1）人力资源的管理。其重点是企业各部门的领导者和主要使用者。

（2）信息的安全管理。"信息战"威胁着企业乃至国家的安全，安全问题不仅涉及企业外部，内部安全管理问题严重程度并不亚于外部。

（3）信息技术政策规范和标准管理。一是保证企业信息和各种管理信息系统的共享性和兼容性；二是保证各部门采用的都是适用的先进技术；三是确保以后的维修、保养。

（4）管理信息系统管理。做到统一领导、统一规划，减少重复建设，避免盲目开发，以便于资源共享以及将来的维护与升级。

（5）管理信息系统开发过程中的管理、采用的方法、遵循的步骤、人员的组织、质量的监督、进度的控制、经费的安排等。

3. 信息资源管理的主要职能

除了我们平常所说的管理职能之外，信息资源管理的主要职能还包括以下几个：

（1）决策。即为了使企业信息资源的开发和利用取得预期效果，在对信息资源管理的规律和对管理对象有关信息进行分析与预测的基础上，制订和采取科学的行动方案。

（2）计划。是管理信息资源管理决策的具体化，依照 5W1H（why、what、where、when、who、how）执行。

（3）预算。是实现企业信息资源管理决策和计划的重要手段，保证有足够的资金供应。

（4）组织。设计一种组织结构，保证研发工作的顺利进行。

（5）指导。使企业信息资源开发和利用活动，实现企业信息资源管理目标。

（6）培训。可以通过各种方法和途径，对各类相关人员进行教育和训练，使其掌握信息资源开发和利用的技术和方法，提高其素质和工作效率。

（7）控制。对企业信息资源开发和利用活动进行评估和调节，以确保信息资源开发和利用目标的实现。

九、信息系统的几个发展阶段

1. 电子数据处理阶段（Electronic Data Processing System，EDPS）

（1）单项数据处理阶段。20 世纪 50 年代中期到 60 年代中期，重点是强调手工作业自动化，提高效率。一般不提供分析、计划和决策信息。如工资计算、统计等。

（2）综合数据处理阶段。20 世纪 60 年代中期到 70 年代初，由于出现大容量直接存取的外存储器，一台计算机可以带几台终端，于是，管理信息系统的雏形——信息报告系统应运而生。如通过监视生产进度、提高计划调度速度以减少库存为目的生产状态报告等。

2. 管理信息系统（Management Information System，MIS）

管理信息系统典型特点如下：

（1）高度集中，能将组织中的数据和信息集中起来，进行快速处理，统一使用。重要标志是有一个中心数据库和计算机网络系统，通过通讯技术的结合，不仅将组织内部各级管理联结起来，且克服了地理界线，形成跨地区的各种业务信息系统和管理信息系统。

（2）利用定量化的科学管理方法，通过预测、计划优化、管理、调节和控制等手段来支持决策。

3. 决策支持系统（Decision Support System，DSS）

20 世纪的 70 年代国际上 MIS 失败的根本原因在于提供的信息不能满足经理决策的需要。

DSS 是以 MIS 管理的信息为基础，是 MIS 功能的延伸。DSS 把数据库处理与经济管理数学模型的优化计算结合起来，具有管理、辅助决策和预测功能的管理信息系统，是面向决策的信息系统。决策支持系统既可以是一个独立的系统，也可以是 MIS 的一个高层子系统。

20 世纪 90 年代之后，与人工智能、计算机网络技术相结合，形成智能决策支持系统（Intelligent Decision Support System，IDSS）和群体决策支持系统（Group Decision Support System，GDSS）。EDPS、MIS、DSS 技术在贸易中的应用发展成为电子商务系统（Electronic Business Processing System，EBPS）。该系统以通讯网络上的电子数据交换（Electronic Data Interchange，EDI）标准为基础，实现了集订货、发货、运输、保管、保险、商检和银行结算为一体的商贸业务。

十、信息系统面临的挑战

(1) 如何深刻认识管理信息系统不仅是一个技术系统,而且是一个社会系统。涉及管理思想、管理制度、管理方法、权力结构和人们的生活习惯,是社会的变革。

(2) 如何提高科学管理水平,为信息系统创造可行的空间,注重数据的真实性。

(3) 如何用信息技术促进企业的管理进步。需注重流程重组、机构重组、职权再分配、分工的变革等。

(4) 如何提高企业文化,使之适应新技术应用和企业转型的挑战。

(5) 政府部门如何促进信息系统的应用与发展,政府的信息化和企业的信息化造就整个社会的信息化。

复习思考题

1. 如何理解管理现代化的内容?

2. 信息的定义是什么? 概括信息与数据的区别与联系。

3. 如何理解信息的重要载体和信息意义的解释者?

4. 阐述信息处理的生命周期。

5. 解释系统的五个要素以及负反馈环节的四个要素。

6. 系统的特征是什么? 系统分解的原则有哪些? 信息系统的具体功能有哪些?

7. 论述信息系统的发展对企业战略的直接影响。

8. 信息系统的功能有哪些?

9. 一个完善的政府信息化系统如何建立? 分析管理信息系统在全世界的失败率都很高的原因?

10. 如何理解西蒙模型?

第三章 管理信息系统概述

第一节 管理信息系统概述

掌握管理信息系统的基本概念及其内在含义、特点、结构,理解企业系统是一个有输入、输出的多变系统。

一、管理信息系统的定义

1. 人工管理系统

管理信息系统一词最早是在 20 世纪 70 年代由瓦尔特·肯尼万(Walter T. Kennevan)给出的定义:"以书面或口头的形式,在合适的时间向经理、职员以及外界人员提供过去的、现在的、预测未来的有关企业内部及其环境的信息,以帮助他们进行决策。"这个定义是完全出自管理的,其实质要素是信息→决策→管理,是人们利用信息在管理中做出较为合理的决策,以达到改进管理的目的。

其主要缺陷是没有明确提出管理信息系统的概念,只是从管理的角度指出要进行管理决策就要使用信息,而信息的处理和加工仅是在人脑中进行的,而容易导致孤立、缺少系统的决策信息的产生,只能为管理者提供一时的决策依据。这样使用信息进行决策的过程就必然缺乏客观性和科学性。所以,它是一个以人为核心的人工管理系统,而不是真正意义上的管理信息系统。其原因如下:

(1) 收集、处理信息的是个别人而不是部门,更没有形成专门的机构,信息的处理量是零星的而不是批量的。

(2) 加工和处理信息没有固定规则,缺少客观性,随意性很大,没有将信息作为资源去开发和利用的观念和意识。

(3) 信息的收集和传递及处理不具有快捷性和实时性。

(4) 没有信息反馈的收集、处理环节,这就会使决策者带有不科学的主观盲目性。

2. 人工管理信息系统

如果在人工管理系统之上增加了决策反馈信息的收集功能,并重视信息的作用,在机构上考虑信息的收集、处理、加工等环节的分工,使决策更加符合科学性,那么这样改进组织内部结构而形成的新系统,称为作用于管理的信息系统,这也就是管理信息系统的雏形。如图 3-1 所示,可称为人工管理信息系统。

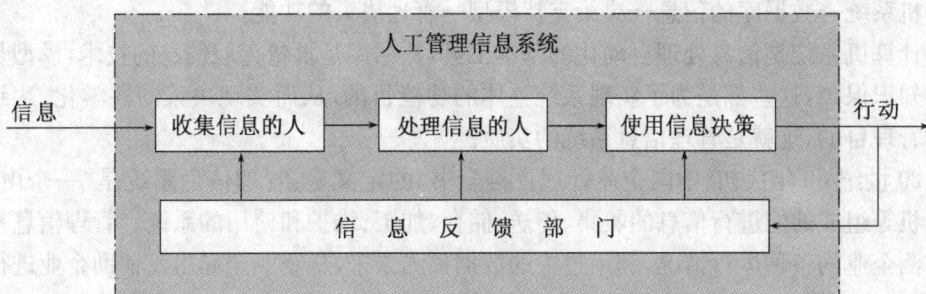

图 3-1　人工管理信息系统的逻辑框图

3. 管理信息系统

图 3-2 为管理信息系统的概念图。

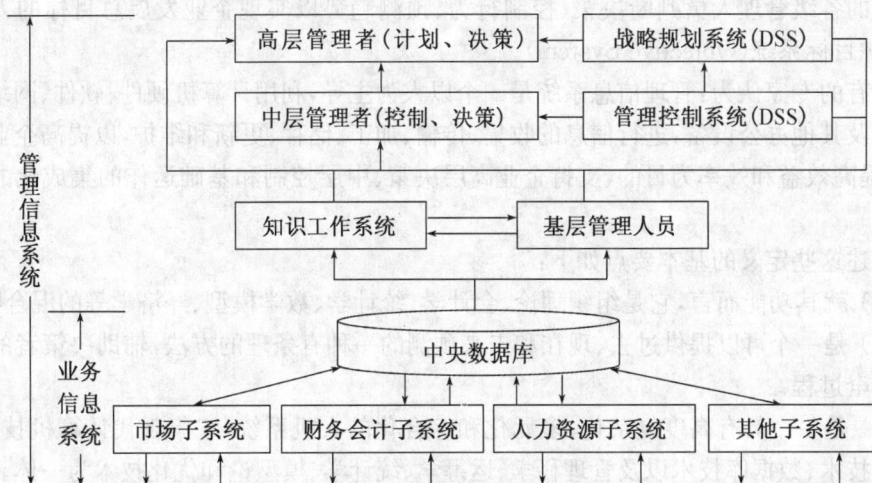

图 3-2　管理信息系统的概念图

要实现管理信息系统就必须改造人工管理信息系统,以达到管理信息系统的基本要求:

(1) 减少系统信息采集中的分散性,增加流程操作中的集中性和规范性。

(2) 减少系统信息处理中的盲目性,增加加工过程中的客观性和知识性。

(3) 减少系统决策中的主观臆断性,增加决策过程中的科学性和民主性。

(4) 实现系统信息处理的自动化,以及决策过程的科学化和知识化。

从这个意义上去理解和把握管理信息系统,对如下各位专家和学者关于管理信息系统的定义我们就可以进一步加深理解了。

1985 年,MIS 创始人、明尼苏达大学卡尔森管理学院高登·戴维斯(Gordon B. Davis)教授为管理信息系统给出一个明确的定义:"它是一个利用计算机硬件和软件,手工作业,分析、计划、控制和决策模型,以及数据库的用户——机器系统。它能提供信息支持企业或组织的运行、管理和决策功能。"

这个定义说明了管理信息系统的目标、功能和组成以及它已达到的水平。其核心是:

计算机系统→数据库的信息→决策支持模型→管理决策的功能。

计算机系统是信息处理自动化的基本工具,数据库是批量存取信息的技术,模型是决策的知识保障,这些都是为了实现系统整体的功能目的,从而实现决策的科学化,达到增效的管理目的,这就是管理信息系统的实质。

20世纪80年代初《中国企业管理百科全书》的定义是:管理信息系统是"一个由人、计算机等组成的能进行信息的收集、传送、储存、加工、维护和使用的系统。管理信息系统能实测企业的各种运行情况,利用过去的数据预测未来,从企业全局出发辅助企业进行决策,利用信息控制企业行为,帮助企业实现其规划目标"。

1989年12月国家体改委《企业管理信息系统开发规范》(草案)将企业管理信息系统(Enteprise Management Information System)定义为:企业管理信息系统是综合利用计算机技术、通信技术、管理科学,对企业内外部信息进行收集、加工、储存、传递和利用,辅助企业的各级管理人员判断决策、控制行为、预测趋势以实现企业发展总目标的人机系统,亦称目标系统(Objective System)。

还有的专家认为:管理信息系统是一个以人为主导,利用计算机硬件、软件、网络通信设备以及其他办公设备,进行信息的收集、传输、加工、储存、更新和维护,以提高企业战略竞优、提高效益和效率为目的,支持企业高层决策、中层控制和基础运作的集成化的人机系统。

上述这些定义的基本要点如下:

(1)就其功能而言,它是组织理论、会计学、统计学、数学模型、经济学等的混合物。

(2)是一个可以提供过去、现在和未来预测的一种有条理的方法,辅助决策者的决策制定的全过程。

(3)是一个具有高度复杂化、多元化和综合化的人机系统,它集现代计算机技术、网络通讯技术、数据库技术以及管理科学、运筹学、统计学、模型论和优化技术为一体。

(4)是一个由人、计算机等组成的能够进行收集、加工、储存、传递、维护和利用的系统,帮助决策者实现其规划目标。

(5)为决策科学化提供应用技术和基本工具,是为管理决策服务的信息系统。

(6)它不仅仅是一个技术系统、一个一体化的集成化系统,而是把人包括在内的人机系统,是一个管理系统,一个社会技术系统。

综上所述,管理信息系统是使用先进的信息处理工具和技术,自动化地收集、加工和处理信息,提供决策支持,实现管理功能目的的系统。管理信息系统的逻辑框图如图3-3所示。

4. 基于网络的管理信息系统

Internet的产生和迅猛发展给管理信息系统的变革带来了意义深远的影响和冲击,基于网络的管理信息系统已经成为管理信息系统发展的主要趋势。它除了具有传统管理信息系统的所有功能之外,还具有以下几点特色:

(1)系统本身能通过Internet接受全球范围内的信息,并能将管理信息系统内部的信息通过系统本身向全球发送。

(2)设计的管理信息系统查询系统,具有在全球范围的信息资源内自动快速查找、获

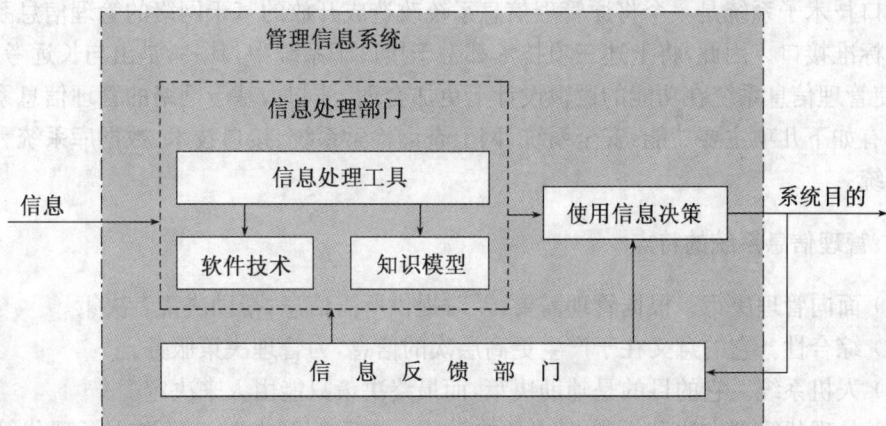

图 3-3 人工管理信息系统的逻辑框图

取、加工处理和分类有序存储所需信息的功能,这种查找技术可称为网上信息资源挖掘技术,它类似于网络搜索引擎技术。

(3)开发的管理信息系统具有防止网上黑客攻击、信息丢失的安全防范功能。

(4)对于系统内部而言是一个全开放的系统,而对于系统外部而言则是一个全封闭的系统。但是,在系统内部又具有分级管理权限职责功能,因此,对内开放和对外封闭是基于网络的管理信息系统的两大特征。

图 3-4 是基于网络的管理信息系统的逻辑框图。

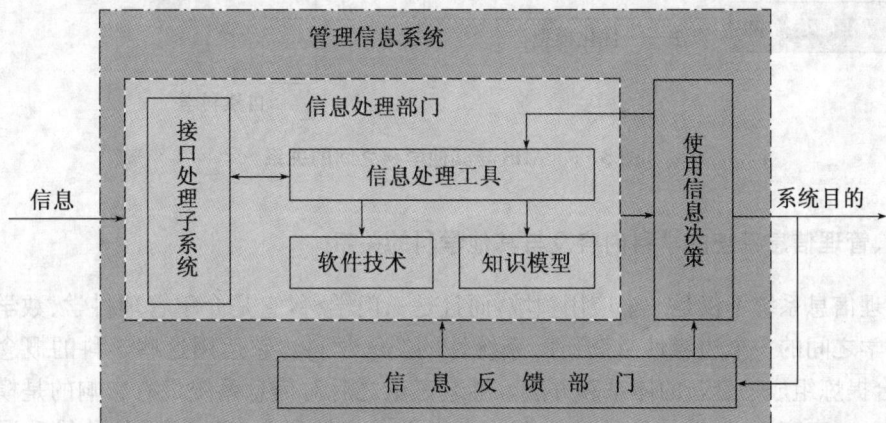

图 3-4 基于网络的管理信息系统的逻辑框图

图中的接口处理子系统包括如下几项技术:

(1)使管理信息系统对外实行封闭的类似于防火墙技术的技术。

(2)使管理信息系统内部信息资源的格式和 Internet 资源格式能相互转换的接口技术。

(3)使管理信息系统具有类似于现在网站上的查询、搜索、分类和有序存储的引擎技术。

接口技术子系统是一个将原管理信息系统改造成开放的基于网络的管理信息系统的通用的标准接口。因此,将上述三项技术都融于接口子系统中,其一,是出与长远考虑,其二,是使管理信息系统在功能的逻辑设计上更加合理。同时,基于网络的管理信息系统还应该具有如下几项主要功能:安全系统、网上查询检索系统、接口技术、数据库系统和知识决策系统。

二、管理信息系统的特点

(1) 面向管理决策。根据管理需要,及时提供所需信息,帮助决策者决策。

(2) 综合性。它的意义在于产生更高层次的信息,为管理决策服务。

(3) 人机系统。它的目的是辅助决策,而最终决策只能由人来决定。

(4) 是现代管理方法和手段相结合的系统。在系统开发时已经融入了现代管理理论、思想和方法。

(5) 多学科交叉的边缘学科,如图3-5所示。

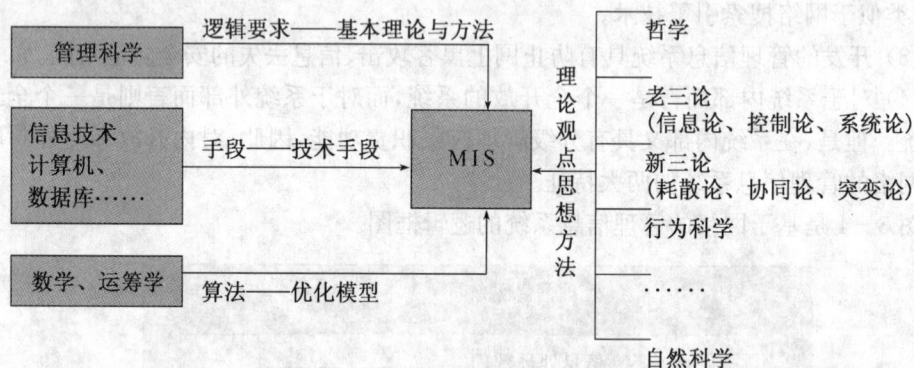

图3-5 MIS与其他学科之间的关系

三、管理信息系统的学科内容及与其他学科的关系

管理信息系统不仅是一个应用领域,而且是一门学科,它是介于管理科学、数学和计算机科学之间的一个边缘性、综合性、系统性的交叉学科。它运用这些学科的概念和方法,融合提炼组成一套新的体系和方法。继老三论之后对信息系统最有影响的是模糊数学,新三论(突变论、耗散结构论和协调论),以及非线性科学(包括分形、分维和混沌理论)。[1]

1. 耗散结构论

它是研究开放性系统的理论,管理信息系统本身就是开放系统。耗散结构论认为一个远离平衡的非线性系统,通过与外界交换物质、能量和信息,当控制参量越过某阈值时,系统可能失衡(稳),由无序状态变为一种时间、空间或功能有序的新状态。与任何孤立系

---

① 注:新老三论及相关更多内容请参阅苗东升编著《系统科学原理》,中国人民大学出版社,1990.05。

统熵只增不减的"热死学说"不同,它认为开放系统的熵来自于两个部分,一部分是本身不可逆转过程引起的,一部分则是和外界交互得到的,两者之和可以达到熵的减少,系统趋于有序,因而,系统可以是自组织。所有的自组织均是由非线性导致的。

这种现象可以用图 3-6 分叉图表示,λ 为系统内某控制变量,当其变化超过某个阀值 λ_1 时系统失稳,本来要延 a' 发展下去,但是,由于内外交互的结果,它走向另一个稳态 b 或 c,分支实际上是革新。管理信息系统现在所推行的 BPR(企业流程重组)正是在推行这种变革,其目的在于挽救"死寂的企业"。

2. 突变论

它是研究由于结构不稳定而产生突变的现象的数学分支。突变论通过对结构稳定性的分析来说明和预测形态变化的发生。突变论有两种含义:其一,是当某一参数,例如压力,达到一个界限时,系统就产生破坏,这就是普通的突变;其二,是突变并不是原系统的解体,而是系统的生存手段,通过状态大的变化,维持系统本质不变,突变论就是研究这种突变。突变论中研究的突变在 4 个控制变量下,有 7 种基本突变:折叠型、尖顶型、燕尾型、蝴蝶型、双曲型、椭圆型和抛物型。

最简单的突变的一个截面图如图 3-6 所示。

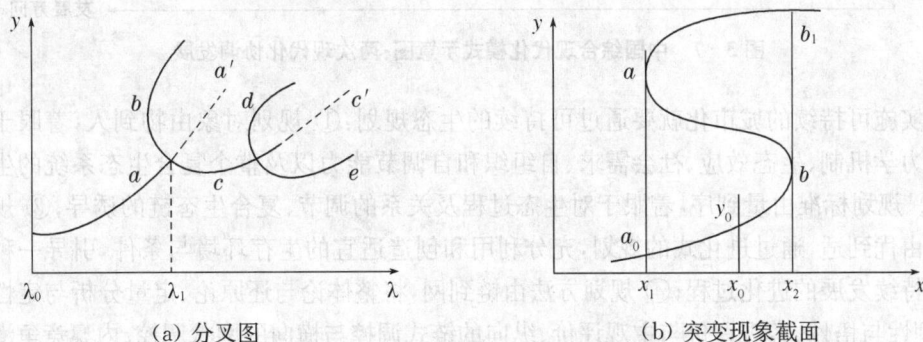

(a) 分叉图　　　　　　　　　　(b) 突变现象截面

图 3-6　最简单突变的截面图

当 x 变量由小变到大时,到达 b 点后,y 产生跳跃,而当 x 由大变小时在 a 点产生跳跃。显然,曲线是平滑的,但是,其中有些状态是无法达到的。正反方向的跳跃在不同点,产生了滞后现象。要进行矫正则必须过正,这就是否定之否定。

案例:城市化过程也可以与生物成长过程相比拟。我们常用的城市化 S 曲线与生物成长的 S 曲线酷似。生物界对生物生长过程有如下描述,如图 3-7 所示。

医学界证明,有机体或器官的生长速度呈 S 形曲线,开始生长缓慢,继而生长加快直达高峰,以后生长停滞,至衰老期。同时,人们通过无数的现实也证明,原始经济和工业经济既给人类创造了巨大的财富,推动了科学技术的飞速发展,也给人类的生存和发展都带来了严重的社会灾难,所以必须引起人们的密切关注。《21 世纪议程》倡导的、面向新世纪的宣言要求人类的及时行动,只有在对传统城市化的批判上升到理性高度并进而将对策落实到具体行动上后,对 21 世纪以生态思维为核心的可持续全球城市化的畅想才不会成为空中楼阁。面向可持续发展的、生态思维的城市化将呈现一种全新格局。

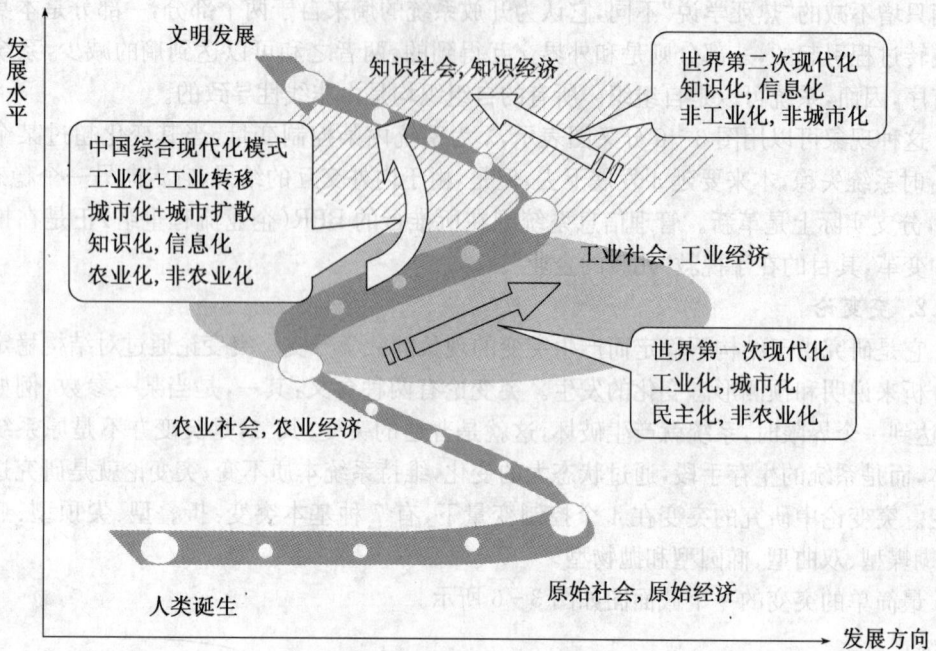

图 3-7　中国综合现代化模式示意图:两次现代化协调发展

　　实施可持续的城市化就要通过可持续的生态规划:① 规划对象由物到人,着眼于人的动力学机制、生态效应、社会需求、自组织和自调节能力以及整个复合生态系统的生命力;② 规划标准由量到序,着眼于对生态过程及关系的调节、复合生态链的诱导;③ 规划目标由优到适,通过进化式的规划,充分利用和创造适宜的生存环境与条件,引导一种实现可持续发展的进化过程;④ 规划方法由链到网,将整体论与还原论、定量分析与定性分析、理性与悟性、客观评价与主观评价、纵向的链式调控与横向的网状调控、内禀竞争潜力与系统共生能力相协调和结合。

　　使城市复合生态系统达到以下目标:① 物质能量的全代谢:零废物;② 资源开发、加工、消费与还原的闭路循环:零排放;③ 竞争、共生、自生的演化机制:效率目标;④ 财富、健康与文明的综合:质量目标;⑤ 生产、生活、生态的协和功能:可持续性;⑥ 工、农、建、交、商相关产业的横向融合:网络化;⑦ 时、空、量、构、序指标的系统调控:生态工程;⑧ 技术、体制与行为手段的耦合:柔性化;⑨ 市区与郊区、城镇与区域以及人与自然关系的和谐共生:景观和谐性。

　　3. 协同论

　　集中研究自组织现象,寻找支配自组织过程的一般原理和普遍规律。自组织是在没有外力的干预下,通过少数变量控制,通过子系统合作能达到宏观有序结构。协同论是德国斯图加特大学哈肯(Haken)教授于 1971 年首次提出的。他认为当一个远离平衡点的系统由无序走向有序时熵不一定减少,而且可能增加。有一些缓慢变化的变量,称序参量,主宰着系统演化的整个过程。在系统的演变过程中,子系统的相互作用形成了序参量,而序参量又决定子系统的行为,这些就是自组织的特征。当代的企业和企业联盟在网络支持下的管理信息系统实际上都是自组织系统。协同论的思想对管理的应用定会有广阔的前途。

新三论的理论基础是非线性科学,而非线性科学现在主要包括分形、分维、混沌和奇异引子。

分形有自然分形、时间分形、社会分形和思维分形等。分维有相似维数、相关维数、复维数和模糊维数等。

自然分形又可以分为几何分形、信息分形、功能分形和能量分形等。

分形的重要性质在于自相似性。自相似性意味着部分和整体相似,部分是整体的缩影,虽然他们不完全相同。分形可以定义为破碎而复杂,但具有自相似的体系。

信息分形说明局部包含着整体的主要的信息特征,功能分形指独立部分和整体的功能相似,或相对独立的部分在适宜的条件下能够发育成整体。

系统论强调整体的功能大于部分之和,强调整体的不可分性,而分形理论则揭示了部分构成整体所遵循的原则和规律,强调部分的全息性和整体的统一性,找到了部分过渡到整体的桥梁。

4. 混沌学

它是研究非线性科学的核心理论,混沌并不是糊涂无序,而是内在的非线性动力学本身产生的不规则的宏观时空行为,是一种非周期性的有序。混沌现象的背后隐藏着具有无穷嵌套的自相似性的几何结构,并具有吸引子。吸引子是系统行为的归宿或系统行为被吸引到的地方。混沌吸引子是系统总体稳定和局部不稳定共同作用的产物。对于复杂的非线性系统,系统有分叉现象。所谓分叉就是倍周期,即周期越来越小。当周期无穷多时,则相当于无周期,系统进入混沌。系统进入混沌有普遍的规律性,不随方程的形式而变。这就是重整化群理论,用处理简单问题的方法去处理复杂的问题。

混沌具有三个主要特征:① 内随机性,产生混沌的根源在于内部而不是外部;② 分维性质,构成分形结构——奇异吸引子;③ 有序的无序,普适性。

混沌理论消除了决定论和概率论两大对立描述体系间的鸿沟,企图抓住复杂性背后的简单规律,探索无序中的有序和混沌中的和谐。

第二节　管理信息系统的结构分析

一、管理信息系统的概念结构

从概念上看,管理信息系统由四大部件组成,即信息源、信息处理器、信息用户和信息管理者,如图 3-8 所示。

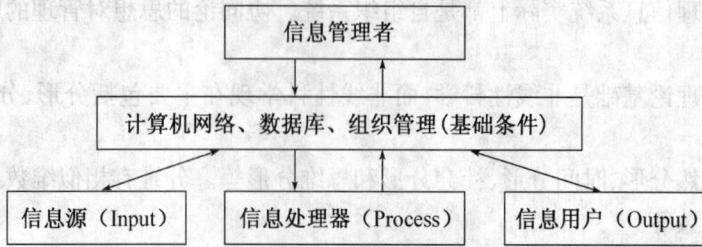

图 3-8　管理信息系统基本结构

根据其内部组织形式我们还可以将其看作如下各种结构：

（1）根据各部件之间的联系可以分为开环结构和闭环结构，如图 3-9 所示。

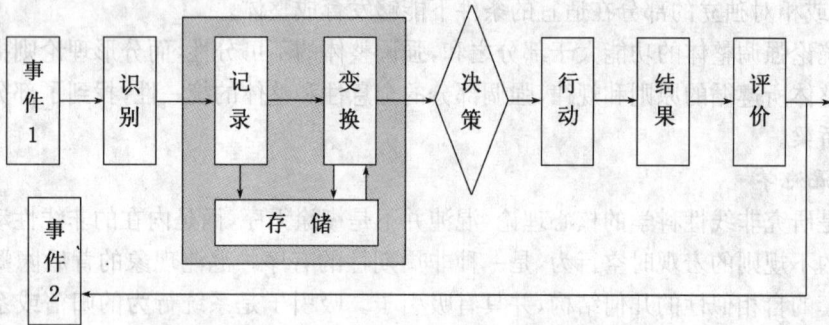

（a）开环结构

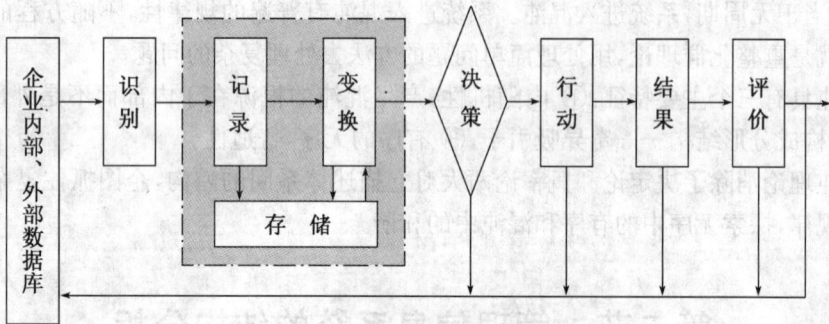

（b）闭环结构

图 3-9　开环结构和闭环结构

（2）根据处理的内容及决策的层次，可以将管理信息系统看作一个金字塔式的结构，如图 3-10 所示。

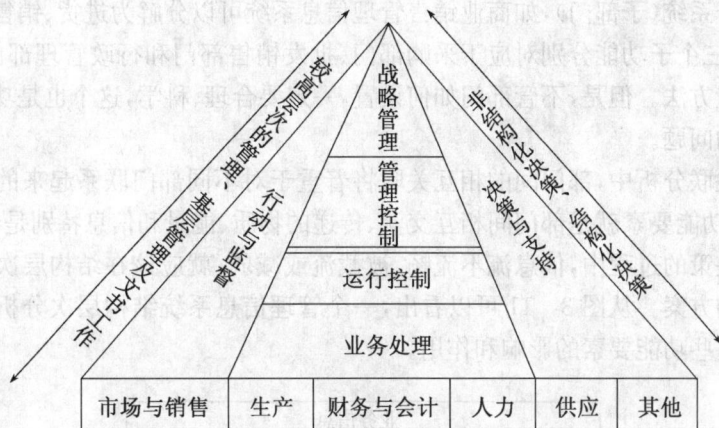

图 3-10 管理信息系统的金字塔式结构

战略管理
管理控制
运行控制
业务处理

市场与销售 | 生产 | 财务与会计 | 人力 | 供应 | 其他

图 3-10 管理信息系统的金字塔式结构

二、管理信息系统的层次结构分析

1. 管理信息系统的层次结构分析的基本思想

根据系统功能整体目的性思想,无论是分析现存的系统或构建一个新系统,主要考虑的是其系统功能的整体发挥。对于系统来讲,最基本的诊断在于系统各构成单元组合后的效益是否满足 $1+1 \geqslant 2$。这就给我们提出了在系统分析和层次结构整合过程中的一个最重要的思想,就是结构分析中要找出结构组合中的内在原因。

＊如果系统是一个高效的系统,为什么系统的总体功能会 $1+1 \geqslant 2$?

＊如果系统是一个.无效能的系统,为什么系统的总体功能会 $1+1 \leqslant 2$?

这种内在层次结构组合的原因,是系统层次结构分析过程所遵循的基本思路。在此思想指导下,系统层次结构具体分析过程中,应贯彻以下基本步骤:

(1) 层次结构的功能分析。

(2) 层次结构之间关联影响分析。

(3) 层次结构组合中以人为本的因素分析。

功能分析是管理信息系统层次结构的基础分析,关联影响分析是层次结构的组织关系分析,人的因素分析是层次结构的管理思想和理念分析,这三类分析就是应贯穿于系统层次结构分析过程中的基本分析。

2. 层次结构的功能分析

图 3-10 的系统的层次结构图说明系统的整体功能可以划分成各种不同的子功能,这种划分是以该系统的总体目标展开的。

3. 层次结构间关联影响分析

如果系统构成单元组合的总体功能不能够达到 $1+1 \geqslant 2$ 的效果,则其根本原因就是结构层次中的组合由于相互作用和影响抵消了总体功能的发挥。因此,对其子系统间的相互作用和影响进行关联分析是必不可少的。

关联分析着重于分析构成要素的相互联系和影响,在层次结构上,一般一种子功能对应于独立的子系统(子部门),如商业销售管理信息系统可以分解为进货、销售和管理三个子功能,而这三个子功能分别对应于采购部门、批发销售部门和行政管理部门,当然还可以有其他设置方法。但是,不管部门如何设置,一定要合理、科学,这个也是功能结构分析应着重分析的问题。

在结构关联分析中,部门间的相互关联将着重于对不同部门联系起来的关联要素的分析,而这些功能要素就是部门间相互交流、传递的物质、能量和信息特别是各类信息流。如果在具体决策的过程中,信息流不流畅、被截流或减弱,就应该在结构层次的功能分析上提出解决的方案。从图3-11可以看出,一个管理信息系统结构层次分析的基本工作就是要搞清这些功能要素的影响和作用。

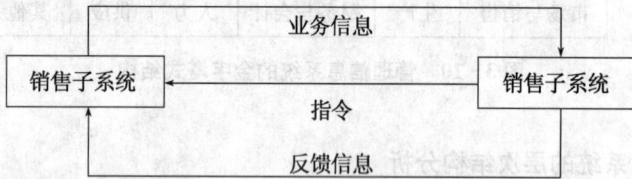

图 3-11　结构层次分析示意图

4. 层次结构组合中以人为本的因素分析

在第二章第二节的构成管理信息系统的基本要素中已经作了说明,因为人既是规章制度的制定者,又是系统中各部门之间关系的处理、协调者,所以说,人是管理之本。人和政通是对管理信息系统中人的作用的充分评价。

三、管理信息系统的功能结构

一个管理信息系统从使用者的角度看,它总有一个目标,具有多种功能,各种功能之间又有各种信息联系,构成一个有机结合的整体。如图3-12所示,是一个企业内部管理系统。

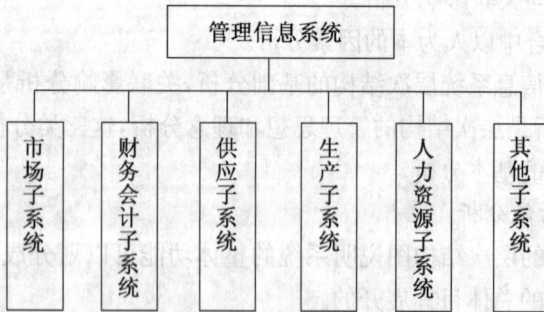

图 3-12　管理信息系统的功能结构

职能的完成往往是通过"过程",过程是逻辑上相关的活动集合。因此,往往把管理信息系统的功能结构表示为功能—过程结构,如图3-13所示。

管
理
信
息
系
统
的
功
能
—
过
程
结
构

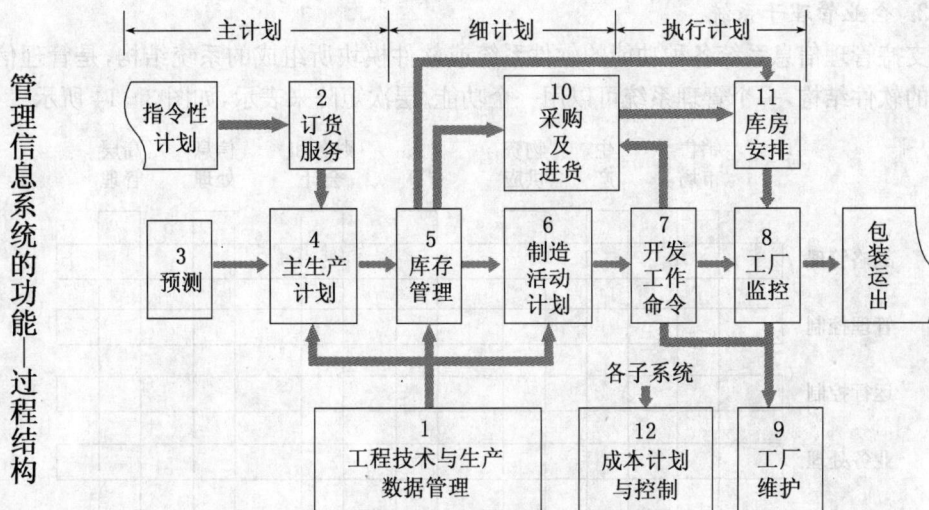

图3-13 管理信息系统的功能—过程结构

四、管理信息系统的软件结构

1. 基于管理任务的系统层次结构

由于管理信息系统的任务在于支持管理业务,因此管理信息系统可以按管理任务的层次进行分层,如表3-1所示,不同管理层次的信息特征如表3-2所示。

表3-1 管理任务的层次

层 次	内 容	案例(库存问题)	数据属性
战略管理	规定企业的目标、政策与方针;企业的组织层次;决定企业的任务	库存战略决策	非结构化
管理控制	资源的获取与组织、人员的招聘与训练、资金的监控等	安全库存与订货	半结构化
运行管理	有效地利用现有的设备与资源,在预算限制内活动	业务处理准确	结构化

表3-2 不同管理层次的信息特征

信息特征	运行控制	管理控制	战略管理
来源	系统内部	内部与外部	外部为主
范围	确定	有一定精确性	很宽
概括性	详细	较概括	概括
时间性	历史	综合	未来
流通性	经常变化	定期变化	相对稳定
使用频率	高	较高	低
精确性要求	高	较高	低

2. 企业管理子系统

支持管理信息系统各种功能的软件系统或软件模块所组成的系统结构,是管理信息系统的软件结构,一个管理系统可以用一个功能/层次矩阵来表示,如图 3-14 所示。

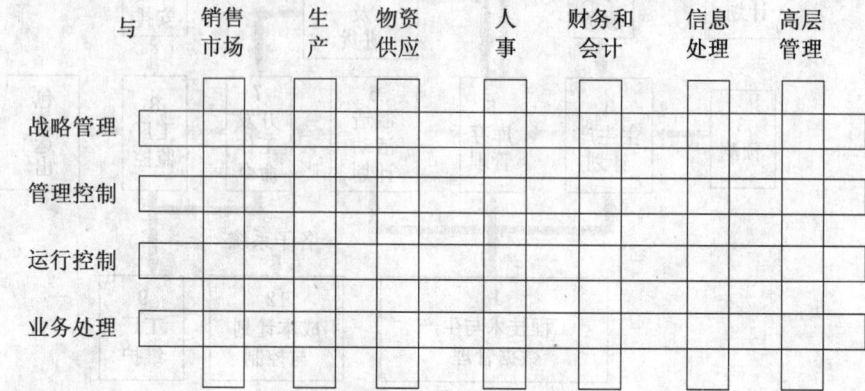

图 3-14　功能/层次矩阵

图中每一行表示一个管理层次,行列交叉表示每一种功能子系统,可以根据企业的管理职能划分为如下几个子系统:① 销售与市场及客户管理(CRM)子系统;② 生产运营(ERP)子系统;③ 物资供应(供应商、物流)子系统;④ 财务与会计子系统;⑤ 人力资源子系统;⑥ 高层管理子系统;⑦ 信息处理子系统………

对应于这个管理系统,管理信息系统中的软件或模块组成一个软件结构,如图 3-15 所示。

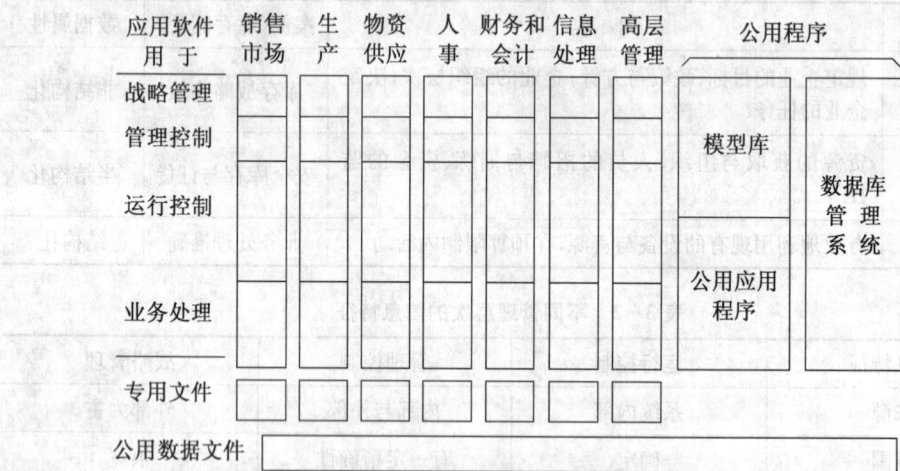

图 3-15　管理信息系统的软件结构

纵向综合:把不同层次的管理业务按职能综合起来,构筑综合性的子系统,并向资源整合的方向发展,便于决策者掌握信息,作出正确分析。

横向综合:构筑完全一体化的系统结构,做到信息集中统一、程序模块共享,各系统功能无缝集成。

五、管理信息系统的硬件结构

参见管理信息系统技术基础部分。

六、企业管理系统

企业系统是一个有输入输出的、具有多变量的负反馈系统。

企业中不仅有大量的极其复杂的物流,而且存在着数量惊人的信息与纵横交错的信息流。信息流伴随着物质在流动,即不仅反映物流的状态,又反过来控制着物流的流动,处于不断变化之中。企业是一个开放式系统,企业管理之出发点与归宿点就在于通过信息及信息流来控制与加速物流。

企业生产运营过程中的物流、资金流、事务流与信息流如图 3-16 所示。

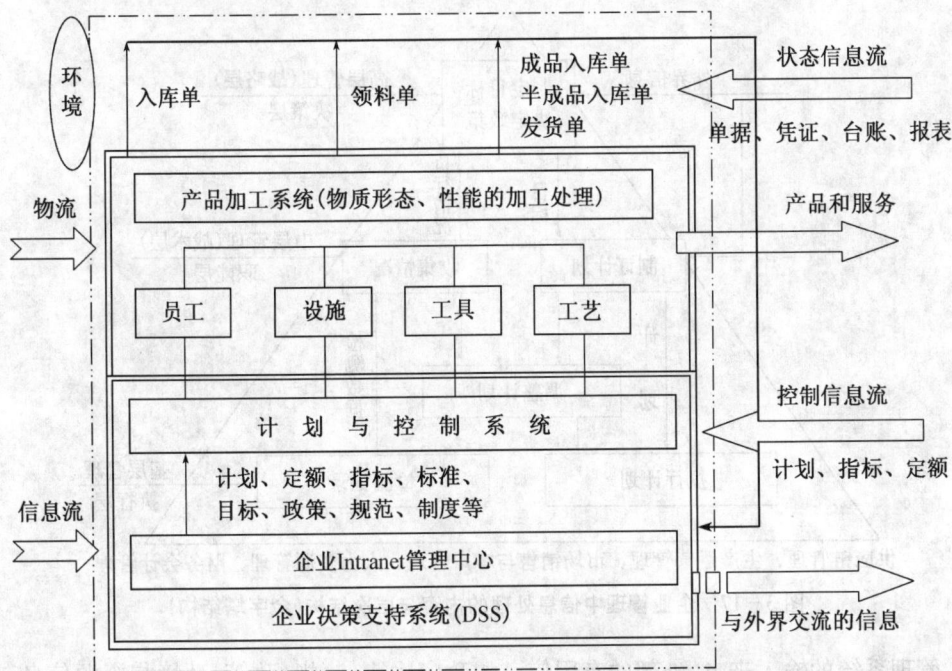

图 3-16　企业生产运营过程中的物流、资金流、事务流与信息流

1. 企业中的物质与信息流

传统管理论认为企业基本资源为人、财、物、设备、技术。任务即对此五类资源进行有效组织,以期达到目标。现代管理认为:信息是第六资源,且是一项重要资源。企业的其他资源是通过信息资源进行管理的,如同人体之神经系统,起着联系、协调和控制全局之作用。企业在整个生产经营活动中伴随物质流的过程,产生大量信息,而形成信息流,此又分为两处:状态信息流与控制信息流。

(1) 状态信息流是物质流产生的,包括各类单据、凭证、台账、报表,反映物质的现状和运动过程,是物质流的表现与描述。

(2) 控制信息流是指控制和指挥物质流的指令,如计划、指标、定额和参数等,是约束物质流动的质量、大小、方向与速度,使之按企业生产经营的总要求协调地运动。

2. 物质流与信息流的相互关系

工业企业是一个复杂的大系统,它由三个系统组成:其一是产品生产系统,是一个物质变换系统,负责物质形态、性能的加工处理;其二是管理系统,指挥、管理与控制企业全过程的有效运作,也是一个决策系统;其三是信息系统,反映、处理与指导生产系统的运行状态,它也是一个信息加工系统,为决策系统服务,如图3-16所示。

组成企业的各项资源在生产运作活动中不是静止的,而是处于动态的流动中,从而形成两种流:物质流和信息流。在物质流动的同时,必然产生大量的信息,而且这些信息必然随着物质的流动而流动,从而形成了企业的信息流。再仔细研究一下,不难发现,在企业生产运作经营活动中存在着两种不同的信息流:状态信息流和控制信息流,如图3-17所示。

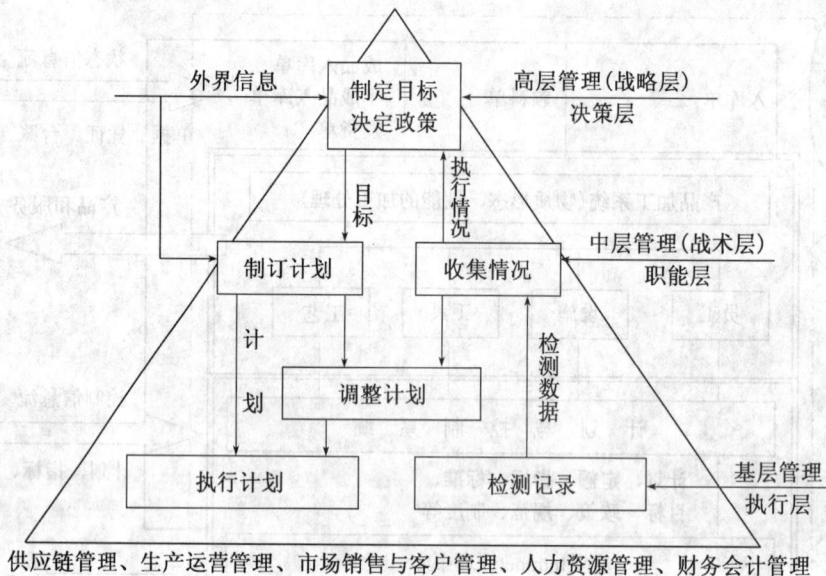

图3-17 企业管理中信息处理的内容与层次结构(金字塔结构)

管理系统的输入来自:外部的有用信息如政府法律、法规、政策、环境与资源信息、市场信息、客户信息、供应商信息和竞争对手信息等;内部的有用信息如企业方针目标与目标、资源信息和反映企业生产经营现状的状态信息等。

管理系统之输出:对内,对生产系统物质流进行有效控制的控制信息;对外,与外界进行必要交流的有关信息、产品与服务。

既然信息流一方面是物质流之现状及过程的反映,另一方面又指挥与控制物质流运动之全过程,因此说,物质流的畅通与否很大程度上取决于信息流是否畅通。信息流一方面是物质流的现状和运动过程的反映,另一方面又指挥和控制物质流运动的全过程,离开了信息流或者这些信息不及时、不准确,必然会造成物质流的中断或堆积(瓶颈现象),影响物质流的正常秩序。因此说,管理系统之功能即在于通过信息来控制,指挥生产系统,加速物质流,亦即通过对来自企业外部有用信息与内部企业生产系统之状态信息进行收集、存贮和传输,经过加工后向生产系统输出控制信息,对生产系统的物质加工过程进行有效计划、组织、实施、指挥、监督与控制,使物流按企业生产经营之总目标协调地运动,提高企业经营活动的整体效益。

3. 企业管理中的信息处理

企业管理中的信息处理可从企业管理职能、企业管理之内容与层次及信息处理与信息决策的关系三个方面论述。

(1) 管理系统主要职能中的信息处理

管理科学把企业中管理之职能归纳为:根据确定目标制订计划、组织实施、监测反馈及调整控制几个方面,其中包含了大量信息处理的内容。

① 确定目标

目标来源:根据企业整体环境,制定企业中长期规划之某一部分或全体;处理:收集一切所需信息,并处理之。

② 制订计划(为实现具体目标所作出的具体安排)

分解目标,编制资源需求,制订多种实施方案;对比、择优,计划具体编制及实施步骤;必须占有大量信息(外部、内部)进行繁重复杂的信息处理。

③ 组织实施(合理组织所需各种资源来有步骤地实现所制订的计划)

分解计划,按时间分解并确定进度表;按空间落实到相关部门,并确定具体资源安排;信息量大(状态信息,控制信息,外部信息)。

④ 监测反馈(此是一种手段)

由于现代生产的复杂性及企业内外条件的多变性,计划的局部变更延时实现不足奇怪,给原计划的目标实现产生影响,如何应变?

对计划实施之全过程进行监制,及时而准确地掌握计划完成进度情况,并迅速传送到需要了解这些情况的部门。此项职能即在于及时取得状态信息并及时、准确、迅速地传输。

⑤ 调整控制

将监测反馈所得信息与所制订的计划及进度表进行比较,根据差值进行必要的调整(如对资源作出新的安排),减少薄弱环节对全进程之影响。

在调整控制过程中,即包括对监测反馈信息之分析比较,又包括调整措施的制定和下达,实质是局部重复制订计划和组织实施的职能。离开信息和信息处理,无管理可言。

(2) 企业管理中信息处理的金字塔结构

企业管理从横向分,分五项基本内容:供应链管理、生产运营管理、市场销售与客户管理、人力资源管理、财务会计管理;从纵向分,分为三层:高层管理、中层管理、基层管理。信息处理的内容与处理的方法具有很大的差异,如表 3-3、图 3-17 所示。

表 3-3　不同管理层的信息处理特点

	管 理 层 次		
	高层管理	中层管理	基层管理
任务	制定长远目标、决定政策	制订计划、收集情况、调整控制	执行计划、报告记录
工作量	小	较大	大
方法	无规律性	基本有规律性	有规律性
周期	不固定	基本固定	固定
复杂性	复杂	较复杂	简单
要求速度	低	较高	高

由图 3-17 可以看出，中层管理本身不仅存在着大量信息处理，而且与高层之间、基层之间存在着大量的信息交换，这应引起重视。

（3）信息处理与管理决策

管理活动的核心和实质是决策，而决策的基础是正确的信息及信息处理，如图 3-18 所示。

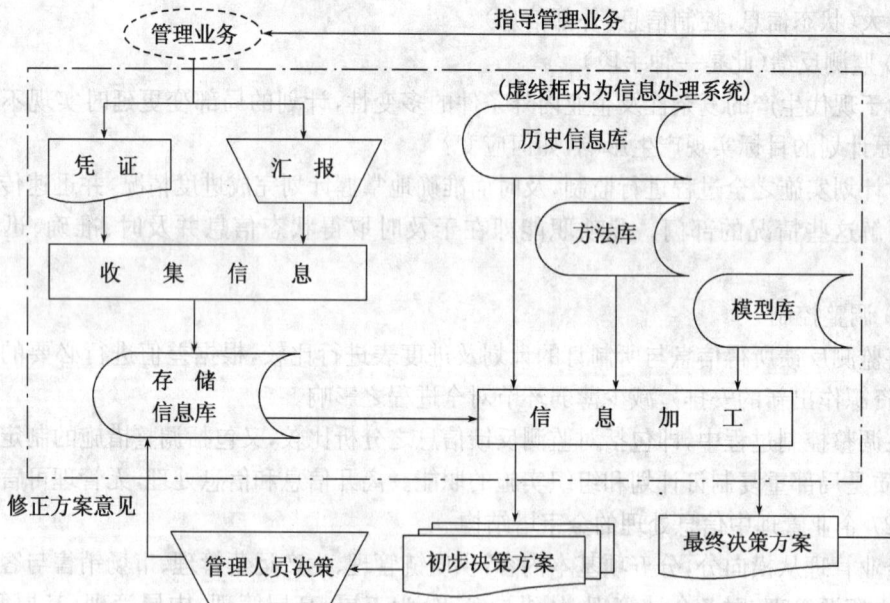

图 3-18　信息处理与管理决策的关系

仅仅认识到信息处理在企业管理中的重要性还不够，应从更高角度认识：管理活动的核心是决策——广义的概念是任何一个管理人员面对几种可能的行动方案进行选择；狭义的概念是：企业最高层领导对重大问题进行决断。由此可见管理活动的实质：为实现预定的目标，在不同层次、为执行不同的管理职能而针对不同的过程所进行的一系列决策活动（如为质量管理的 TQC 活动、工艺调整、设备维护、工艺和操作方法改进、环境改变、材料调整等),信息处理仅仅是管理活动的一种手段。从决策过程来看,西蒙决策模型的情报收集活动阶段、方案设计活动阶段实际上就是信息收集和信息加工过程。只有收集的原始数据全面、准确及时,采用的信息加工方法正确,各种可能的行动方案的制订才具有可行性,才能为最后的方案选择创造必要的条件。

企业管理系统是信息系统,还具有自适应能力,既要适应企业内部情况变化,还要适应外部环境变化而变化,整个系统的管理过程是个动态过程。

管理系统往往都是比较复杂的、多重循环的负反馈系统(当然,有关人员激励方面属于正反馈)。企业管理系统都是多目标的系统,没有绝对的最优方案。

第三节 管理信息系统的支撑环境

一、生产过程的特征

不同企业有着不同的生产特征和千差万别的内外部环境,产业、行业、产品、技术状态、生产流程、人员素质、企业文化、地理环境等,因而,没有固定的管理模式。但是,就其投入物的供求联系和劳动对象的性质,可以分为三类:

(1)采掘业:从自然资源得到物料进行生产加工的过程,投入较高,管理的重点一般为物料储运等。

(2)冶炼业:直接对采掘业的产品进行加工,是改变物料的物理化学特性的生产过程,一般是流程式生产,设备专用性强,企业灵活性小。物料的储运与管理仍然比较重要,但是,现代化的管理理论与方法(如线性规划、网络计划等)对生产管理非常有效。

(3)制造业:对经过加工的资源进行加工,以改变物料的物理形式的过程。属于离散式生产过程,要求各生产作业之间设有相当的储存,各项作业可以相互独立地进行,以便合理地安排进度,充分利用人力、设备等。

如果生产的各道工序都按照一定的路线、进度从一个工作地到另一个工作地流动的形式进行加工和装配,则称之为流水线,如汽车工业。

流水线有推式和拉式之分,如图 3 - 19 所示。

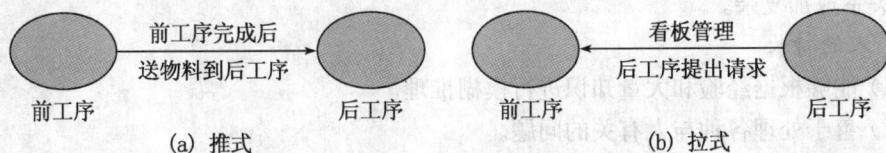

图 3 - 19 推式与拉式

流程式生产与离散式生产有完全不同的生产过程形式,因而采用不同的方法实现生产过程的管理与控制。

二、组织规模

组织的规模决定着管理信息系统的应用的目标和规模。

小组织在管理信息系统上的第一个问题是：投资。大组织从应用效果考虑，倾向于系统技术上的先进性和功能上的完善性，配置高，而小组织资源窘迫，追求快见效益，往往以系统的性能为代价。

小组织在管理信息系统上的第二个问题是：系统开发中要承担较大的风险，资源缺乏、系统分析仓促、系统先天性能不足。

三、管理的规范化程度

管理的规范化是管理组织、过程的科学性的要求，是管理信息系统成功的基础，也是管理信息系统失败的主要原因之一。

四、组织的系统性

系统化的组织其管理过程是系统化的，是可以准确描述和量化的，能够产生与决策控制过程相关的数据，整个生态进化过程可以精确地定义和理解而无二义。不管企业如何进行怎样的整合，管理和决策能够在各管理环节的支持下准确地进行。

这也是管理信息系统失败的主要原因之一。

五、信息处理与人

管理决策是一项复杂的活动，既有结构化的，也有非结构化的；既具有科学性，又有艺术性，因此要充分发挥人和计算机其各自的特长。

1. 计算机的特长

(1) 能保存大量的历史数据，并进行筛选与分析。

(2) 能够仿真应用环境和真实的管理系统。

(3) 产生各种方案的可行解，自动淘汰非优解。

这是由于现代管理中信息处理的特点决定的：① 信息量的剧增；② 处理与传递信息的速度加快；③ 处理信息的方法越来越复杂；④ 信息处理所涉及的知识与技术领域日益扩大，关系愈加复杂。

2. 人的特长

(1) 能够根据经验和大量知识进行模糊推理。

(2) 善于处理各种与人有关的问题。

这是由于人在进行信息处理时的特点决定的：① 需要反馈；② 需要一些多余的信息；③ 需要对信息进行压缩；④ 需要的口味各异；⑤ 需要非语言的信息输入。

3. 人机和谐应当处理的事情

(1) 人性化界面。通过灵活的接口满足不同用户的需求。

(2) 人与机器的合理分工。结构化——计算机；非结构化——人。

(3) 终端用户的计算能力。用户通过终端使用各种功能强大的软件存取数据、开发模型,并直接进行数据处理,改变信息资源的组织、供应和使用方法。

六、管理信息系统研究的对象

(1) 对信息需求的研究。

(2) 对信息流程和信息量的研究。

(3) 对系统的结构和实现方式的研究。

(4) 对系统开发方法的研究。

(5) 对系统的安全性和管理控制的研究。

复习思考题

1. 如何正确地认识管理信息系统的本质?

2. 分析管理信息系统的结构特性。

3. 为什么企业系统是一个有输入输出的、具有多变量的负反馈系统?

4. 如何理解信息是经济活动决策的依据?

5. 如何理解信息本身也是一种可供开发和利用的并具有其自身价值的一种资源?

6. 如何理解信息是产生知识的源泉?

7. 如何理解信息化技术是全球经济一体化实现的基本保证,也是提高管理水平、增加企业经济效益的技术基础?

8. 环境是如何作用和影响系统的?

9. 层次结构组合中以人为本的因素分析应注意些什么?

10. 管理信息系统的功能和基本结构有哪些?

第四章　管理信息系统发展的主要思想、理论与方法

第一节　管理信息系统发展的主要思想和理论

一、管理信息系统学科的发展机理及类型

管理信息系统(MIS)不仅是一个应用领域,而且是一门学科。它是介于管理科学、数学和计算机科学之间的一个边缘性、综合性、系统性的交叉学科。它运用这些学科的概念和方法,融合提炼组成一套新的体系和方法。管理信息系统学科的发展机理:首先,社会经济的发展是管理信息系统发展的根本动力;其次,相关学科的发展是管理信息系统发展的基础。因为,管理科学的发展是管理信息系统发展的应用拉力,并且信息技术提供了管理信息系统学科发展的学术环境。根据管理事务及对象不同,可以划分为以下类型:

1. 国家经济信息系统

其主要功能是:收集、处理、存储与国民经济有关的各类经济信息,及时、准确地掌握国民经济运行状况,为国家经济部门及企业提供经济信息;进行统计分析与预测,为统计现代化服务;为中央和地方各级政府部门制定社会、经济发展计划提供辅助决策手段;为中央和地方各级经济管理部门进行生产调度、控制经济运行提供信息依据和先进手段;为各级政府部门的办公事务处理提供现代化的技术。

2. 企业管理信息系统

这是一个最为复杂的系统,一般具备对企业的生产监控、预测与决策支持功能。

3. 事务型管理信息系统

面向事业单位和服务行业,主要是进行日常事务处理。需要较高的实时性与数据处理能力,如税务、金融、海关等。

4. 行政机关办公型管理信息系统(OA)

特点是办公自动化与无纸化,对下级要信息系统关联,对上级与行政首脑决策服务系统整合,为其决策提供信息支持。

5. 专业型管理信息系统

为特定行业或领域的管理信息系统,主要功能是收集、存储、加工、预测等,技术相对简单,规模一般不大,如人口管理信息系统、科技人才管理信息系统。

二、管理思想及其演变

管理活动(或管理实践)、管理思想和管理理论这三者之间存在这样的关系:管理活动是管理思想的根基,管理思想来自管理活动中的经验;管理理论是管理思想的提炼、概括

和升华,管理理论本身也是管理思想,只不过是比较成熟、系统化程度较高的管理思想,但是并非所有管理思想都是管理理论;管理理论对管理活动有指导意义,同时又要能经受管理活动的检验。

1. 古典管理思想

（1）科学管理理论

科学管理理论着重研究如何提高单个工人的生产率。其代表人物主要有泰罗、吉尔布雷斯夫妇以及甘特等管理学家。

（2）一般管理理论

研究整个组织的科学管理的理论,被后人称为"一般管理理论"或者"组织管理理论"。对一般管理理论贡献最大的是法国管理学家法约尔。他的理论贡献主要体现在他对管理职能的划分和管理原则的归纳上。

（3）行政组织理论

行政组织理论的代表人物主要有韦伯、巴纳德、厄威克等。韦伯认为等级、权威和行政制（包括明确的规则、确定的工作任务和纪律）是一切社会组织的基础。

以上三种管理理论虽然在研究内容上各有不同的侧重点,但是它们都有两个共同的特点:一是都把组织中的人当作"机器"来看待,忽视"人"的因素及人的需要和行为,因此有人称此种管理思想下的组织实际上是"无人的组织";二是都没有看到组织与外部的联系,关注的只是组织内部的问题,所以是处于一种"封闭系统"的管理时代中。由于存在这些共同的局限性,二十世纪初在西方建立起来的这三大管理理论被统称为古典管理思想。

2. 行为管理思想

行为管理理论始于 20 世纪 20 年代,早期被称为人际关系学说,以后发展为行为科学,即组织行为理论。代表人物有雨果·芒斯特伯格、玛丽·福莱特、莉·吉尔布雷斯、梅奥等。其中,梅奥的主要观点:① 工人是社会人,而不是经济人。科学管理学派认为金钱是刺激人们工作积极性的唯一动力,把人看作经纪人。梅奥认为,工人是社会人,除了物质方面的条件外,他们还有社会、心理方面的需求,因此不能忽视社会和心理因素对积极性的影响;② 企业中存在着非正式组织;③ 生产率的提高主要取决于工人的工作态度以及他和周围人的关系。

3. 定量管理思想

定量管理思想的核心是把运筹学、统计学和电子计算机用于管理决策和提高组织效率。运筹学起源于军事需要,后来被应用到管理领域。

定量管理思想的特点:① 力求减少决策中的个人艺术成分,依靠建立一套决策程序和数学模型来寻求决策工作的科学化;② 各种可行方案均以效益高低作为评判的依据,有利于实现决策方案的最优化;③ 广泛使用电子计算机作为辅助决策的手段,使复杂问题能在较短时间内得到优化的解决方案。

4. 系统和权变管理思想

代表人物主要有弗里蒙特·卡斯特、卢桑。

（1）系统管理思想

系统管理思想学派认为,从系统的观点来看管理企业,有助于提高企业效率。把企业看成系统,而系统必然有个总目标,要实现这个总目标,就必须使系统的各有关部门相互联系、相互作用。弗里蒙特·卡斯特认为,在组织内部,可以分为目标和价值子系统、技术子系统、组织结构子系统、社会心理子系统和管理子系统等各个组成部分。

(2) 权变管理思想

所谓"权变",就是相机而变、随机制宜、随机应变的思想。权变管理思想提倡管理者要将单线的思考方式转变为多线的思考方式,也即"对 X 问题,假如是在 F 情况之下,就采取 Y 行动;但是假如是在 G 情况之下,则采取 Z 行动。其中,F,G 就是影响管理行动的环境变量,也称为情境因素或者权变因素"。

权变管理理论是 20 世纪 70 年代在美国形成的一种管理理论。这个理论的核心是力图研究组织的各个子系统内部和各个系统之间的相互联系,以及组织和其所处的环境之间的联系,并确定各种变数的关系类型和结构类型。

第二节　管理信息系统与现代管理方法

随着生产规模的日益扩大和科学技术的飞速发展,管理工作变得越来越复杂,管理模式也发生了巨大的变化,产生了很多新兴的生产方式,如企业流程再造、准时化生产、并行工程、敏捷制造、虚拟制造系统、柔性制造系统、企业资源计划及知识与资源管理、计算机集成制造系统等。

一、企业流程再造(Business Process Reengineering，BPR)

1. 企业流程与流程再造

企业的流程,从总的方面来说,就是企业完成其业务获得利润的过程。甚至可以说,企业就是依赖各种流程来运作的。企业中的生产流程、财务流程、企业发展战略流程、新产品研究与开发流程、采购流程及售后服务流程等都是企业流程的一种表现。从实际来看,企业日常运营的各种制度,如开会有会议议程、票据报销手续规定等,依附于企业各项活动运转而成为企业内部的一个个流程。达文波特对企业流程更进一步定义为:"企业流程是跨越时间和空间的有序的工作活动,它有始点和终点,并有明确的输入和输出。"

企业流程再造(BPR)是 20 世纪 80 年代初起源于美国的一种企业变革模式,是美国主要工业企业全面学习日本制造业全面质量管理(TQM)、精益生产(Lean Produce)、准时制造(Just-Time)、零缺陷(Zero Defect)等优秀管理经验的基础上发展起来的一种全面变革企业经营管理理论和方法、提高企业整体竞争能力的变革模式。

美国两位管理专家麦可·哈默(Michael Hammer)和詹姆·钱皮(James Champy) 1993 年出版了一本令管理学界及企业界震动的书——《企业改造》(Reengineering The Corporation),提出了流程再造(Business Process Reengineering,简称 BPR)的概念,并给它以明确的定义:企业流程再造是对企业的业务流程作根本性的思考和彻底重建,其目的是在成本、质量、服务和速度等方面取得显著的改善,使得企业能最大限度地适应以顾客(Customer)、竞争(Competition)、变化(Change)为特征的现代企业经营环境。

哈墨博士定义:对组织的作业流程进行根本的再思考和彻底的再设计,以求在成本、质量、服务和速度等各项当今至关重要的绩效标准上取得显著改善。具体内容如下:

(1) 根本思考。指企业在再造过程中必须就企业自身、企业的运营方式以及现有的做法提出根本的思考。为什么? 对传统的行为提出反思。

(2) 彻底再设计。一切从一张白纸开始,重新设计,而不是修补、提高和改进,创造出新的工作方法。

(3) 流程"再造"着眼于按业务需要的自然顺序来设计"流程"或"程序",而不是着眼于现有部门、现有的职能岗位,是"对顾客产生价值的系列活动",一切不产生价值的活动均予以删除。

(4) 显著绩效。如大幅度降低成本、减少时间、提高质量等。

2. 再造流程的特点

(1) BPR 以及顾客需求、面向顾客为出发点。按照市场需求决定企业的业务流程,突出对顾客需求变化的反应速度、时间价值。

(2) BPR 以流程为中心决定企业的组织结构,以灵活应变、基于项目组形式的组织结构替代传统的组织结构,打破传统的劳动分工框架。再造后的流程的最基本特征是"合工",即培育雇员的多技能能力,把多工种工作汇集在一起,把过去按专业分工原则分割的业务工作集中起来,交给一个人去完成,即最大限度地简化工作程序。

(3) BPR 是对企业业务流程进行最根本性反省和彻底地再设计。在对现行企业业务流程"怀疑"的基础上,以最大限度地满足顾客需求为思考出发点,对现行工作方式即企业业务流程进行根本性反省和革命性创新。

(4) 增加业务部门的权限,给工作人员决策权,让他们处理尽可能多的工作。采用分布式的组织结构、纵向减少层次,压缩企业中央管理部门的功能,将其限制在核心部分。再造后的企业在组织上应尽可能从纵向和横向两个方面进行压缩。

(5) 工作步骤同步进行。根据需要什么就进行什么这一观点来思考工作顺序(不再是串行或直线式),让多种工作同时进行,尽可能缩短流程的时间。

(6) 流程模式非标准化。

(7) 增加产生附加值的工作,压缩或取消一切不增加附加值的活动或流程。

(8) 设事件经理与顾客联系。被授权能对顾客提出的问题给予解决,又是整个程序中的负责人。

(9) 将供应商与顾客也包括到企业内部业务过程中来,展开并行工程,加速业务流程和部门之间的通信。

(10) 不仅是业务流程的再造,还包括组织结构和企业文化的再造。

3. 再造流程的步骤

BPR 实施的原则是自上向下规划、自下而上实施,可以把建模和仿真技术应用在 BPR 的实施过程中,这样既可以对实施前后的效果进行量化对比,又可以减少实施步骤的盲目性。一般步骤如下:

(1) 再造队伍的构筑。领导者、流程负责人、再造小组、指导委员会、再造总监以及有关专家。流程负责人召集并组阁再造小组,在再造总监的协助下,在指导委员会的帮助与支持下进行流程再造。

（2）根据企业现状建立企业的实际模型 M_0。

（3）对企业模型进行仿真,得出时间和成本等性能数据。

（4）对仿真结果进行分析与评价,指出系统的关键环节和次要环节,分析存在问题的环节,并提出改进意见。

（5）建立改进后的企业模型 M_1。

（6）重复上述(2)～(5)的循环步骤过程,直至找到满意的优化模型 M_n。

（7）参照满意的优化模型在企业中实施BPR。

在建模和仿真的过程中,流程的识别与流程图的绘制特别重要,需要搞清活动之间的内在关系,关注每个活动的起始点和终止点。企业流程分析关键在于寻找关键的流程以及流程关键点的处置,需要强化对关键流程的控制。

4. 流程设计的原则

（1）以过程管理代替职能管理,取消不增值的管理环节。

（2）以事前管理代替事后监督,减少不必要的审核、检查和控制活动。

（3）取消不必要的信息处理环节,消除冗余信息集。

（4）以计算机协同处理为基础的并行过程代替串行和反馈控制管理过程。

（5）用信息系统实现过程自动化,尽可能抛弃手工管理。

企业流程再造(重组)不仅涉及技术,也涉及人文因素,包括观念重组、业务流程重组、组织重组,以新型企业文化代替老企业文化,以新业务流程代替老流程,以扁平化组织代替金字塔型组织其中,信息系统的应用是重组的核心。

5. 基本流程图

流程图是最初实施企业流程再造的基本工具。简单的流程图可以是在一大卷牛皮纸上画上方框和箭头,然后张贴在墙上,将公司的各个过程划分成几个重要的企业过程流,也可以采用先进的专业画图软件包。

企业是以流程为基础来进行运作的,企业中存在着形形色色、难以计数、大大小小的流程。企业的流程图一方面反映每一流程中各活动之间的关系,另一方面也反映各流程之间的关系。企业的流程图就其整体来说可分两大类:单体流程图与综合流程图。

（1）单体流程图

企业的单体流程图主要是反映单个流程中各活动的组成及活动之间的逻辑关系。企业中大量的流程图都是单体流程图。常用的有以下三种类型:

① 流程的工艺视图。企业流程的工艺视图是按时间的先后顺序或依次安排的活动步骤,用标准化的图形形式表达的流程模型。这种图形表达之所以称为工艺视图,是因为它和制造工艺有类似之处。

② 流程的系统视图。企业流程的系统视图是利用系统论的思想、方法和术语来分析和表达企业的流程。企业流程是一个复杂的人造系统,是一个多元的复杂系统的集合。用系统的观点来看待企业,往往关注的是企业流程的活动与活动之间的结构和流程的状态变化等。因此,在这种视图中,有两种建模方法:流程结构建模和流程状态建模。

③ 流程的信息视图。信息是企业流程处理的一个主要对象,企业流程的信息视图着

重刻画了企业流程中信息流程的变化过程。信息视图的主要建模方法有结构化方法和面向对象法。这两种方法的专业性都是很强的。

（2）综合流程图

企业的单体流程图展示的只是流程中各活动与活动之间的关系，仅反映了从事这些活动的个体与个体之间的某种关系，它无法让人对企业的全部流程有一种整体的把握。而企业的综合流程图反映的是企业众多的流程中流程与流程之间的关系。它不是以活动为基本单位，相反，它以一个个活动的集合——流程作为基本单位。它反映了构成一个个流程的群体与群体之间的关系，而不是企业的个体与个体之间的关系。

6. 最优化生产技术（Optimised Production Technology，OPT）

这是一种均衡编制与排产方法，强调物流的优化，通过优化瓶颈环节的物流，提高制造效率，并对所有支持瓶颈环节的排序计划的工作环节排序。

其主要思想有：① 追求物流平衡，而不是能力平衡；② 非瓶颈资源的利用水平不仅取决于自己的潜力，还由系统中的其他一些约束来确定；③ 进行生产并不总是等于有效地利用了资源；④ 在瓶颈资源上损失一个小时，就等于整个系统损失了一个小时；⑤ 在非瓶颈资源上节约一个小时，并没有多大意义；⑥ 瓶颈环节决定了系统的产出与库存；⑦ 传输批量并不总是等于加工批量；⑧ 加工批量应是可变的，而不是固定的；⑨ 同时考虑系统的所有约束条件，才能确定优先级。

OPT 方法的运用可以大幅度减少在制品的数量。

二、准时化生产（Just-In-Time，JIT）

1. JIT 的概念

准时化生产（Just-In-Time，简称 JIT）是日本在 20 世纪五六十年代研究和开始实施的生产管理方式，是一种有效地利用各种资源、降低成本的准则。其含义是：在需要的时间和地点生产必要数量和完美质量的产品和零部件，以杜绝超量生产，消除无效劳动和浪费，达到用最少的投入实现最大产出的目的。也就是说，实现在原材料、在制品及产成品保持最小库存的情况下，进行大批量生产。这里，"准时"是指成品在销售时能准时生产出来并准时发送，组件或总成能准时送入总装，部件能准时进入组装，零件能准时进入部装，原材料能准时转化为零件。而 JIT 的这一思想是通过倒流水"拉动方式"的生产线来实现的，"看板"系统则是生产线运行的"物流"、"信息流"合一的"中枢神经"系统，"自律化"和"全面质量管理"（TQC）则是生产顺利进行的有效保障。该系统体系如图 4-1 所示。

2. JIT 的组成

JIT 由以下三方面组成：

（1）JIT 的观念创新。JIT 之所以成功，首先是由于它大胆地向传统管理观念提出了挑战，使得生产管理的观念发生了巨大的变化。JIT 生产方式的观念创新是 JIT 最基本的方面。传统的生产观念是从卖方市场出发，追求单一品种大批量下的最优化，是从企业自身出发，将产品推向市场，是一种从前向后的顺向推动的运行方式。准时制是从市场出发，企业生产从设计到运行完全从市场出发，一切为了满足市场及用户的需要，是一种从后向前倒向推动（拉动）的方式。两者存在着根本性的区别，所以实行准时制必然伴随着

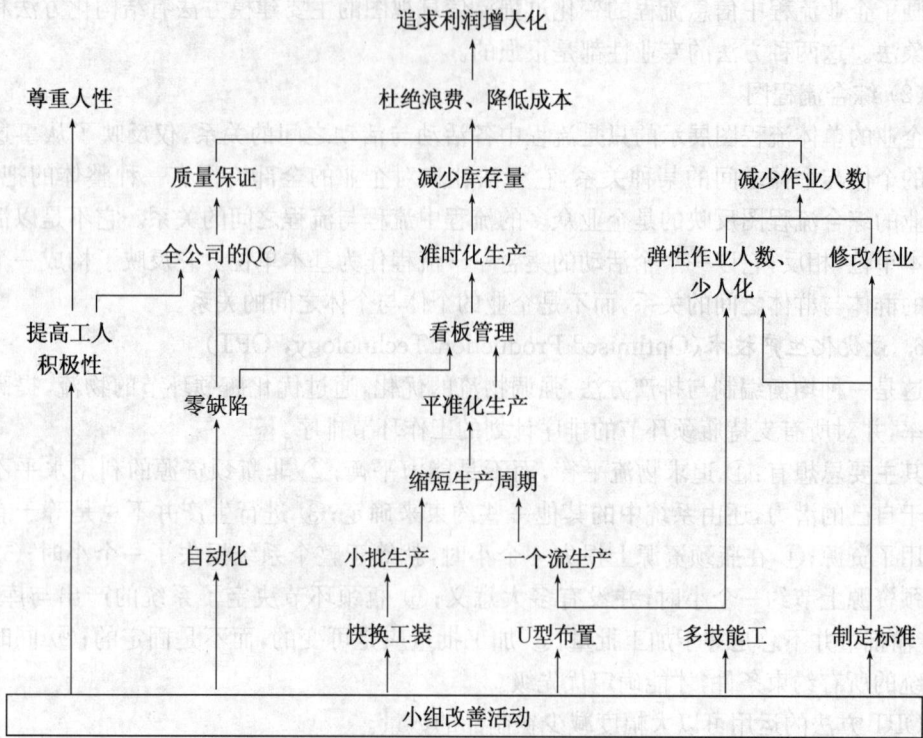

图 4-1 精益生产的生产管理系统体系

生产观念的创新。

（2）JIT 生产系统设计与计划技术。为达到准时生产、杜绝浪费、合理利用资源,在 JIT 系统中要进行广义的生产系统设计。JIT 生产系统设计与计划技术体现了 JIT 的新思维,同时也为 JIT 的生产现场管理与控制打下坚实的基础。

（3）JIT 生产现场管理。JIT 的零部件只有当后续工序提出要求时才生产,是一种"拉动"的生产方式,后工序需要多少,前工序就生产或供应多少。它将传统生产过程中前道工序向后工序送货,改为后道工序根据"看板"向前道工序取货。看板系统是 JIT 生产现场控制技术的核心。我们将 JIT 的组成及相互之间的关系用图 4-2 表示。

3. JIT 的适用范围

JIT 虽然始创于丰田汽车公司,但是其运用范围并非限于汽车行业,随着 JIT 模式的发展和广泛的传播,它已被更多的行业所运用。用企业管理的专门术语讲,JIT 模式适用于非流程型的加工装配制造产业。

4. 精益生产(Lean Production,LP)

精益生产 LP(lean production)是对准时化生产方式的进一步提炼。其基本目标是要在一个企业里同时获得极高的生产率、极佳的产品质量和很大的生产柔性。在生产组织上,它与泰罗方式相反,不是强调细致的分工,而是强调企业各部门相互密切合作的综合集成。

由此可见,精益生产与传统的大量大批生产方式有很大的区别,具体见表 4-1 所示。

1. 设计流程
★ 连续操作
★ 平衡工作站能力
★ 重新布置流程
★ 强调整修
★ 减小批量规模
★ 减少安装/换模时间

7. 改进产品设计
★ 标准化产品标识
★ 零件标准化及零件数的减少
★ 结合产品设计的过程设计
★ 质量期望

2. 全面质量管理
★ 工人的责任
★ 实施方法SQC
★ 加强一致性
★ 失效保护方法
★ 自动化检查

并行的解决问题
★ 根本原因
★ 永久消除
★ 团队工作方法
★ 生产线和专家职责
★ 持续的教育

实施办法
★ 强调改进

6. 减少额外存货
★ 寻找其他区域
★ 存储
★ 运输
★ 传送带
★ 运输机

3. 稳定的计划
★ 均衡的计划
★ 不超过生产能力
★ 建立冻结区间

5. 与供应商合作
★ 缩短提前期
★ 频繁的供货
★ 应用JIT项目的需求
★ 质量期望

4. 看板控制
★ 需求拉动
★ 逆流进行
★ 减小批量规模

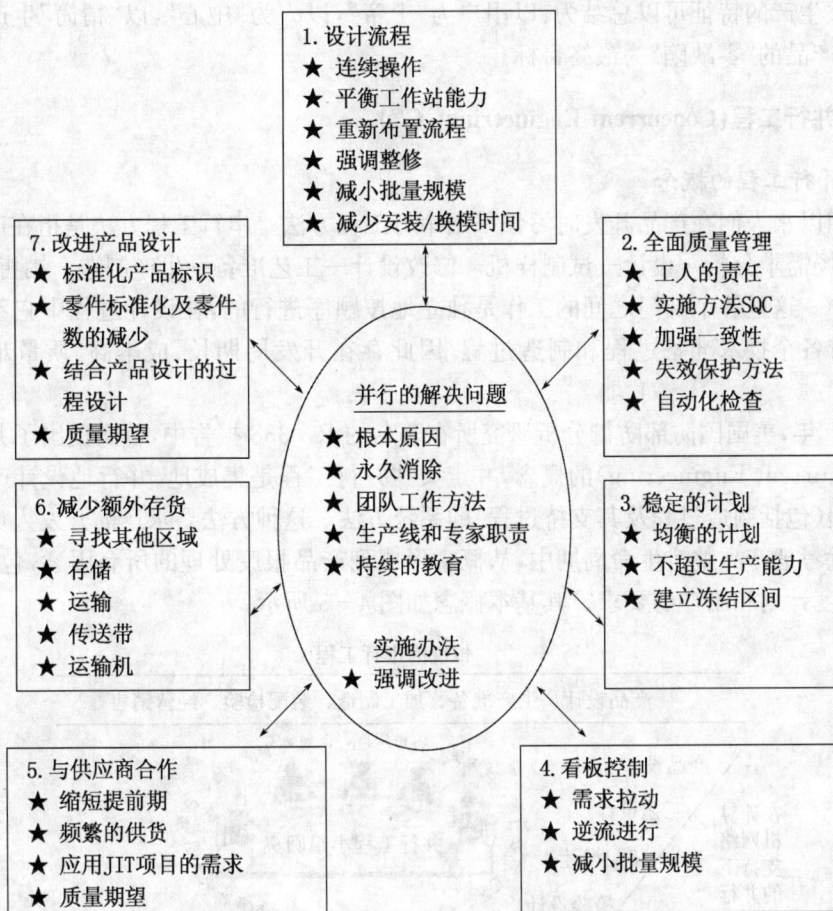

图 4-2　JIT 的组成及相互之间的关系

表 4-1　精益生产与传统的大量大批生产方式的比较

	精益生产方式	大量大批生产方式
生产目标	追求尽善尽美	尽可能的好
分工方式	集成,综合工作组	分工,专门化
产品特征	面向用户和生产周期较短的产品	数量很大的标准产品
生产后勤	准时化生产方式的后勤支援	在所有工序均有在制品缓冲存贮
产品质量	在生产过程的各个环节由工人进行质量保证	由检验部门事后进行质量检验
自动化	柔性自动化,但尽量精简化	倾向于刚性和复杂的自动化
生产组织	加快进度的"同步工程"模式	依次实施顺序工程模式
工作关系	强调工作友谊,团结互助	感情疏远,工作单调,缺乏动力

精益生产的特征可以总结为：以用户为"上帝"，以人为"中心"，以"精简"生产过程为手段，以产品的"零缺陷"为最终目标。

三、并行工程(Concurrent Engineering, CE)

1. 并行工程的概念

长期以来人们在产品开发时习惯采用串行工程方法。串行工程方法是指在产品开发时按"市场需求分析—设计—试制样机—修改设计—工艺准备—生产制造—销售"的顺序投入生产。这里各个部门之间的工作是独立地按顺序进行的，在设计过程中它不能及早考虑下游各个技术准备过程和制造过程，因此存在开发周期长、成本高、质量难保障等问题。

1986年，美国国防部防御分析研究所在著名的 R-338 报告中，首次提出了并行工程 CE(Concurrent Engineering)的概念，并定义："并行工程是集成地、并行地设计产品及其相关过程(包括制造过程及其支持过程)的系统方法。这种方法要求产品开发人员从设计一开始就考虑产品整个生命周期中，从概念形成到产品报废处理的所有因素，包括质量、成本、进度计划和用户的要求。"其基本概念如图 4-3 所示。

图 4-3 并行工程的概念

并行工程要求在产品设计阶段，集中产品研制各部门的工程技术人员、财务人员、管理人员以及供应商和用户共同参与产品的设计及其制造过程，并充分利用计算机对产品的各种性能和制造过程进行动态仿真。其组成如图 4-4 所示。

2. 并行工程的特点

并行工程是对传统的产品开发模式和组织管理方式的创新与变革，其特点有如下三个方面：① 在产品设计及相关过程中，由传统的串行方法变为并行方法；② 在工作方式上，由传统的个人或部门的工作变为多学科人员、内外共同协作组成的协同工作(Team Work)；③ 在企业的组织管理上，由传统的面向功能的递阶组织结构变为面向产品的扁平化网络结构。

3. 实施并行工程所需的技术方法

实施并行工程所需的技术方法有：① 产品设计开发过程的重构与建模，把原来的串行工作模式变成并行作业过程；② 组成支持并行作业的多学科协同工作小组，以及计算

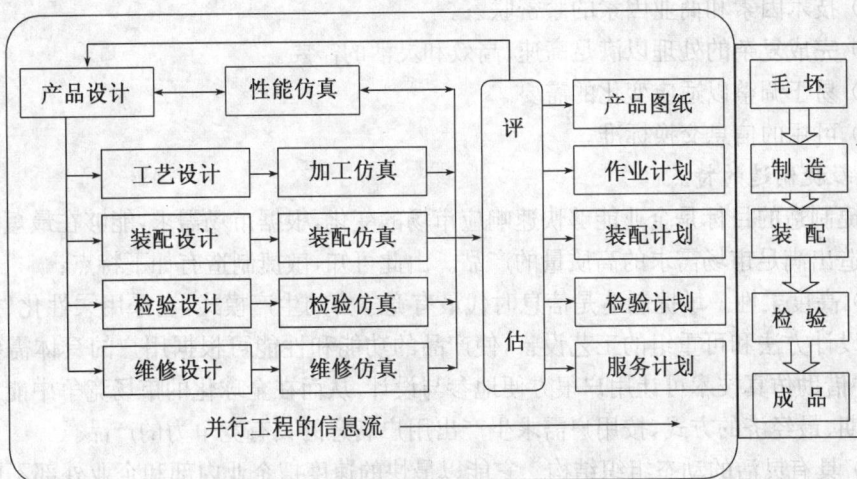

图 4-4　并行工程的组成

机网路支持下的电子协作平台,建立统一的产品数据交换标准、设计标准等,为异地协同工作提供一个工作(如设计、制造)平台(环境),支持异地的互动操作;③ 全面质量管理技术和工具。主要有田口方法、成本分析方法、价值工程等。

四、敏捷制造(Agile Manufacturing, AM)

1. 敏捷制造的概念

为重新夺回美国制造业的世界领先地位,美国政府把制造业发展战略目标瞄向 21 世纪。美国里海大学亚柯卡(Iacocca)研究所在国防部委托下,组织了百余家公司,耗资50 万美元,分析研究 400 多篇优秀报告后,提出了"21 世纪制造企业战略"研究报告。1988 年在这份报告中首次提出敏捷制造的新概念。1990 年向社会半公开以后,立即受到世界各国的重视。1992 年,美国政府将敏捷制造这种全新的制造模式定为 21 世纪制造企业的战略。

所谓敏捷制造:"是指一个公司在连续的、不可预测的、变化的环境中发展和繁荣起来的一种能力,即对迅速变化的全球市场的快速响应能力。是公司用计算机网路与全球生产系统、市场、竞争者连接起来,在高质量、高性能、低成本、顾客设定产品配置等用户需求驱动的市场形势下所表现出的一种能力。"其特征是把柔性生产技术、灵活的组织管理和掌握专业技能的人员集成为一个协调、互相关联的系统(同时为了实现统一的战略目标),把同一行业的不同企业通过共同的基础结构联结起来(将过去你死我活的竞争变为友好合作的竞争),从而构筑动态灵活的虚拟组织结构、先进的柔性生产技术和高素质的人员,使企业能够从容地面对瞬息万变和不可预测的市场需求,确能做出快捷的响应,以获得长期经济效益。

从上可以看出,敏捷制造实际上主要包括三个要素:生产技术、管理和人力资源。涉及的关键因素有以下几个:

(1) 多用户和多个供应商之间实现有效的交互。

（2）技术因素和商业因素的紧密联系。

（3）完成复杂的处理以满足高速、高效和灵活的需要。

（4）易于调整以适应变化的需要。

（5）可用的信息交换标准。

2. 敏捷制造的特点

敏捷制造的目标是企业能够快速响应市场的变化，根据市场需求，能够在最短时间内开发制造出满足市场需求的高质量的产品。由此可知，敏捷制造有如下特点：

（1）高度柔性。敏捷制造是信息时代最有竞争力的生产模式，它采用柔性化、模块化的产品设计方法和可重组的工艺设备，使产品的功能和性能可根据用户的具体需要进行改变，并借助仿真技术可让用户很方便地参与设计，从而在全球化的市场竞争中能以最短的交货期、最经济的方式，按用户需求生产出用户满意的具有竞争力的产品。

（2）具有灵活的动态组织结构。它能以最快的速度把企业内部和企业外部不同企业的优势力量集成在一起，形成具有快速响应能力的动态联盟。由于它在企业内部将多级管理模式变为扁平结构的管理方式，把更多的决策权下放到项目组；在企业外部将企业之间的竞争变为协作，通过高速网络通信进行充分调动、利用分布在世界各地的各种资源，所以能保证迅速、经济地生产出有竞争力的产品。

（3）采用了先进制造技术。从"敏捷制造"一词顾名思义，它一是要"快"，二是要"准"，其核心就在于快速地生产出用户满意的产品。因此敏捷制造必须在其各个制造环节都采用先进制造技术，例如产品设计，如果采用传统的人工设计方法，不但做不到"快"，也很难做到"准"，所以就要采用计算机辅助工程设计、并行工程、柔性制造等先进制造技术。

（4）具有开放的基础结构。因为敏捷制造要把世界范围里的优势力量集成在一起，所以敏捷制造企业必须具有开放基础结构，只有这样才能把企业的生产经营活动与市场和合作伙伴紧密联系起来，使企业能在一体化的电子商业环境中生存。

（5）能最大限度地调动、发挥人的作用。因为敏捷制造强调以"人"为中心的管理，强调用分散决策代替集中控制，用协商机制代替递阶控制机制。它的基础组织是"多学科协同工作小组"，是以任务为中心的一种动态组合，这样就能充分调动和发挥人的作用。

（6）用户的参与。传统的制造过程是收集用户的要求，由制造者进行设计；或者由制造者预测市场需求，再将"自以为是"的产品推向市场。在这种模式下，用户是被动地接受；否则，就要定做，不仅花费高，所需时间也长。在敏捷制造模式下，用户参与产品的设计过程，根据自己的喜好提出设计要求，而且整个设计制造过程对用户都是透明的，甚至连销售服务方面都有用户的参与。

3. 敏捷制造的总体技术

敏捷制造的总体技术包括敏捷制造方法论和敏捷制造综合基础。前者用于正确考察、描述和分析敏捷制造系统，正确开发和实施敏捷制造系统；后者为前者提供了全方位的支持环境、技术与工具等。敏捷制造综合基础与敏捷制造方法论为敏捷制造的实施提供支持。利用互联网、企业内部网构建敏捷制造网络集成平台，可建立与有关企业和高校、研究所、研究中心等结合成一体的敏捷制造网络体系，实现基于网络的信息资源共享和设计制造过程的集成;建立以网络为基础的面向广大中小型企业的先进制造技术虚拟服务中心和培训中心。建立网络化制造工程,具体实施包括基于 Intranet 的制造环境内部网络化和基于 Internet 的制造业与外界联系的网络化,如表 4-2 所示。

表 4-2 制造业信息化网络工程建议

	基于企业 Intranet	企业内部信息集成;巩固和扩大 CAD/CMS 成果	
制造业信息化网络工程	基于 Internet	供应链信息	企业介绍
			产品目录
		公共数据中心(知识与数据共享)	软件
			先进技术与设备
			数字化产品模型(零部件)库
			技术动态与论坛
		网上商务	
		网上服务	行业标准法规
			咨询
		网上联盟	异地设计与制造
		人才培养	虚拟学校(培训中心)

4. 构筑媒介信息系统时应重点考虑之处

(1) 原有的设计模式和实现方法,使系统在建立之初就体现敏捷性的可重构/可重用和可扩充。

(2) 在系统结构中,要全面、客观地分析企业的信息需求,充分细化结构单元,使其能够依据不同的管理功能和要求进行重组,以适应变化的市场要求。

(3) 面向企业运行,具有信息综合能力和信息决策能力,面向企业间资源共享和优化合作,提供全球供应链的管理。

(4) 在 Internet 环境下,基于 WWW 技术,实现信息的无缝传递,即标准的信息交换接口。

(5) 具有自制性,既可以自我规划,又可以和其他自治系统协调工作。

5. 敏捷信息系统(AIS)的系统模型

基于以上分析,可以提出 AIS 的系统结构模型图和相应的技术基础,如图 4-5 所示。系统结构分为两层次。

(1) 客户/服务器体系结构

在 Internet 环境下,AIS 的体系结构必须是客户/服务器的计算模式,如图 4-5 所示。AIS 需要两个客户机,一个是提供信息索取者(ID)的,ID 通过它可以制定符合自己要求的信息,并获得 AIS 运行结果;另一个是提供给信息提供者(IS)的,IS 通过它可以对系统进行设计、维护和管理。AIS 的服务器是系统的核心,它负责接受 ID 或 IS 客户机的请求,并提供相应服务。在 ID 和 IS 之间建立反馈渠道,使系统不断得到完善。

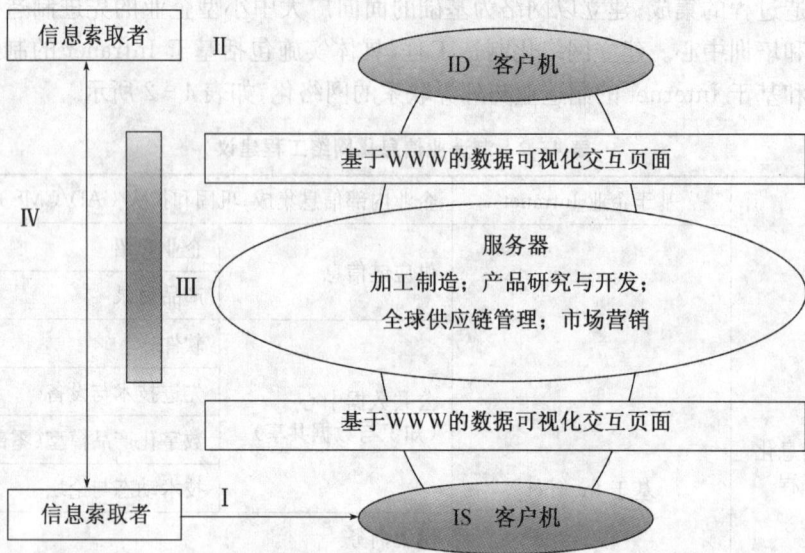

图 4-5 AIS 的系统结构模型

（2）自治系统

AIS 抛弃了传统的金字塔式结构，采用自治系统，即利用软件智能体技术构造一个个具有决策和自主权的相对独立的"单元"，再由若干单元通过协调、管理完成整个企业运作的控制。图 4-5 中右边的椭圆部分是 AIS 的核心，它是按功能划分的，每一个功能又可以由若干个智能体构成。每一个智能体又是一个自治系统，有自己的执行、通信、封装、动态和安全能力。

（3）基于 WWW 的信息交换界面

AIS 采用基于 WWW 的数据可视化技术实现人机交互界面，使信息系统具有较为便利的、Internet 环境下的、能为用户所接受的交互界面和模块之间的信息交互接口。在敏捷制造的信息环境中，人、软件既可以是信息索取者，也可以是信息提供者。另外，功能单元可以分布在世界各地，靠 Internet/Intranet 信息通信和智能体的通信框架来交换信息，完成企业的动态联盟，实现全球制造。

（4）技术基础

要实现 AIS 应具备以下三个方面的技术基础：

1）以智能体作为软件的构件。以设计人格化的智能体为关键，由他们协作来辅助人类获取、处理信息和提供服务。

① Agent(situated Agent)，AIS 的信息支持环境就是软件智能体、人、Internet 等的集合，人、组织和技术都是 Agent，它们在信息环境中都可以相互感知和作用，使系统更合理、更具有"宜人性"。

② 反应性和先动性(reactivity and proactivity)，即由 Agent 采取主动的以目标为导向的行动，实时地对企业作业流程作出调整，而不必等待环境的变化，通过先动性 AIS 可以接受高层次的要求，决定如何满足要求，使企业快速地对环境变化作出响应，提高企业的敏捷性。

③ 学习与适应(learning and adaptation),系统需要从其存储的大量数据中抽取有用信息,从大量用户运行的数据中发现用户的需求和偏好,然后逐步调整生产过程以适应市场的需要,为企业提供灵活、有效的信息服务和事务处理。

2) 面向企业运作的规划与管理辅助工具

以可视化的供应链管理为例。在企业运作中,供应链的管理是非常重要的环节,特别是国际大环境下,企业需要在动态中共赢(win-win),如何维护一个面向企业间资源共享和优化合作的全球供应链系统? 借助于可视化技术,企业可以很方便地管理自己的"合作伙伴网",供应链采取可视化技术,企业的人员可以快捷地控制供应链,包括若干机器、主部件、次部件、零件、工具的供应商,可以采用不同的标识分别表示已经建立的关系伙伴、互为供应商、具有多种角色的供应商,和潜在的合作伙伴。

每一个供应商还有若干个自己的供应商,在界面上就展开另一视图;同一企业可以扮演不同的角色。这样就构成了一个立体的"合作伙伴网",企业的供应链就存在于这个网中。Agent 负责监视、管理网的变化,如果其中一个供应商由于种种原因不再具有合作能力,则 Agent 负责作出警告,并提出符合条件、对方愿意的候选企业,在视图中以某种标识表示之。这样,企业运作就可以及时得到调整,对外界变化作出快速响应。

3) 面向对象方式的标准信息接口

采取面向对象技术是敏捷性的要求,而且,面向对象技术也正好能够满足它的要求。

五、虚拟制造系统(Virtual Manufacturing)

1. 虚拟制造的概念

虚拟制造(Virtual Manufacturing)是指在高性能及高速网络的支持下,利用计算机仿真、建模技术和虚拟产品模型,在产品的实际加工之前对产品的性能、产品的可制造性进行评价,同时对产品的生产全过程进行仿真,以实现产品生产过程(包括产品的设计、工艺规划、加工制造、性能分析、质量检验等过程)的最优化。虚拟制造的目的是尽量降低产品的成本,缩短产品制造周期,提高产品的质量和寿命。

虚拟制造是新产品及其制造系统开发的一种哲理和方法,其本质是以新产品及其制造系统的全局最优化为目标,以计算机支持的仿真技术为前提,对设计、制造等生产过程进行统一建模,在产品设计阶段,实时地并行地模拟出产品未来制造全过程及其对产品设计的影响,预测产品性能、产品制造成本、产品的可制造性,从而更有效、更经济灵活地组织制造生产,以达到产品的开发周期和成本最小化、产品设计质量最优化、生产效率最高化的目的。

2. 虚拟制造的功能

(1) 虚拟制造能提供产品的数字化设计环境。其提交结果包括产品的可制造性评价、产品报价成本、产品数据模型等。通过虚拟设计环境可及早发现设计中存在的问题。

(2) 虚拟制造能提供生产和管理工艺规划、生产计划的环境。通过评价这些计划,虚拟制造提出资源需求(包括购买新设备、征询盟友等),同时检验产品的制造效率,并提供精确的成本信息和生产步骤。

(3) 通过对实际生产过程的仿真,虚拟制造能融合车间控制行为,对产品的新设计方案或改型方案进行评价,或优化车间布局。

3. 虚拟制造的特点

(1)高度集成。产品与制造环境是虚拟模型,在计算机上对虚拟模型进行产品设计、制造、测试,甚至设计人员或用户"进入"虚拟的制造环境检验其设计、加工、装配和操作,而不依赖于传统的原型样机的反复修改。

(2)支持敏捷制造。开发的产品(部件)可存放在计算机里,不但大大节省仓储费用,更能根据用户需求或市场变化快速改型设计,快速投入批量生产,从而大幅度缩短生产准备周期,提高产品从设计、制造到销售全过程的整体性和敏捷性,增强企业(群体)的竞争能力。

(3)分布合作。可使分布在不同地点、不同部门的不同专业人员在同一个产品模型上同时工作,相互交流,信息共享,减少大量的文档生成及其传递的时间和误差,从而使产品开发以快捷、优质、低耗响应市场变化。

4. 虚拟制造的技术

虚拟制造系统是虚拟制造环境下的一种基于计算机仿真技术的多集成的、多学科技术综合应用的制造系统。虚拟制造技术涉及面很广,但其核心技术主要有 4 项,即虚拟现实技术、建模技术、仿真技术与信息技术。

(1)虚拟现实技术。虚拟现实技术是在为改善人与计算机的交互方式,提高计算机可操作性中产生的,是人的想象力和电子学等相结合而产生的一项综合技术。它综合利用计算机图形系统、各种显示和控制等接口设备及多媒体计算机仿真技术,在计算机上生成一种特殊的、可交互的三维环境(称为虚拟环境)。虚拟现实系统(VRS, Virtual Reality System)包括操作者、机器和人机接口三个基本要素,用户可以通过各种传感系统与这种环境进行自然交互,使人产生身临其境的沉浸感觉。

(2)建模技术。模型化处理是计算机通过抽象来表达客观事物的主要方法。因此要使系统协调地工作,首先就要为系统建模,在产品设计阶段或产品制造之前,实时地并行地模拟出产品的未来制造全过程及其对产品设计的影响,并在计算机上"虚拟"地运行整个企业,在求得系统的最佳运行参数后,再据此实现企业的物理运行。

(3)仿真技术。仿真就是应用计算机对复杂的现实系统经过抽象和简化形成系统模型,然后在分析的基础上运行此模型,从而得到该系统的一系列统计性能。由于仿真是以系统模型为对象的研究方法,而不干扰实际生产系统,同时仿真可以利用计算机的快速运算能力,用很短时间模拟实际生产中需要很长时间的生产周期,因此可以缩短决策时间,避免资金、人力和时间的浪费。计算机还可以重复仿真,优化实施方案。

(4)信息技术。信息技术与传统制造技术相结合就形成了现代制造技术。虚拟制造便是基于计算机和信息技术的一种新的先进制造技术。在虚拟制造中,通过运用信息技术管理、协调维护整个产品生命周期内的信息,达到虚拟制造的目的。

六、柔性制造系统(Flexible Manufacturing System, FMS)

1. 柔性制造系统的概念

柔性制造系统(Flexible Manufacturing System,FMS)是指适用于多品种、中小批量生产的具有高柔性且自动化程度高的制造系统。

柔性制造技术,自 1967 年由英国莫林斯(MOLINS)公司提出以后,至今已发展了 30 多年,由于柔性制造技术是管理技术和制造技术的有机集合,换句话说它是以数控技术为核心,以计算机技术、信息技术、检测技术、质量控制技术与生产管理技术相结合的先进制造技术,因而被世界各国所重视,并在发达国家的制造业中得到了广泛的应用。

柔性制造技术具有如下特点:① 具有较高的柔性和通用性;② 转产快、准备时间短;③ 设备利用率高,可实现无人看管 24 小时连续工作;④ 加工质量高且稳定;⑤ 所需费用低;⑥ 相同产量占地面积是传统设备的 60%。由此可见,正是由于柔性制造技术的这种高效、灵活的特性使其成为实施敏捷制造、并行工程、精益生产和智能制造系统的基础,且应用日益广泛,已成为整个制造领域的核心技术。

2. 柔性制造系统的基本组成

为了实现制造系统的柔性,FMS 必须包括下列组成部分:

(1) 加工系统。FMS 采用的设备由待加工工件的类别决定,主要有数控加工中心(NC)或计算机数控(CNC)车、铣、磨及齿轮加工机床等,用以自动地完成多种工序的加工。

(2) 物料系统。用以实现工件及工装夹具的自动供给和装卸,以及完成工序间的自动传送、调运和存贮工作,包括各种传送带、自动导引小车、工业机器人及专用起吊运送机等。

(3) 计算机控制系统。用以处理 FMS 的各种信息,输出控制 CNC 机床和物料系统等自动操作所需的信息。通常采用三级(设备级、工作站级、单元级)分布式计算机控制系统,其中单元级控制系统(单元控制器)是 FMS 的核心。

(4) 系统软件。用以确保 FMS 有效地适应中小批量多品种生产的管理、控制及优化工作,包括设计规划软件、生产过程分析软件、生产过程调度软件、系统管理和监控软件。

3. 柔性制造系统的基本技术

(1) 利用计算机设计(CAD)技术

CAD 技术是基于计算机环境下的完整设计过程,是一项产品建模技术(将产品的物理模型转换为产品的数据模型)。带有 32 位 PC 微机的 CAD 已成为应用主流。引入专家系统的 CAD 使其具有智能化,可处理各种复杂问题,当前的一个应用热点是快速成型(RP)技术。它利用三维 CAD 数据,通过快速成型机将一层层的材料堆积成实体原型。RP 技术具有快速、高柔性、高度集成等突出优点,尤其适合制造单件小批量、形状复杂的产品或原型。

(2) 机电一体化技术

机电一体化技术是机械、电子、信息、计算机等多学科的相互融合和交叉,特别是机械、信息学科的融合交叉。从这个意义上说,其内涵是机械产品的信息化,它由机械、信息处理、传感器三大部分组成。近年来,微电子机械系统(MEMS)作为机电一体化的一个发展方向得到了特别重视和研究。

(3) 模糊控制技术

模糊数学在工业上的应用始于 1974 年对锅炉和蒸汽机的模糊控制。目前模糊控制技术正处于稳定发展阶段,其核心是模糊控制器。新近开发的高性能模糊控制器具有基于人工神经网络的自学习功能,可在控制过程中不断获取新的信息,并自动对控制量进行调整,大大改善了系统的性能。

(4) 人工智能、专家系统技术

迄今,FMS 中所采用的人工智能(AI)大多基于规则的专家系统(ES)。专家系统是利用专家知识和推理规则进行推理,可以对各类问题求解。由于专家系统能简便地将各种事实及验证过的理论与通过经验获得的知识相结合,因而为 FMS 的各方面工作增强了柔性。未来以知识密集为特征,以知识处理为手段的人工智能(包括专家系统)技术必将在 FMS 中起着关键作用。

(5) 人工神经网络(ANN)技术

ANN 是由许多神经元按照拓扑结构相互连接而成的,模拟人的神经网络对信息进行并行处理的一种网络系统。在自动控制领域,人工神经网络技术的发展趋势是其与专家系统和模糊控制技术的结合,成为现代自动化系统中的一个组成部分。

七、企业资源计划(ERP)及知识与资源管理(KRM)

ERP 是一个高度集成化的系统,从物资供应、生产加工、销售这一"供应链"出发,全面优化企业资源,对供应链上的所有环节实施有效的管理。ERP 系统极大地扩展了管理信息集成的范围,除原有的 MRPⅡ系统的功能(制造、供销、财务)外,还集成了企业的其他管理功能,如质量管理、实验室管理、设备维修管理、仓库管理、运输管理、项目管理、市场信息管理、国际互联网和企业内部网、电子邮件、金融投资管理、法规与标准管理以及过程控制接口、数据采集接口等,成为一种覆盖整个企业生产经营活动的管理信息系统。除此以外,ERP 还汇集了离散型生产和流程型生产的特点,以满足多种生产类型企业的需要。ERP 系统使企业能全面掌握企业内外部环境的信息,提供全范围的过程管理。因而它能有效地支持企业在竞争激烈、复杂多变的市场环境下迅速做出决策和实施决策,保证企业经营的成功,因此受到企业,特别是大中型企业的重视和采用。至今已有许多软件公司推出了各自的 ERP 系统,可供企业选用。

ERP 可以从管理思想、软件产品、管理系统三个层次上对其进行理解:① 它是一整套企业管理系统体系标准,是在 MPRⅡ基础上发展而成的面向供应链的管理思想。② 它综合应用了客户机/服务器体系、关系数据库结构、面向对象技术、图形用户界面、第四代语言(4GL)、网络通讯等信息成果,以 ERP 管理思想为灵魂的软件产品。③ 它是整合了企业管理理念、业务流程、基础数据、人力物力、计算机硬件和软件于一体的企业资源管理系统。

1. ERP(Enterprise Resources Planning)的哲学思想与系统结构

ERP 的基本结构和基本逻辑与 MRPII 没有本质上的区别,仍然以制造过程为中心,其核心是 MRP,体现了制造业的通用模式。但是,ERP 在 MRPII 的基础上,向内主张以精益生产方式改造企业的生产管理系统,向外则增加战略决策功能和供需链管理功能。

其主要功能子系统有以下几种:

(1) 支持企业整体发展战略的战略经营系统

目的在于多变的市场环境中建立与企业整体发展战略相适应的战略经营系统,实现基于 Intranet/Internet 环境的战略信息系统,完善决策支持服务体系,为决策者提供全方位的决策信息支持;完善人力资源开发和管理系统,既需要面向市场又要注重企业内部人员的培训。

（2）全面成本管理(Total Cost Management)

其作用与目的在于建立与保持企业的成本优势,并由企业的成本领先战略体系和全面成本管理系统予以保障.

（3）敏捷后勤管理系统(Agile Logistics)

ERP 的重要目标就是要在 MRP 的基础上建立敏捷后勤管理系统(Agile Logistics),借以解决诸如供应柔性差、生产准备周期长等制约柔性生产的瓶颈,增加与外协单位技术与生产信息的及时交互,改进现场管理方法,缩短关键物料的供应周期。

2. ERP 的发展趋势——ERP Ⅱ

过去被电子商务"新经济"遮挡了光线的传统经济行业,在经过了一段时间的沉默之后,开始爆发出强劲的威力。相对于泡沫般的"新经济"来说,这些传统企业普遍更加重视企业自身的管理,对企业信息化管理提出了更加全面的需求——不仅需要更好的 ERP 解决方案,还包括客户关系管理(CRM)、供应链管理(SCM)以及整个企业内部管理的应用与实施,巨大的需求极大地推动了 ERP 的增长和发展。

同样,ERP 在我国也呈现出良好的应用和发展势头。随着联想、海尔、亚信等一批国内知名企业成功地应用 ERP,ERP 带来的先进管理思想正在被同行业企业所学习和效仿。并且,一些过去被认为是"被 ERP 遗忘的角落"的中小型企业,如宝岛眼镜、东阿阿胶等,也开始纷纷引入 ERP 来帮助自身的企业信息化管理改革。

1990 年,美国研究机构 Gartner Group 率先提出 ERP 的概念,并经过 SAP 的"管理＋IT"的进一步诠释之后,成为现在通常意义上的 ERP 软件。2000 年,也就是 ERP 概念提出 10 年之后,Gartner 再一次提出了一个全新的概念——ERP Ⅱ,并且预言,到 2005年之后,ERP Ⅱ 将取代 ERP 成为企业信息化管理的发展趋势之一。

Gartner 给 ERP Ⅱ 的定义是:ERP Ⅱ 是通过支持和优化企业内部和企业之间的协同运作和财务过程,以创造客户和股东价值的一种商务战略和一套面向具体行业领域的应用系统。为了区别于 ERP 对企业内部管理的关注,Gartner 在描述 ERP Ⅱ 时,引入了"协同商务"的概念。协同商务(Collaborative Commerce 或 C-Commerce),是指企业内部人员、企业与业务伙伴、企业与客户之间电子化业务的交互过程。为了使 ERP 流程和系统适应这种改变,企业对 ERP 的流程以及外部的因素提出了更多的要求,这就是"ERPⅡ"。

Gartner Group 指出,虽然近年来 ERP 仍然呈现出高速增长的势头,并为越来越多的企业所重视和应用,但是,新一代的信息化管理企业资源计划——"ERP Ⅱ"已经在 SAP、People Soft 等企业的产品中出现。其特征在于,一方面,企业正在由纵向、高度集成、注重内部功能优化的大而全模式向更灵活、更专注于核心竞争力的实体模式转化,从而企业可以在整个供应链和价值网络中优化其经济和组织结构;另一方面,企业在 Internet 网上的 B2B 和 B2C 的电子商务应用,正在由单一的销售、采购行为转向整个从消费者到生产者、从供应商到生产者的协同商务(C-Commerce)过程。在协同商务的协作世界中,企业之间的竞争不仅取决于自身的管理水平和竞争力,更对企业与协作伙伴之间的信息协作提出了极高的要求。

3. ERP Ⅱ 的核心内容——协同商务

通过 Gartner Group 对 ERP Ⅱ 的描述不难发现,所谓 ERP Ⅱ,其核心是指企业从过去主要强调内部运作转向企业之间的外部协作,也就是协同商务。Gartner Group 甚至将协同商务定义为 21 世纪的第一个五年中企业信息技术的主流应用。或者说,在"新经济"中电子商务退潮的背景下,企业与"新经济"电子商务之间已经找到了一种更好的运作模式——协同商务。作为 ERP Ⅱ 和协同商务的倡导者之一,SAP 在 R/3 系统基础上提出了 mySAP.com(协同电子商务解决方案)。在协同电子商务中,SAP 将 30 年的关键业务流程管理经验融入到客户关系管理、供应链管理、财务及人力资源管理等应用中,构成一个强大而全面的电子商务平台。通过一体化和协同化的运作方式,企业可以提高销售预测和生产计划能力,降低生产成本和增加收入,增加灵活性来适应市场的不断变化。有数据表明,在 2000 年上半年,R/3 与 mySAP.com 各占 SAP 软件销售额的 95％和 5％。而在 2001 年上半年,这一组数字变为 69％和 31％。

从两者的销售份额此消彼长,我们可以发现,ERP 正在走向以协同电子商务为核心的全新的 ERP Ⅱ,如图 4-6 所示。但是,需要强调的一点是,现在在中国大谈 ERP Ⅱ 仍然为时过早,因为电子商务强调企业之间的合作和交易,在企业内部业务流程重组尚未完成之前,企业无法有效地将内部流程、外部市场和合作伙伴集成起来。

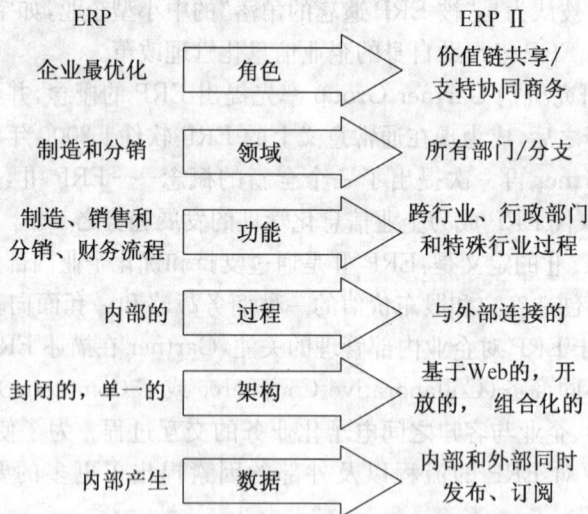

ERP		ERP Ⅱ
企业最优化	角色	价值链共享/支持协同商务
制造和分销	领域	所有部门/分支
制造、销售和分销、财务流程	功能	跨行业、行政部门和特殊行业过程
内部的	过程	与外部连接的
封闭的,单一的	架构	基于Web的,开放的,组合化的
内部产生	数据	内部和外部同时发布、订阅

图 4-6 从 ERP 到 ERP-Ⅱ

4. ERP 与 BPR 关系

如何实行 BPR,既能为 ERP 应用创造良好的基础,又能从根本上提高企业管理水平和生产力水平? 归纳起来,主要有以下几个方面:

(1) 企业应用 ERP 必须要开展管理创新和实行 BPR。这个阶段的工作是不可逾越的。

（2）企业实行 BPR 是应用 ERP 和推进信息化建设的基础，对推动企业管理现代化必将起到明显和积极的作用，事实上也正是如此。

（3）企业在实行 BPR 过程中应采取自上而下与自下而上相结合的重组原则，但首先是自上而下。

（4）企业在实行 BPR 过程中，咨询公司和企业都要着力研究整个业务流程中输入、处理、输出三个环节的基本内容、形式和方法，两者不能分离。只有这样才能使 BPR 落到实处，才能实现 BPR 的预期目标。

（5）企业效绩评价体系由评价制度体系、评价组织体系和评价指标体系三个部分组成。

5. ERP 应用效绩评价的内容与范围

（1）运行 ERP 系统所需的各种基础数据是否准确、及时、有效，其准确率是否达到95％以上，如物料数据、物料单数据、计划数据、工作中心数据、加工路线数据、成本数据和财务数据等。其中，物料单数据的准确率应争取达到98％以上。

（2）企业是否运用 ERP 系统对整个供应链管理中的各相关环节和企业资源实行有效的规划和控制。

（3）有无促使企业在管理思想、管理模式、管理方法、管理机制、管理基础、业务流程、组织结构、质量管理、规章制度、全员素质、信息集成、信息处理、企业形象、科学决策和企业竞争力等方面发生一些明显的改进、提高和创新。

（4）通过财务分析，企业在市场预测分析、加强财务管理、合理组织生产、资源优化配置、压缩生产周期、降低物料库存、减少资金占用、降低产品成本、提高产品质量、扩大市场销售和改善客户服务等方面有无产生相应的经济效益。

（5）评价企业竞争力的主要经济指标和企业管理水平的评测指标有无发生相应的改进和提高。

6. ERP 的新内容——知识管理

把企业的知识资源纳入 ERP 管理之中，即把知识的识别、获取、开发、分解、存储、传递、共享等组成一条知识链，并对其进行有效管理。从信息管理向知识管理过渡，从信息资源开发向知识资源开发、由客户机/服务器结构向 Internet/Intranet 结构过渡，已成必然趋势。如何利用数据信息和知识获取最大利润或效益，是知识管理的关键内容。

知识来源于信息，是对信息的提取、识别、分析与归纳，因此，信息管理是知识管理的基础，而知识管理是信息管理的延伸。

知识管理包括如下内容：① 知识管理的设施，它是知识管理的支持部分，如关系数据库、知识库、网络、人与人之间的各种联系渠道等；② 企业业务流程的重组，目的在于使企业知识资源更加合理地在知识链上形成畅通无阻的知识流；③ 知识管理办法，包括内容管理、文件管理、记录管理等；④ 知识的获取与检索，各类检索工具与手段；⑤ 知识的传递。各种媒体的运用；⑥ 知识的共享与评测，如良好的企业文化、评价条例的建立。

KRM（Knowledge&Resource Management **知识与资源管理**）体系是在 ERP 基础上发展而来的，有效融合知识管理思想的新型企业信息管理系统的模型。它通过企业内部管理通路、企业的商务模型与商务控制、企业外部管理通路及盈利系统的有机融合,构建符合知识管理要求的企业信息化管理体系。其核心在于将知识流、资金流、物流并行处理、统筹规划,以保证企业的可持续发展战略的顺畅运行的新一代信息化管理体系。

7. KRM具备三大特点

KRM的特点如下:① KRM将知识流、资金流与物流放在同样的高度并与之融合;② KRM主张软件重要、服务更重要,更着重于管理咨询服务、实施服务、知识传播及培训服务;③ KRM的实施必须与企业的实际相结合,从企业的具体需要出发,建设与运行同步。

八、计算机集成制造系统(Computer Integrated Manufacturing Systems,CIMS)

1. CIMS的基本概念

20世纪70年代,美国约瑟夫·哈林顿(Joseph Harrington)博士首次提出CIM(Computer Integrated Manufacturing)理念。它的内涵是借助计算机,将企业中各种与制造有关的技术系统集成起来,进而提高企业适应市场竞争的能力。随着市场竞争的日益加剧和相关技术进步推动,CIM哲理及其技术在实践中得到了不断充实、完善和发展,逐步形成了CIMS的理念。CIMS"是一种基于CIM理念构成的数字化、信息化、智能化、绿色化、集成优化的制造系统"。CIMS是信息时代的一种新型生产制造模式,其主要特征是"四化":计算机化、信息化、智能化、集成优化。但随着计算机技术、信息技术、人工智能技术、系统工程技术、自动化技术及制造技术的不断发展,CIMS的"四化"也在变化,已向网络化、虚拟化、以人为核心的智能化和重视企业间的集成优化等方面转化。

2. CIMS的组成

从系统功能角度看,CIMS是由四个功能子系统和两个支撑子系统组成。四个功能子系统是指管理信息子系统、设计自动化子系统、制造自动化子系统和质量保证子系统;两个支撑子系统是指计算机网路子系统和数据库子系统,如图4-7所示。

(1)管理信息子系统。管理信息子系统以MRPⅡ为核心,具有预测、经营决策、生产计划、生产技术准备、销售、供应、财务、成本、设备、工具和人力资源等管理信息功能,通过信息集成,达到缩短产品生产周期、降低流动资金占用、提高企业应变能力的目的。

(2)设计自动化子系统。设计自动化子系统是在产品开发过程中引入的计算机技术。包括产品设计的概念、工程与结构分析、详细设计、工艺设计与数控编程等,通常划分为计算机辅助设计、工艺设计及产品制造等工作,即CAD、CAPP和CAM三大部分。其目的是使产品开发活动更高效、更优质、更自动地进行。

(3)制造自动化子系统。制造自动化子系统是在计算机的控制与调度下,按照NC代码将一个毛坯加工成合格的零件,再装配成部件以至产品,并将制造现场信息实时地反馈到相应部门。它是CIMS中信息流和物流的结合点。对于离散型生产企业,可以由数控机床、加工中心、清洗机、测量机、运输小车、立体仓库、多级分布式控制计算机等设备及相应的软件组成。对于连续型生产企业,可以由DCS控制下的制造装备组成。其目的是通过管理与控制,使产品制造活动优化、周期短、成本低、柔性高。

(4)质量保证子系统。质量保证子系统主要是采集、存储、评价与处理存在于设计、制造过程中与质量有关的大量数据,从而获得一系列控制环,并用这些控制环有效促进质量的提高,以实现产品的高质量、低成本,提高企业的效益。它包括质量决策、质量检测与数据采集、质量评价、控制与跟踪等功能。

(5)计算机网路子系统。它是支持 CIMS 各个子系统的开放型网路通信系统。采用国际标准和工业标准规定的网络协议,可以实现异种机互联、异构局域网络及多种网络的互联。它以分布处理为手段,满足各应用子系统对网络支持的不同要求,支持资源共享、分布处理、分布数据库、分层递阶和实时控制。

(6)数据库子系统。它是逻辑上统一、物理上分布的全局数据管理系统,通过该系统可以实现企业数据共享和信息集成。

3. CIMS 环境下 ERP 的特点

(1)面向供应链管理的管理信息集成。

(2)采用计算机和通信技术的最新成就。

(3)ERP 系统同 BPR 密切相关。

(4)ERP 与 CIMS 中各种先进制造系统有着直接的联系,体现着精益生产、敏捷制造、并行工程精神,并结合 TQM 以保证质量和客户的满意度,结合 JIT 以消除一切无效劳动与消费、降低库存和缩短交货期,结合约束理论(TOC)定义供应链上的瓶颈消除制约因素。

4. CIMS 发展趋势

(1)集成化。从当前的企业内部信息集成和功能集成,发展到过程集成(以并行工程为代表),并正在步入实现企业间集成的阶段(以敏捷制造为代表)。

(2)数字化/虚拟化。从产品的数字化设计开始,发展到产品全生命周期中各类活动、设备及实体的数字化。在数字化基础上,虚拟化技术正在迅速发展,主要包括虚拟现实(VR)应用、虚拟产品开发(VPD)和虚拟制造(VM)。

(3)网络化。从基于局域网发展到基于 Intranet/Internet/Extranet 的分布网络制造,以支持全球制造策略的实现。

(4)柔性化。正积极研究发展企业间动态联盟技术,敏捷设计生产技术,柔性可重组机器技术等,以实现敏捷制造。

(5)智能化。智能化是制造系统在柔性化和集成化基础上进一步的发展与延伸,引入各类人工智能和智能控制技术,实现具有自律、分布、智能、仿生、敏捷、分形等特点的新一代制造系统。

(6)绿色化。包括绿色制造、环境意识的设计与制造、生态工厂、清洁化生产等。它是全球可持续发展战略在制造业中的体现,也是摆在现代制造业面前的一个崭新课题。

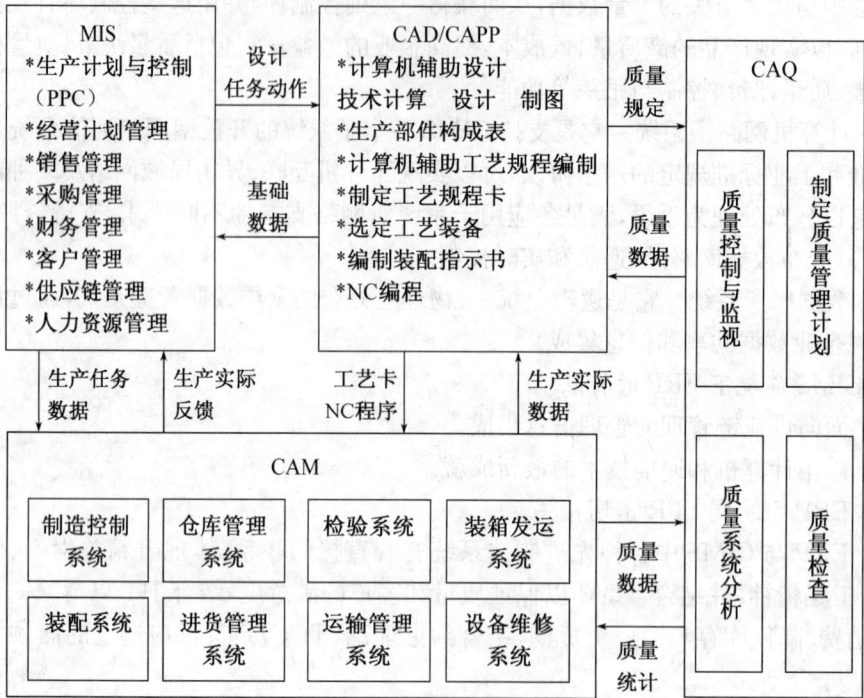

图 4-7 制造业的 CIMS 的典型功能结构

复习思考题

1. 认真研究各种现代化的管理理论、思想和现代化生产方式与信息系统的关系。

2. 简述企业流程再造的特点及步骤？

3. 简述敏捷制造需要哪些技术基础？

第五章 企业网络

第一节 计算机系统的组成

下面用两张表格说明计算机有关方面的基本知识,如表 5-1、5-2 所示,更详细的资料请查阅有关专业教材。

一、计算机系统组成

计算机系统组成如表 5-1 所示。

表 5-1 计算机系统组成

计算机系统	硬件系统	主机	中央处理器
			运算器
			控制器
			寄存器
			内存

实际正确表格如下:

计算机系统	硬件系统	主机	中央处理器	运算器
				控制器
				寄存器
			内存	随机存储器(RAM)
				只读存储器(ROM)
		外部设备	输入设备	键盘、鼠标、光笔、扫描仪等
			输出设备	显示器、打印机、绘图仪等
			外存储器	磁带、磁盘(软盘、硬盘 U 盘)、光盘等
			通信设备	网卡、调制解调器等
	软件系统	系统软件		操作系统、程序设计语言、数据库管理系统等
		应用软件		各种应用程序包等

二、计算机的软件系统

计算机软件系统如表 5-2 所示。

表 5-2 计算机软件系统

软件系统	系统软件	操作系统		如 DOS、Windows、UNIXO、S/2 等
		语言编译和解释系统		
		程序设计语言	机器语言	由 0 和 1 组成的二进制代码序列,计算机可以直接执行
			汇编语言	将二进制形式的机器指令代码序列用符号(助记符)表示

（续表）

软件系统	系统软件	程序设计语言	高级语言	面向过程	如 Basic、Pascal、FORTRAN、C
				面向对象	如 C++、Java、Visual（可视化语言）
		网络软件、数据库管理系统		如 WIN98NT、FoxPro、Oracle 等	
		系统服务程序		诊断程序等	
软件系统	应用软件	信息管理软件		如工资管理、人力资源管理、ERP、电子商务、供应链管理等	
		科学计算程序		如统计软件	
		文字与表格处理软件		如 WPS、Word、Excel 等	
		图形和图像处理软件			
		辅助设计软件		如 CAD、CAM、CAI、CAT 等	

第二节　企业网建设简介

因为网络技术的发展速度太快，任何教科书只有穷追不舍，但还是滞后的，因此本书不再赘述，本节专门讨论企业网络建设的一般性问题。在网络环境下，企业信息系统的实现平台是企业网，如图 5-1 所示。

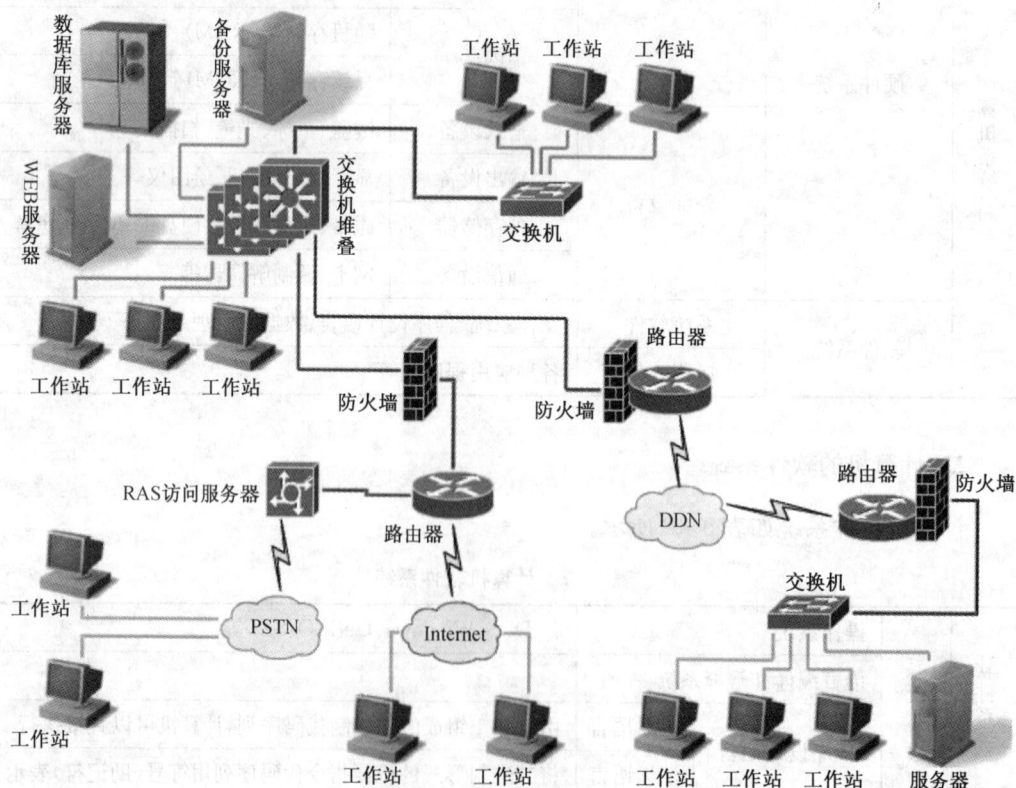

图 5-1　企业网示意图

一、企业网的定义和意义

企业网是指企业内部的计算机网络系统。这里的企业是一个广义的概念,泛指制造业、服务业、行政机关、社会团体等组织;这里所说的内部是指其地域概念,是指企业网主要为本企业所使用。这里的企业网可能是仅局限于一定范围之内的局域网,也可能是连接了企业分布在全国或世界范围内的生产、运输、贸易部门和子公司的跨区域的广域网。

企业网的建立是计算机网络资源共享和信息传输两大基本功能的充分体现。从资源共享的角度看,企业网的建设目标是要以信息技术为手段,并分布在不同地点的企业资源组合成为一个几乎没有时空限制的统一的经营实体,以促进企业生产效率的提高。通过企业网,一方面,企业的各部门、各雇员能够按权限享受到企业的各种资源;另一方面,企业的各种经营活动也能够达到统一的管理,按照标准的模式进行。从信息传输的角度看,通过企业网,分别在各处的企业各部门、各雇员之间能够迅速准确地传递信息、加强沟通。同时,企业网提供的计算机之间的通信手段,把企业内部的各种计算机设备连成了一体,而且,通过远程公用网络(如电话网、Internet)将远程的计算机与企业总部联系。

通过企业网,企业将供应商、顾客、中间商、销售网、制造厂等连成一体,消除时空限制,以实现企业的战略目标,这可能也是中小企业未来的发展目标,以便随时获得可靠的信息,确保决策的高效率和可靠性,借此确保在激烈的市场竞争中立于不败之地。

二、企业网的建设

企业网的建设是一项复杂的系统工程,它既是建设一个计算机网络技术与各类信息收集、传递、储存、加工和使用为一体的信息中心,又是一项为企业生产、经营、产品开发以及领导决策服务的综合性工程。

就企业而言,其信息化建设一般有两大任务:其一,信息网络支撑平台的建设;其二,网上信息的组织管理。软硬件建设两者相辅相成,缺一不可。

作为一项涉及面广、技术复杂、周期较长的系统工程,从系统生命周期的角度,可以将其分为规划分析、系统设计、工程实施和验收维护等四个阶段。

1. 规划分析

这个阶段的主要任务是:根据任务需求、技术情况和资金供应能力对项目的实施进行可行性分析,即解决"做什么"的问题。其主要内容如下:

(1)了解目前阶段计算机网络技术的发展状况,调查同行业企业网工程的建设情况。

(2)分析本单位的各个部门对计算机网络的需求情况。

(3)落实企业网建设的资金来源,组织参与网络建设的工作班子。

(4)提出网络建设的意向性方案。

(5)编制可行性分析报告。

2. 系统设计

本阶段的任务是解决企业为"怎么做"的问题,确立企业网的物理模型。主要包括以下几个方面:

(1)确定企业网设计的负责人。

(2) 与企业网的设计单位进行协商,对企业网的需求分析进行恰当的调整。

(3) 将企业网工程确定地划分为若干组成部分。

(4) 确定设计原则。

(5) 结合技术和资金情况,确定企业网的详细设计方案。

(6) 编制企业网系统设计说明书,并组织专家进行评审。

(7) 在系统设计书的基础上,确定对外招标方案,编制标书。

3. 工程实施

本阶段的任务是根据系统设计书具体建设企业网,包括布线系统的建设、网络设备的安装、网络管理中心机房的建设、网络软件和应用系统的安装等。主要工作如下:

(1) 公布标书,对外进行工程招标。

(2) 组织专家对投标方案进行论证。

(3) 确定企业网络建设商(系统集成商,设备和软件供应商)。

(4) 进行商务谈判并签订企业网络建设合同。

(5) 建设单位进场进行施工。

(6) 企业在建设过程中进行质量监督。

本阶段最为艰难的是系统集成商的选择。

4. 验收维护

本阶段的主要任务是保证企业网是完全按照系统设计书来完成的。主要工作如下:

(1) 各子系统(网络设备、布线系统等)的分别验收。

(2) 系统分调(主机、网络、应用集成等)。

(3) 企业网维护和使用人员的培训。

(4) 系统联调、测试和试运行。

(5) 建设商移交各种施工设计资料。

(6) 在各个系统的验收。

三、企业网的需求分析

需求分析是企业网建设规划分析阶段的主要任务,其一,企业决策层是否决定建设企业网;其二,为系统建设上提供一份完整的需求说明书。具体内容包括如下六个方面:

1. 网络的覆盖范围

网络的覆盖范围是指需要为哪些用户提供网络服务。用户的分布地点、基础通信设施及所连接用户方式,决定了网络的规模和复杂程度。

2. 服务类型

(1) 简单的消息服务。如提供电子邮件之类的消息传输功能。

(2) 访问集中式的数据库。通过网络访问总部服务器中的数据,但仅限于只读,不提供应用方面的管理。

(3) 分布式的事务处理。不是用户直接访问数据库,而是通过用户运行的应用程序来间接地访问数据库,为用户提供更方便的访问模式,而进行合作的事务处理。

(4) 非实时性服务。用户对网络的响应时间没有明确的要求,因此,对网络和计算机的性能都没有明确要求。

(5) 实时性服务。要求能够实时地对客户或其他合作者的请求作出响应,这就需要在网络或计算机方面给与保障,因此,对带宽、操作系统和应用软件都需要考虑。

3. 数据传输

这是企业网的基本要求,影响到网络的带宽。对数据传输率的要求主要由传输的信息类型来决定。同时,企业的规模、地理位置、机构分散程度、机构设置、人员素质以及企业未来的发展方向都需要考虑。

4. 可靠性

包括信息传输的准确性和不可中断性。需要在资金许可的范围内进行科学合理的设计。

5. 安全性

为了实现对有限通信网络资源的充分利用,需要对网络的资源实现共享,提倡开放性,因此,安全性就凸现出来。因而,企业网需要制定出符合应用需要的安全策略。

6. 经济性

与企业的承受能力有关。应当使有限的资金发挥出尽可能大的效益。

四、企业网的系统设计

1. 系统总体设计原则

(1) 软硬件可行性原则。系统软硬件的配置必须考虑各种约束条件。主要是性能需求和当前的技术水平,需要兼顾现实性和技术领先性。

(2) 系统开放性原则。应该具有良好的开放性,或兼容性和扩展性,以适应不断发展的技术和应用需求的日益增加,尽量采用工业标准,以保护用户投资。

(3) 整体最优化原则。根据有限合理性原则,进行综合考虑和评价,应以先进性、可靠性、安全性、经济性几个指标统筹考虑。

2. 布线系统的设计原则

网络布线系统是计算机互联网的基础系统,该设计不仅要满足一期工程需要,更要为今后的发展留有余地,整体网络布线设计应采取比较成熟的结构化布线作为整个网络的传输基础。因此,总的原则如下:

(1) 先进性。采用技术成熟、先进的产品,工程设计和施工能够适应未来技术发展,以满足当前,适应未来。

(2) 标准化。整个方案设计和选用产品必须坚持标准化原则,遵从国际化组织所制订的多种国际标准及工业标准,从而能够保证整个布线工程能够具有高质量和高兼容性。

(3) 可维护性。设计过程这就要求能够保证各个部分的连接清晰、明确、简洁(界面友好、接口明晰),保证有足够的空间以便用户的日后维护和使用,同时保证语音、数据线路能够方便地互换。

(4) 灵活性。结构设计做到配线容易,接口设置合理,做到即插即用。

(5) 模块化。结构化布线,系统中除去固定于建筑物内的水平线缆外,其余所有的接插件都应是积木式的标准件,以方便管理和扩充。

（6）经济性。用户一次投资后，维护费用低，使整体投资达到最少。

当然，实现必须对网络设备、网络服务以及网络应用需求作出较为详细、周密的评估和选择。原则是够用、适用、好用，杜绝浪费现象。

五、系统集成商

系统集成商的选择是企业网工程实施阶段的一项重要基础工作。

所谓系统集成就是根据应用需求，将硬件（含系统软件、工具软件）、网络、数据库及相应的应用软件组合成为有效的、适用的、具有良好性能价格比的计算机应用信息系统的全过程。在整个过程中，包括技术咨询、方案设计、设备选型、网络建设、软硬件系统配置、应用软件开发以及售后服务、维护支持和培训等一系列活动组成。因此，必须慎重行事。

1. 选择系统集成商的标准

作为一家优秀系统集成商必须具备的基础条件按重要性排序如下：技术队伍→工程能力→环境设备→资金支持→信誉→经验实绩。

（1）具备承担系统分析、系统设计、软硬件选型与配套、应用软件开发、工程项目组织管理协调、系统安装调试以及系统维护的能力，最好还能具有提供系统所需软件、硬件产品的实力。

（2）具有计算机硬件、软件、网络、数据库、应用技术以及行业业务、系统安装调度等方面的技术人员、工程组织和管理人员。

（3）具有系统集成、开发调试的基本手段，包括计算机应用系统调试及仿真模拟的环境，微机、工作站、服务器、网络设备的测试仪器设备，以及软硬件开发工具。

（4）具有完成计算机辅助设计、过程控制、管理信息系统等实际工程经验，具有完成一种或几种应用系统的实绩。

（5）由于一般工程签约时，用户仅支付部分费用，其余部分将在项目完毕后支付，因此，集成商在从事集成系统项目时必须具备一定的流动资金实力。

（6）在行业或用户中有一定的信誉和影响。

当然企业也可以选择不同专业特长的公司进行组合来完成整个系统集成，但需要较强的组织管理和协调水平。

2. 系统集成商的服务

作为系统集成商对用户所提供的服务必须遵循如下原则：

（1）除了提供安装服务外，还应有能力进行网络设计、提供网络设备、开发专用系统、培训用户以及提供网络维护和支持等项服务。具有网络完整服务体系的系统集成商对系统集成项目的成功具有至关重要的作用。

（2）专业技术人员应当具备如下能力：能够成功地集成来自不同供应商所提供的产品，他们能够理解网络集成过程工业化的各个方面，包括计划、评审、制订计划日程表、工作进度表以及管理整个工程计划的能力。

（3）必须了解用户的建网意图，具有各种局域网和广域网联网的经验，熟悉各种公用或专用的通信媒体，具有系统配置、集成、测试所有的设备以及发现问题和解决问题等能力，具有安装和使用的经验，构造与承接过项目类似的网络系统。

（4）具备一定的研发能力，以及对网络产品或设备的研究和改进能力。

（5）在安装之前，应能在自己的实验环境中测试网络的各个组成部分，并建立一个实验网络来测试各个组成部分是否能够协同工作。

（6）能够支持未来的技术，以便持续地解决用户后顾之忧。

六、企业网的测试与验收

测试的目的在于确保用户能够科学而公正地验收供应商所提供的设备和软件以及系统集成商所提供的整套系统，也是为了保证供应商和系统集成商能够准确无误地提供合同所要求的设备和系统。测试对于用户来说是为了对系统进行验收。在系统维护阶段，测试也是故障的预防、诊断、隔离和恢复常用的技术手段。

在系统测试验收中，用户要做好如下几项工作：

1. 计算机硬件设备及系统软件的测试

单机和主机运行正确性测试、系统硬件和软件的准确配制和协调性测试、终端用户可执行命令和运行用户程序测试。

2. 网络硬件设备及配套软件性能测试

包括功能测试、可靠性测试、耐用性测试、安全性测试和升级能力的衡量等。

（1）网络部件及测试。即对部件的功能、可靠性、耐用性、可维护性测试和升级能力的衡量等。可以在原厂的生产过程中进行测试，用户参与测试过程。

（2）网络设备级测试。通信处理能力测试、可靠性测试、相应时间测试、抗干扰测试、安全保密性测试等。此类测试可借助于网络测试工具或网络管理软件来完成。

（3）通信线路的测试。包括主干 SDH、DDN 线路、X. 25 线路、电话线路、专用微波线路、光缆、同轴电缆、双绞线等。

（4）网络系统级测试。主要包括网络的联通性、可靠性、响应性、抗干扰性、安全保密性的测试等。需借助于网络测试工具或网络管理软件来测试。

3. 计算机系统和网络系统的集成测试

主要工作由系统集成商提供计划和方法。目的在于保证最终交付用户的计算机系统和网络系统是一个集成的计算机网络平台。用户可以在网络的任意一点通过网络透明地使用有关服务器上的资源，测试内容如下：

（1）联通性测试。测试网络上任意站点间能否相互传输数据、各终端能否登录、访问用户服务器上的文件。

（2）稳定性测试。在不间断运行的一段时间内，计算机系统和网络系统有无异常现象发生。

（3）满负荷测试。通过测试软件或其他方式让计算机系统和网络系统处于满负荷工作状态，通过计算机系统的监控软件及网络系统的管理软件监测计算机系统和网络系统的性能指标。

（4）异常测试。通过人为制造故障，观察计算机系统的故障恢复能力及时限，但是，异常测试要以不损坏设备为前提。

4. 网络系统初步验收

通过验收,计算机系统和网络系统可以交付用户试运行,但是,这一阶段仍然由设备供应商和系统集成商参与系统的维护和管理。

5. 网络最终验收

一般在试运行 1～2 个月之后,系统没有发生重大故障,特别是没有系统的中断现象发生。由设备供应商、系统集成商和用户三方技术顾问共同参与完成。验收的依据是合同所附的技术要求以及在试运行期间的运行日志。

七、企业网的维护

1. 网络系统的维护和服务

一般在整个系统安装调试并投入运行的初期,要求系统集成商派出富有经验的工程师专门负责系统的日常维护和设备运行情况监督,以便及时发现问题和解决问题,集成商与供应商合作定期对系统中的关键设备进行预防性的检测。所有故障问题的检测和恢复均由系统集成商负责或协调,并作现场检测和恢复。

系统集成商对整个系统的正常运行应承担担保责任,应与设备提供商协商对系统中的不同设备提供不同的担保期,在担保期内,所有设备的维修或替换均应免费,担保期后,系统集成商应担保所有设备享有终身维护的服务,只要用户需要,系统集成商应免费或以优惠价格向用户提供升级、安装调试服务。

2. 培训与考察

培训可分为初级培训、现场培训和高级培训。

初级培训是在系统安装调试之前,各方供应商向用户方的具体实施人员进行主机系统、网络产品和系统软件的培训,使之具有相应的技术水平。

现场培训是指在主机、网络系统软件安装时,各方供应商的技术人员进行现场指导和问题解答,一直维持到系统正式投入运行为止。

高级培训包括网络和系统软件的培训,对象是系统硬件、软件和网络系统的主要管理和维护人员,一般在系统安装、调试进入正常运营之后进行。高级培训的内容包括系统软件、操作系统、网络中心设备及主干设备和应用系统。

考察主要是对设备供应商、软件供应商的开发基地和系统集成商的样板工程进行考察。

八、企业内联网

随着 Internet 用户的迅速增加,Internet 技术逐渐成熟,企业内联网(Intranet)已经成为企业网的发展方向。

企业内联网是指应用了 Internet 技术的企业网,也就是说,Intranet 是一种基于 Internet 的 TCP/IP 协议,使用万维网 WWW 工具(Web 技术、浏览器、页面、超级链接),采用了防止外界入侵的安全技术(如防火墙),为企业内部服务,并能方便地接入 Internet 的企业网。

1. 基本结构

Intranet 是一种新的企业内部信息管理和交换的基础设施，对信息处理表示方式和相关技术进行了变革。通过新的技术，可以方便地集成其他已有的系统，如查询检索、电子表格、各种数据库应用、电视会议、电子邮件等，并与外部信息环境紧密结合起来，使人们更加自由地获取或发布信息。图 5-2 是一个典型的企业 Intranet 解决方案的网络构造示意图。

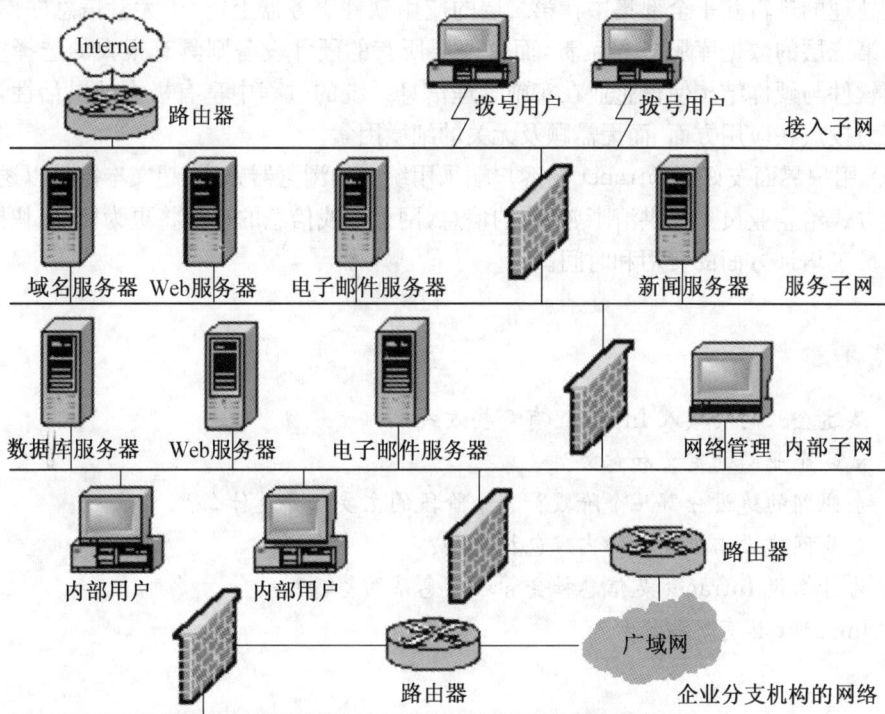

图 5-2　典型的企业 Intranet 解决方案网络构造示意图

在该方案中，企业总是一个基于 TCP/IP 协议集的局域网，布线系统中以光缆为骨干通信线路，以满足现代企业对信息传输速率的要求。拓扑结构则一般以中心交换机为中心的星型结构。在此系统中，信息处理工具可以采纳标准的办公工具软件。信息交互与共享平台则以 Web 技术为核心构筑全方位服务，包括 Web 服务、检索服务、认证服务、邮件服务等。在此基础上，可以构筑事务处理系统和决策辅助分析等。

2. Intranet 的优势

（1）由于 TCP/IP 的跨平台特性，企业内无论何种硬件和操作系统，只要支持 TCP/IP 协议，就可以集成到内部企业网络中来，不但利用了 Internet 丰富的信息资源，也使得企业原有的投资焕发新的生机，实现了资产增值.

（2）通过 CGI、ISAPI、NSAPI 或 ODPC 等技术，原有的应用软件及数据库信息可以方便地整合到 Intranet 中来，避免了重复开发，也保护了企业多年来对信息系统的投资积累成果，维持系统正常运行。企业也可以根据自己的情况，逐渐实现 Intranet，使得系统的升级趋于平稳过渡。

（3）提供高效率的信息。Intranet 运用 Web 的发布技术以及电子邮件、新闻组等技术使得企业内信息的传递与收集更加方便，易于信息的管理，信息流通刺激创意的产生，也使得跨企业与跨功能的沟通协调更容易进行，从而使得企业信息的获得和传输渠道极大地扩展。

（4）具有高度灵活性。Intranet 是具有高度开放性的系统平台构架，系统平台在软件功能方面是属于三层分立的主从结构，客户端的功能主要局限于提供多媒体用户界面，所以信息处理的逻辑几乎全部集中在第二层的应用软件服务器上，至于大量信息的储存管理则由第三层的数据库服务器负责，而每一层所有的硬件设备则具有很大的选择空间。这样的软件与硬件结构使得企业在实施管理信息系统的过程中享有极大的灵活性，可以将注意力投放在应用方面，而无需顾及无关的细微因素。

（5）用户界面友好。Intranet 的客户端采用统一的浏览器方式，超文本链接以逻辑文件结构方式给企业员工提供清晰、简明的信息，网上查找信息的过程将更为简易、快捷，也减少了员工培训方面的费用和时间。

复习思考题

1. 试述企业网要接入 Internet 有哪些方式？
2. 试述企业网的定义和意义？
3. 企业网的建设分哪几个阶段？各个阶段的主要任务是什么？
4. 企业网建设需求分析的内容包括那些？
5. 为什么说 Intranet 是信息社会管理信息系的基础？
6. Intranet 具有哪些优势？

第六章 数据资源管理技术

第一节 数据库管理系统概述

数据处理是指把来自科学研究、生产实践和社会经济活动等领域中的原始数据,用一定的设备和手段,按一定的使用要求,加工成为另一种形式的数据,这是未来的系统设计能否满足用户要求的关键所在,用户明确的要求和未来潜在的需求数据均应该包含在内。

图 6-1 是银行文件处理系统示意图,而图 6-2 是企业账务处理数据流程图。

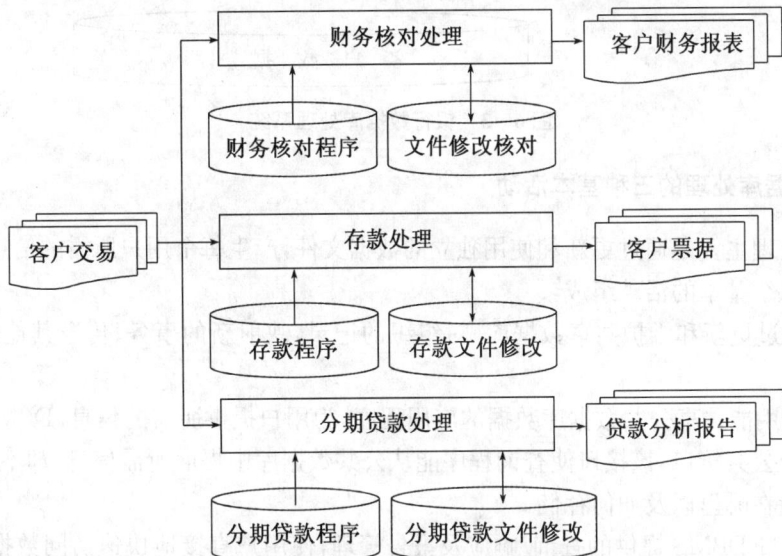

图 6-1 银行文件处理系统示意图

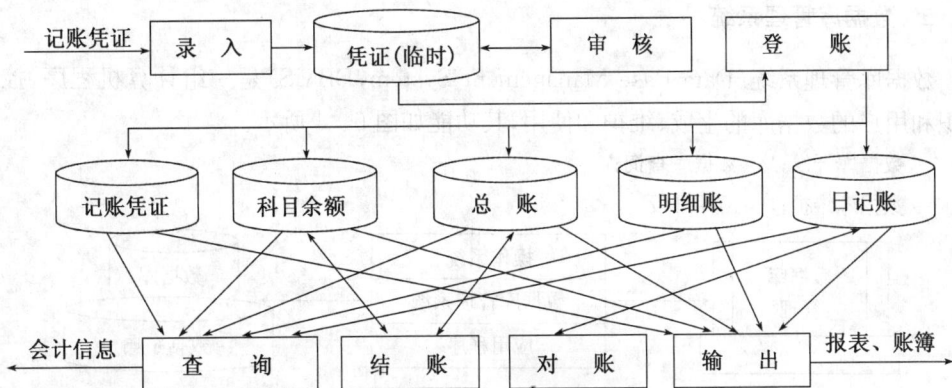

图 6-2 企业账务处理数据流程图

从以上两个图中不难发现,在图 6-1 中,如果要建立客户交易管理系统,只需将三个处理程序经过数据库管理系统和客户数据库链接,就可以实现对客户的管理,将客户的有关信息随时抽取出来进行处理,如图 6-3 的银行数据库处理系统所示;从图 6-2 的企业账务处理数据流程图可以看出,经过审核的临时凭证完成登账处理,之后,就可以获得记账凭证、科目余额、总账、明细账和日记账各类数据文件,从而提供相关的会计信息、有关报表和账簿。在这些过程之中,数据库管理系统起着不可忽视的作用。

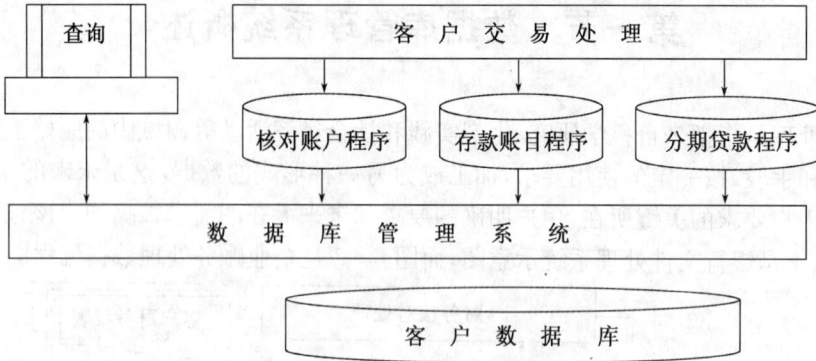

图 6-3　银行数据库处理系统

一、数据库处理的三种基本活动

文件处理主要是通过更新和使用独立的数据文件,产生每个用户所需的信息,而数据库处理由三个基本的活动组成:

(1) 通过更新和维护共享数据库,对组织的记录,映射新的事务、传送其他访求变化的事件。

(2) 使用能共享公共数据库数据的应用程序,为用户提供所需的信息,DBMS 为用户提供了一个公共接口,该接口使查询程序能从公共数据库中提取所需信息,却不必了解数据物理存储在哪里以及如何存储。

(3) 通过 DBMS 提供的查询/响应及报告管理,使用户直接地快速访问数据库、得到相应,并产生报告。

二、数据库管理系统

数据库管理系统(Data Base Management System,DBMS)是一组计算机程序,控制组织和用户的数据库的生成、维护和使用,其功能如图 6-4 所示。

* 数据库开发;　* 数据库查询;
* 数据库维护;　* 应用开发

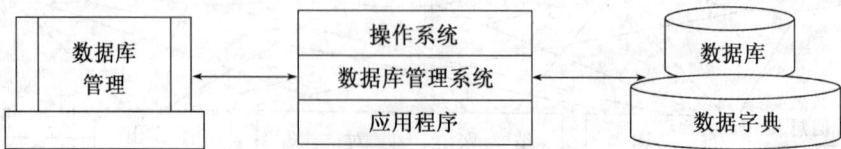

图 6-4　DBMS 的四种主要功能

1. 数据库开发

数据库管理软件允许用户很方便地开发他们自己的数据库。DBMS 允许数据管理员(Database Administrator,DBA)在专家指导下,对整个组织的数据库开发进行控制,并确保数据库的安全性和保密性。数据库管理员利用数据定义语言(Data Definition Language,DDL)开发和说明数据内容、相互关系以及每个数据库的结构,并把这些信息分类后存储在一个专用的数据定义和说明的数据库中,这个数据库成为数据字典。数据字典由数据库管理员(DBA)控制、管理和维护。

2. 数据字典

数据字典是数据库管理的重要工具,是关于数据的数据,含有管理数据定义的数据库,其内容包括组织数据库的结构、数据元素及其特征,具体内容将在系统分析一章中详细介绍。

3. 数据库查询

用户可以使用 DBMS 中的查询语言或报告生成器,询问数据库中的数据,并在指定的外部设备上进行响应(显示、打印、存储)。

4. 数据库维护

随着新事务的发生,组织的数据库需要经常进行更新数据,以适应企业新的状况。这种数据库维护处理是在 DBMS 的支持下,由传送处理程序以及其他应用软件实现的,可以通过 DBMS 调用各种实用程序进行数据库的维护。

5. 应用与开发

DBMS 的一个重要的作用是应用开发,可以采用数据操纵语言(Data Manipulation Language,DML),应用程序中的一个语句就可以让 DBMS 执行必要的数据处理活动。程序是可以利用 DBMS 软件包提供的内部程序设计语言来开发完整的应用程序。

三、数据库的类型

1. 企业数据库的种类

随着分布式处理应用范围的扩展,最终用户计算、决策、支持以及经理信息系统的发展,使得各种类型的数据库得到发展。如图 6-5 便是一个使用计算机的组织所使用到的数据库主要类型。

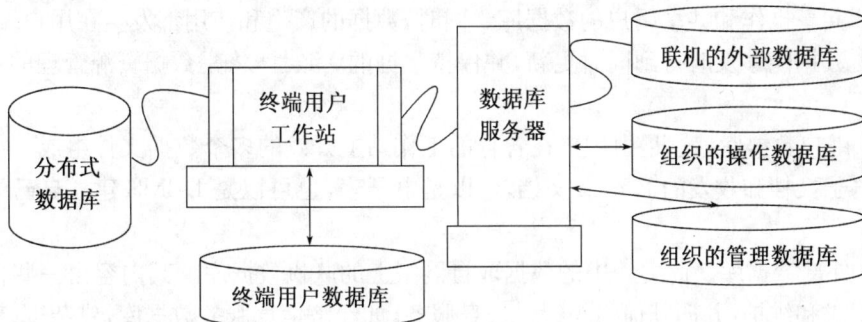

图 6-5 常用数据库类型示例

（1）操作数据库。又称业务数据库,这个数据库含义支持组织业务运作的详细数据,这些数据是在操作事务处理的过程中产生的,如客户数据库、人力资源数据库、库存数据库等。一般由主数据文件、传送文件组成。

图6-6所示的是某企业关于高校教师管理的全局数据结构示例。由此可以看出,数据库是比文件系统更高级的一种组织方式,是以一定组织方式存储在一起的相关数据的集合。它能以最佳的方式、最少的数据冗余为多种应用服务,程序与数据具有较高的独立性。

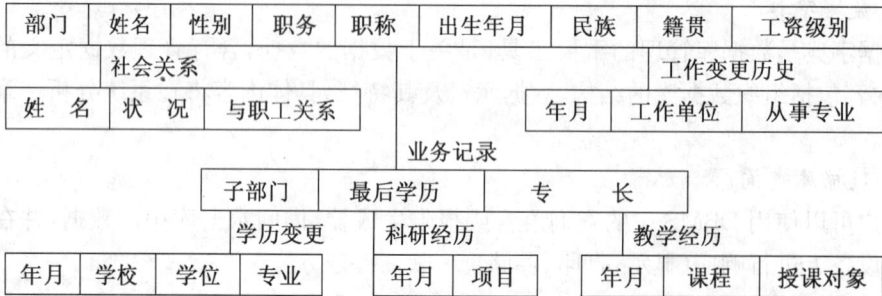

部门	姓名	性别	职务	职称	出生年月	民族	籍贯	工资级别

社会关系

姓 名	状 况	与职工关系

工作变更历史

年月	工作单位	从事专业

业务记录

子部门	最后学历	专　　长

学历变更	科研经历	教学经历

年月	学校	学位	专业	年月	项目	年月	课程	授课对象

图6-6　数据结构示意图

在文件系统中,文件由记录构成,通过种种数据结构描述应用领域的数据及其关系,数据的存取以记录为单位。但是,对一个组织的MIS而言,要求从整体上解决问题,所以,不仅要考虑某个应用的数据结构,还要考虑全局的数据结构。

（2）管理数据库。主要含有组织内部关键的管理数据。在这个数据库中,储存着从指定的操作库和外部数据库中抽取出来的数据,这些数据经汇总处理之后,成为组织管理者所需要的信息,因此也称为信息库。其中的数据由高层管理者调用,作为决策支持系统和经理信息系统的一部分,以供决策者进行决策。

（3）信息仓库（Information Warehouse）。此库存储着从组织操作库和管理库中抽取的当年或历年的数据,是经过标准化后集成在一起的核心数据源,以便让管理人员和企业内的专家使用。其中一个重要的用途是运作模型处理,操作数据经过模型处理后,以定义影响企业活动的关键因子和企业活动历史的趋向。

（4）分布式数据库。此库是散布在企业各部门、各工作群组织各自拥有的数据库。主体包括共享操作和共享用户的数据库。同时,数据的产生和使用都发生在用户端,为了确保此类数据能够及时得到同时更新,并保持数据的一致性,将是数据资源管理的一个重要问题。

（5）用户数据库。这是由用户在各自的工作站上开发的多个数据文件组成。如用户制作的电子文档和收发的E-mail文档,可以是电子表,也可以是DBMS建立自己的数据库文件。

（6）外部数据库。此类库中的数据取自网络上的联机数据库。其内容由一些信息服务公司生成和维护,并向其他组织提供信息服务,如经济信息服务数据库,或杂志、新闻或周刊之摘要。可以是统计数据,也可以是表格或图形等。

2. 文本数据库

文本数据库是利用计算机产生和存储电子文档的必然产物。例如联机数据库把文献信息当作一本出版的书籍存储在大型文本数据库中,并有效地储存在 CD－ROM 光盘上,利用微型机系统进行存取。大型企业或政府机构已经建立了包括各种文档的企业文本数据库,可以使用文本数据库管理系统软件,帮助建立、储存、检索、抽取、修改和汇总文档,并把其他信息也作为文本数据储存在文本数据库中。

3. 多媒体数据库

是一种以文档形式保存在文本数据库内的各种形式的映象,或以电子方式储存在映象数据库内,如客户函件、购物清单与发票、服务指南等。

四、数据处理

1. 数据处理的主要目的

(1) 把数据转换成为便于观察分析、传送或进一步处理的形式。

(2) 从大量的原始数据中抽取、推导出对人们有价值的信息以作为行动和决策的依据。

(3) 科学地保存和管理已经处理(如校验、整理等)的大量数据,以便人们能方便而充分地利用这些宝贵的信息资源。

2. 数据处理的基本内容

(1) 数据收集。按系统的观点和用户的需要收集必要的数据,包括企业内部和外部的。

(2) 数据转换。为了使收集的信息适用于计算机处理的形式,必须代码化,此过程称为代码化。

(3) 数据筛选、分组与排序。

(4) 数据的组织。指整理数据或以某些方法安排数据,按照给定的数据结构在存储器上配置,目的在于使计算机处理时能够符合速度快、占用存储空间少、成本低等多方面的要求。

(5) 数据的运算。指算术计算和逻辑运算关系。

(6) 数据存储。根据需要确定储存期限、地点以及结构。

(7) 数据检索。为预测、决策及决策者控制服务。

(8) 数据输出。以不同的方式满足各个层次用户的要求。

3. 数据处理应当考虑的问题

(1) 数据以何种方式存储在计算机中。

(2) 采用何种数据结构能有利于数据的存储与取用。

(3) 采用何种方法从已经组织好的数据中检索数据。

五、数据文件及数据库

1. 数据文件的操作(以 VFP6.0 为例)

(1) 数据文件的建立。

（2）数据文件的修改。

（3）数据文件中记录的删除。

（4）数据文件的排序。

（5）数据文件的更新。

2. 数据库所具有的特点（以 VFP6.0 为例）

（1）数据是结构化的。

（2）数据的组织面向系统；针对系统的全局应用。

（3）数据的独立性高；应用程序不依赖于数据的组织形式与物理存储方式。

（4）数据的共享性高；数据面向全部用户和全部应用（当然要受到必要的权限的制约）。

（5）具有对数据的安全性、完整性和并发性操作的控制功能。

（6）对数据进行管理、操作的功能强。数据库中具有专门的软件负责对数据库进行管理和操作。

六、信息的转换

信息是人们提供关于现实世界客观存在事物的反映，数则是用来表示信息的一种符号。如果要将反映客观事物状态的数据，经过一定的组织，成为计算机内的数据，将经历四个不同的状态：现实世界、信息世界、计算机世界和数据世界。其中，计算机世界是实现信息世界向数据世界的转换过程，如图 6-7 所示。除了计算机世界之外的图 6-7 的另外三个不同世界之间是这样转换的，如图 6-8 所示。在不同的世界中，使用的概念和术语是不同的，但是，它们在转换过程中都有一一对应的关系，如表 6-1 所示。

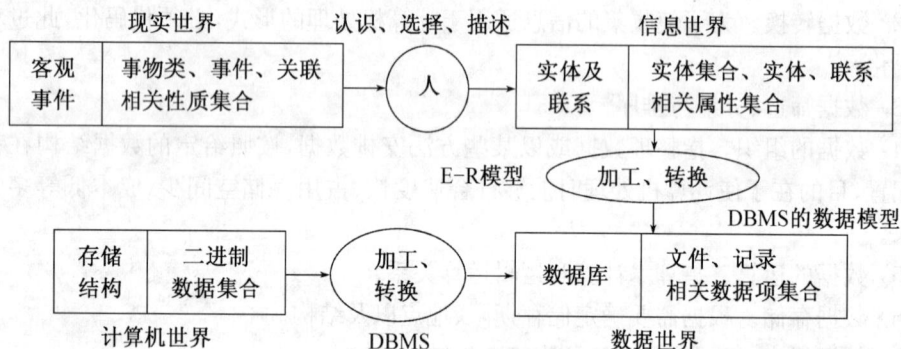

图 6-7　三个不同的世界

表 6-1　三个不同世界术语对照

客观世界	信息世界	数据世界
组织（事物及联系）	实体及其联系	数据库（概念模型）
事物类（总体）	实体集	文件
事物（对象、个体）	实体	记录
特性（性质）	属性	数据项

从现实世界到观念世界再到数据世界是一个认识的过程,也是抽象和映射的过程,与此相对应,设计数据库也要经历类似的过程:

(1) 用户要求分析。对用户提出的系统要求,需要进行详细的调查与分析。

(2) 概念结构设计。根据用户的需求设计数据库模型,称为概念模型,以实体联系(E-R)模型表示。

(3) 逻辑结构设计。将概念结构模型转换为某种数据库管理系统(DBMS)支持的数据模型。

(4) 物理结构设计。为数据模型在设备上选定合适的存储结构和存储方法。

现实世界	指人们头脑之外的**客观世界**,包括客观事物及其相互联系
↓认识、分类和命名	
信息世界 (观念世界)	是现实世界在人们头脑中的反映,客观事物在观念世界中又称**实体**,为了反映实体与实体之间的联系,采用**实体联系模型**
↓加工、编码	
数据世界	是信息世界中信息的数据化,现实世界中的事物及其联系在数据世界中用**模型**描述

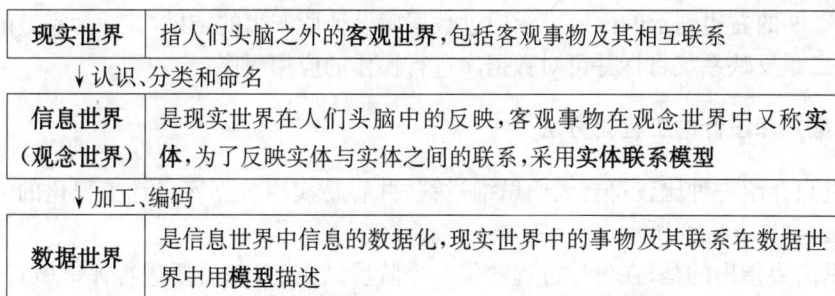

图6-8 人们认识(描述)现实世界必须经历的三个过程

第二节 数据库设计过程

数据库设计是信息系统的核心组成部分,数据库设计在信息系统的开放中占有重要的地位,数据库设计的质量直接影响信息系统的运行效率以及用户对数据库使用的满意度。如何根据企业中用户的需要及企业生存环境,在指定的数据库管理系统上设计企业数据库的逻辑模型,最后建成企业数据库,这是一个从现实世界向计算机世界转换的过程。

一、数据库设计的依据和结果

根据用户需求研制一个数据库结构的过程称为数据库设计,也就是将给定的环境中存在的数据按照各种应用处理要求,加以合理组织,并逐步抽象成已经选定的某个数据库管理系统能够定义和描述的具体数据结构的过程,以便根据这一结构建立起既能够反映现实世界中信息之间的联系、满足应用系统各个应用处理要求,又能够被某个DBMS所接受的、能够实现系统目标的数据库。图6-9表示了数据库设计的依据和结果。

图6-9的左边列示了数据库设计所需的依据和要求,其中用户一般信息需求包括系统的目标说明、数据元素定义以及企业组织中元素的使用描述;用户处理要求有三部分组成:它们是每个应用所要求的数据项、数据量和处理频率;DBMS特性和功能、操作系统特性和功能以及硬件配置分别给出了数据库设计的环境和工具。此外,数据库设计还有某些重要的约束因素,如性能约束(故障恢复时间、安全性和完整性要求等)对数据库的设

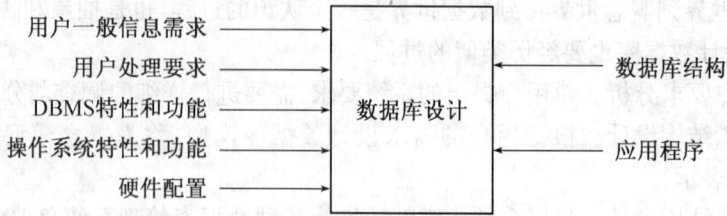

图 6 - 9　数据库设计的依据和结果

计有重大影响,这些都可以看作"用户一般信息需求"的一部分内容。

图 6 - 9 的右边列示的内容表示通过数据库设计所产生的结果,其一为完整的数据库结构,其二是反映系统目标并可对数据库进行操作的应用程序。

二、数据库设计的工程化方法

这里只介绍一种比较符合人们思维过程、并容易实现数据库设计工程化的方法——分阶段法,如图 6 - 10 所示。

这里需要指出的是,在设计过程的每一个阶段结束时,都需要进行评审检查,以便使设计中的错误能在早期被发现并及时得到纠正。整个设计过程的各个阶段并非是"线性"进行,而是迭代式的逐步求精过程,必要时,尚需返回到前面的阶段并重复前面的步骤。

三、需求分析与数据分析

需求分析与数据分析是整个数据库设计过程中最为艰难的阶段,也是最为重要的阶段,这一阶段的主要任务是从数据库用户那里收集信息内容和处理要求及方法,以便保证企业组织的信息流观点的一致性和用户目标的一致性。

(一)需求分析与数据分析主要工作内容

1. 分析用户环境

从数据处理的角度理解和分析用户的各种业务活动,全面调查系统所涉及的职能部门的数据性质、流向和处理要求。

2. 确定系统的包含范围

主要是确定用户的人机功能分配,决定哪些工作由计算机完成、哪些工作由人来完成。

3. 分析系统的内部结构

对用户要求的各种处理作详细分析,这种分析工作一般采用数据流程图的方式来进行说明。图 6 - 11 是一个企业从生产计划导出物资需求计划的信息流程图。该图反映了物资管理部门制订物资计划的数据流程。物资采购计划不外乎两种计划:原材料采购计划与外购件计划。以制订原材料计划为例,该数据流程图含义如下:根据生产计划建立产品表;依据产品由零件构成的情况把产品分解为零件,求得所需的各种零件数量;根据零件来源分析,从所需零件中把自制零件分离出来,然后根据原材料消耗定额计算出为完成生产计划所需要的各种原材料的数量;最后,根据各种原材料的需求量、库存量以及合理的储备定额计算出需要采购的数量。

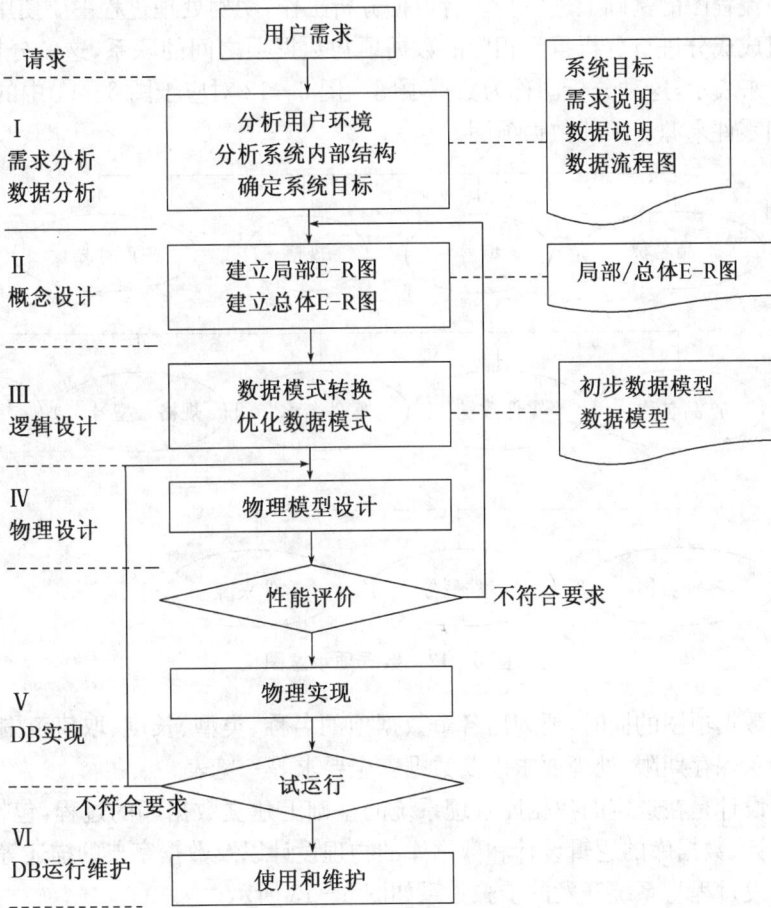

图 6‐10 数据库设计过程

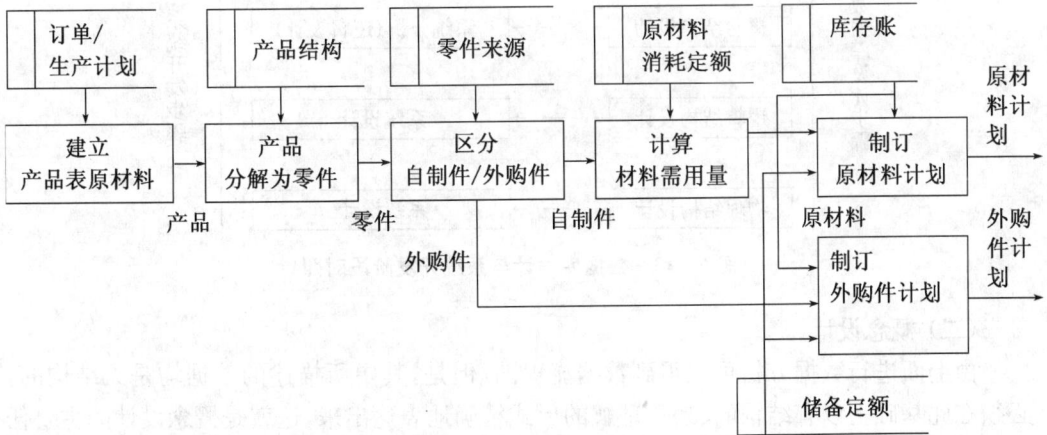

图 6‐11 制订物资计划流程图

在数据流程图的基础上进一步进行数据分析工作,明确处理过程中要使用何种数据,并对它们组成成分进行分析得到相应的数据项与数据项之间的联系,这一分析工作可以用图 6-12 来表示,这种分析图称为数据项图。图 6-12 对应于图 6-11 中的生产计划、产品结构和零件来源三项的数据项图。

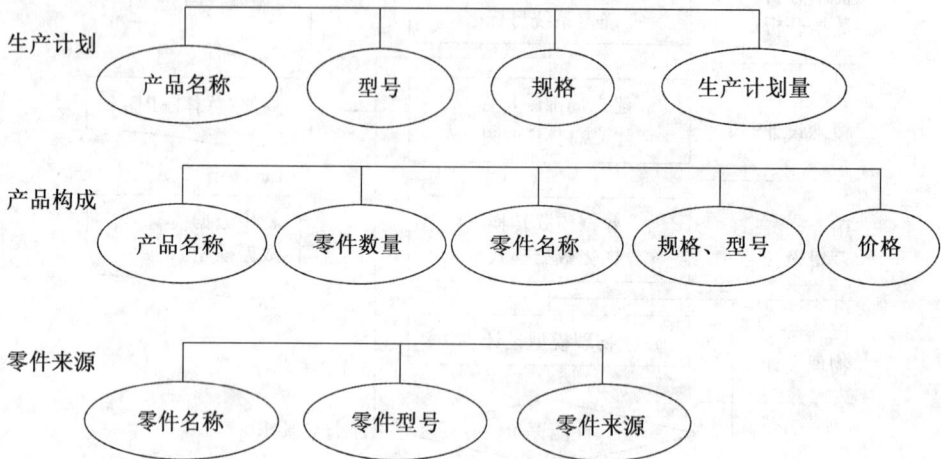

图 6-12　数据项示意图

在构成数据项图的同时,要列出各个数据项的名称、类型、长度、取值范围、数据量的重要性/价值、保存期限、处理要求以及数据安全要求等一览表。

数据库设计是在选定的数据库管理系统的基础上建立数据库的过程,包括数据库的概念结构设计、数据库的逻辑设计和数据库的物理设计以及数据字典的描述等。

它的研发过程与系统开发的步骤关系如图 6-13 所示。

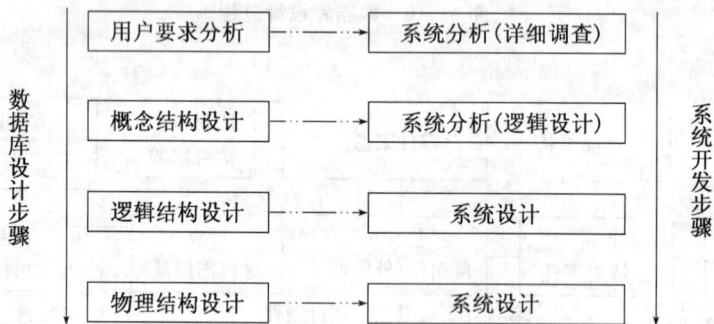

图 6-13　数据库设计与系统开发阶段对照

(二) 概念设计

由上面进行数据分析可以得到数据流程图,但是,其中所描述的数据均是无结构的,必须在此基础上以有结构的、易于理解的形式精确地表达出来,这就是概念设计的主要任务:确定企业组织的目标,从这些目标导出数据库的要求,并把这些要求写成用户和数据库设计者都能接受的文档。

此阶段所涉及的数据概念模型(或概念结构)要求它不但独立于特定的 DBMS,同时

也独立于数据库逻辑模型,对概念模型的要求:

(1) 能反映数据需求分析中对数据的处理要求。

(2) 表达自然、直观,既便于与用户交流,也便于向逻辑模型转换(如关系数据库)。

(3) 易于修改和扩充。

为此,我们可以用实体联系(E-R)图来描述概念模型,此模型只描述客观世界,不涉及现实,不依赖于 DBMS。其步骤是:设计局部 E-R 模型,即设计用户视图;综合各局部 E-R 模型,形成总的 E-R 模型,即视图的集成。

1. 设计局部视图——实体联系(E-R)模型

在 E-R 图中:

(1) 实体:是观念世界中描述客观事物的概念,可以是人、物或概念,有个体与总体之分,而总体又分为同质总体(职工)或异质总体(职工、设备),异质总体是由不同性质的个体组成的集合。数据文件描述的是同质总体,而数据库描述的是异质总体。

(2) 属性:是指实体具有的某种特性。属性用来描述具体的实体,如学生有学号、姓名、性别、出生年月日、爱好、系、专业、课程属性等。

(3) 联系:现实世界中实体之间的联系,表现为实体之间的联系或各属性之间的联系。联系分为:一对一,表示为 1∶1;一对多,表示为 1∶n;多对多,表示为 m∶n。

设计局部 E-R 模型的关键是标识实体与实体之间的联系,因此,首先应确定如何对数据分析阶段所收集到的数据项划分实体和属性,实体与属性之间在形式上并没有明显的区分界限,它随着应用环境的不同而不同。一般来说,凡是能够作为属性的事物就尽量作为属性对待,作为属性的事物不能再具有需要描述的性质或其他事物具有联系。区分实体与属性可依据两条基本运则:① 属性与其描述的实体之间的联系只能是 1∶n 的;② 属性本身不能再具有需要描述的性质并与其他事物具有联系。

对应于图 6-11 可以用图 6-14(b)所示的 E-R 概念视图表示。

所谓视图是反映某一用户或某一类用户对数据库的要求,或者说,是某用户所看到的数据库,因而,视图设计所得到的结果是单用户的概念结构。因此,视图设计要在该用户的应用领域内:① 确定实体;② 确定实体的属性;③ 表示实体的码属性;④ 表示属性间的依赖关系;⑤ 确定实体间的联系。

在这个图中,"产品"可以分解为"零件",图中"产品"实体与零件"实体"之间有构成关系,可以用图 6-14(a)表示,在企业中,有时"零件"是可以作为"产品"出售的,这时也可以只建立一个实体"产品零部件",并在实体集内用"构成"联系,如图 6-14(b)所示。

(a) 确定实体及其联系

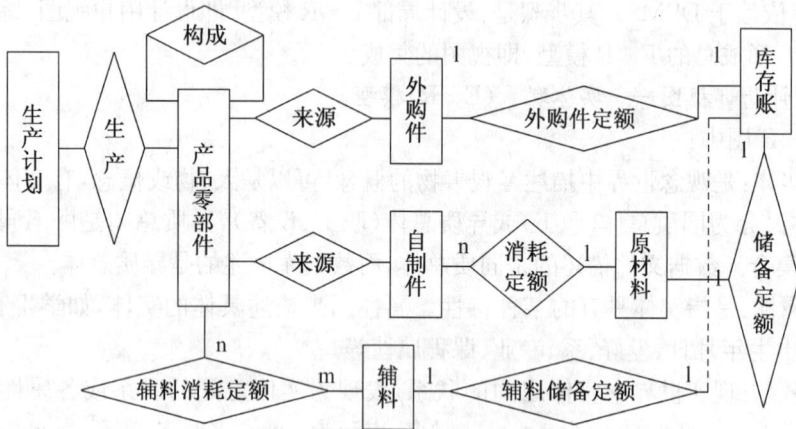

(b) 制订物资计划的 E-R 图设计

图 6-14　实体联系(E-R)模型

2. 将各局部模型综合成为总体 E-R 图

综合局部 E-R 模型为总体 E-R 模型的做法是将各个局部 E-R 模型合并成一个初步的 E-R 模型,也称为视图合并,然后将初步 E-R 模型中的冗余的联系消除,得到总体 E-R 模型。

(1) 某事物在不同的局部视图中作为实体包含的内容可以是不同的,而且其所包含的属性不同,如一个企业中的实体"产品",在销售部门中强调"价格",而在技术部门中强调的是"技术参数",在视图合并时,"产品"的属性既包含"价格",也包含"技术参数"。

(2) 如果有两个实例 E-R 模型,在其中一个 E-R 模型中的两个实体(如设备——职工)之间存在着一种联系(使用),而在另一个 E-R 模型中该两个实体之间又存在着另一种联系(维修),那么,在合并时,这两者联系都必须保留。

(3) 在合并过程中应注意发现和解决各个局部模型之间的不一致性,如同一名称的数据在不同的应用中是否表示了不同的对象,实体与关系的定义有否冲突。通过合并所得到的模型仅是初步的总体模型,其中还可能存在着冗余的数据和冗余的联系。所谓冗余的数据是指可由基本数据导出的数据,而冗余的联系是可由基本联系导出的联系。冗余的存在会破坏数据库的完整性,增加数据管理的困难,因此,数据冗余应在消除之列;但是,从另一角度分析,有些冗余信息的存在,却可以提高对数据库处理的效率。如整机——<整机消耗>——原材料,以及整机——<构成>——零件——<零件消耗>——原材料,可以合并为整机——<构成>——零件——<零件消耗>——原材料,消除了"整机消耗"这一联系之后,"整机"对"原材料"的消耗可以通过"零件"导出,但却降低了系统的运行速度。因此,冗余是否消除,需要研究具体情况。

通过以上综合得到的基本 E-R 模型是企业概念模型,它表达了用户的数据要求,是"需求"和"设计"的桥梁,应提交给用户,征求用户和有关人员的意见,进行评审、修改和优化,最后以文档的形式确定下来,以便进入下一阶段的逻辑设计。

例:某企业供应部门的 E-R 图(如图 6-15 所示):

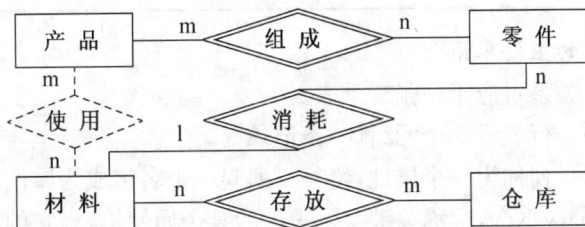

图 6-15　某企业供应部门的 E-R 图

实体及有关属性包括:
① 产品:产品号、产品名、价格、性能参数。
② 零件:零件号、零件名、规格、型号、价格。
③ 材料:材料号、材料名、规格、型号、价格、库存量。
④ 仓库:仓库号、仓库名、地点。

实体之间的联系包括:
① 组成:零件数。产品需要多少种零件。
② 存放:存放量。材料的存放情况。
③ 消耗:消耗量。零件对材料的消耗情况。
④ 使用:使用量。产品使用了哪些材料(由于材料与零件之间的联系比与产品之间的联系更直接、更紧密,故可以省略)。

(三) 逻辑设计

逻辑设计阶段的工作可以规定为:把概念结构转换为某种特定 DBMS 所支持的数据模型上的结构,即根据特定数据库的数据结构和数据库管理系统的特征导出应用数据库的逻辑结构。有时,我们将这种逻辑结构称为逻辑模式。

逻辑设计就是将概念模型转换为一般数据模型,然后再转换成指定的关系型 DBMS 所支持的关系模型。目前,在实际数据库系统中支持的数据库模型主要有三种:层次性 (Hierarchical Model)、网状型(Network Model)和关系型(Relational Model)。

关系型(Relational Model)的逻辑结构即为一组关系模式,因而,从概念结构到关系模型逻辑结构的转换就是从 E-R 图转换为关系模式。实体和属性的转换比较容易,一个实体对应于一个关系,模式,实体的属性就是关系的属性。

从用户观点来看,数据的逻辑结构就是一张二维表,每一个关系为一张二维表,相当于一个文件,实体间的联系通过关系进行描述,如表 6-2 所示。

表 6-2 "付款"关系

结算编码	合同号	数　量	金　额
J0012	HT1008	1 000	30 000
J0024	HT1107	600	12 000

1. 关系模型中的主要术语

(1) 关系:一个关系对应于一张二维表。

(2) 元组:表中一行表示一个元组(一条记录)。

(3) 属性:表中一列称为一个属性,给每一列起一个名字成为属性名。

(4) 主码(Primary Key,也称关键字):表中的某个属性组,当它的值唯一地标识一个元组,如表 6-2 中的结算编码、合同号共同组成主码。

(5) 域:属性的取值范围。

(6) 分量:元组中的一个属性值。

(7) 关系模型:对于关系的描述,用关系名(属性 1,属性 2,……,属性 n)表示。

2. 联系的转换

(1) 不同型实体间的联系转换成一个以联系名作为关系名的关系模式,该关系的属性由各实体的主关键字及其联系的属性所组成,如学生与课程之间的选课联系可以转换成关系模式 SC:

$$SC(S\sharp, C\sharp, G)$$

其中,关系名 SC 是学生实体和课程实体之间的选课联系,$S\sharp$ 和 $C\sharp$ 分别是学生号、课程号,它们分别是关系学生实体和课程实体的主关键字。

(2) 同型实体之间的联系转换成一个以联系名为关系名,以实体及其子集的主关键字和联系的属性(如果有的话)为属性的关系模式,如企业职工实体 EMPS 与其子集企业管理者 MANAGER 的联系 MANAG,可以转换成关系模式 MANAG:

$$MANAG(EMP—NO, MAG. EMPNO)$$

其中,MAG. EMPNO 表示企业管理者的职工号,它是企业职工号 EMP—NO 中的一个子集。

(3) 利用关系规范化理论(第三节中介绍)对由 E-R 图转换得到一组关系模式进行分析、改进,消除冗余,合并可以归并的关系,具体分析它们是否存在部分依赖、传递依赖和多值依赖等,进行相应的规范化工作。

（四）数据库的物理设计

数据库物理设计阶段的主要工作任务是为已经得到的逻辑数据模型选择一个最为合适应用环境的物理结构,包括在物理设备上所必须采取的存储结构(存储记录格式、访问路径结构以及记录在物理设备上的安排)、记录的存放和索引,然后对存取模式进行性能评价、修改设计。考虑的因素是响应时间、存储空间利用率、维护代价和各种用户的需求因素。

（五）数据库的实施

包括数据库数据的装入、数据库的试运行和数据库的运行与维护。

四、数据库技术的发展概述

数据库技术发展到目前为止,已经从第一代的网状、层次数据库、第二代的关系数据库系统,发展到第三代以面向对象模型为主要特征的数据库系统。数据库技术与网络通信技术、人工智能技术、面向对象程序设计技术并行计算技术等相互渗透、相互结合,成为当前数据库技术发展的主要特征,如图6-16所示。

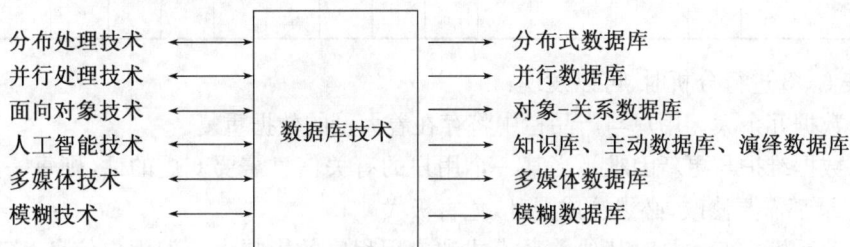

图6-16 数据库技术与其他计算机技术的相互渗透

数据仓库是20世纪90年代初提出,是面向主题的、集成的、稳定的、随时间变化的数据集合,是管理科学、计算机科学、网络技术和分析手段的大融合。

数据仓库是建立在数据库管理系统基础上,是存储数据的一种组织形式。数据的抽取是数据进入仓库的入口,在技术上主要是涉及互联、复制、增量、转换、调度和监控等。数据仓库处理主要包括数据准备、数据展现和过程管理。数据准备包括充分了解决策需求,按数据仓库方法设计数据库结构、业务统计数据向数据仓库结构中转移(如复制、抽取、清洗等),以及数据仓库向小规模数据集中数据复制。

从用户角度来看,数据仓库是一些数据、过程、工具和设施,它能管理完备的、及时的、准确的和可理解的业务信息。数据仓库是体系化环境的核心,是建立决策支持系统(DSS)的基础。数及仓库作为决策支持系统的一种有效、可行和体系化解决方案,它通常包括数据仓库、在线分析处理和数据挖掘技术方面的内容。

第三节 关系数据库的规范化

规范化理论研究关系模式中各属性之间的依赖关系及其对关系模式性能的影响,探讨关系模式应该具备的性质和设计方法。是判别关系模式优劣的标准,为数据库设计提供了严格的理论依据。该理论由E. F. Codd在1971年提出。

例1 某企业的一份销售合同,如表6-3所示。

表6-3 销售合同登记表

序号	合同编号	订货日期	用户							产品					订货数量	金额	交货日期
			用户名称	邮码	地址	电话	法人	联系人	银行帐号	产品名称	规格	型号	计量单位	单价			
1																	
2																	

对表6-3进行分析时,可以发现:

(1) 数据冗余大。用户与产品栏中将存在着大量的数据重复。

(2) 数据维护与更新困难。当某一个用户的有关信息需要变更的话,则每一条同一用户的记录都需要修改,必然造成混乱,危害极大。

(3) 关系模式变动是对其他关系模式和应用程序的影响大。如用户信息、产品信息变化时,必然影响到运输计划、销售分析等。

(4) 存在插入异常和删除异常。如新产品尚未进入市场便无法插入;而当一个客户完成交易后删除时,有关信息将随之删除。

规范化的目的就在于消除上述四点问题。

一、第一范式(1NF)

关系的规范化形式(Normal Form)简称范式,用 NF 表示,关系的第一规范化形式简称第一范式。如关系模式 R 的每个属性都是不可再分的数据项则称 R 是第一范化,记作 R∈1NF。

表6-3中的销售合同的第一范式:

销售合同(合同编号,订货日期,用户名称,邮编……,银行帐号,产品名称,型号,……,单价,订货数量,交货日期)。

再如表6-4,其不符合第一范式的关系。

表6-4 不符合第一范式的关系

教师代码	姓 名	工资	
		基本工资	岗位工资
1001	张三	500.00	100.00
1002	李四	810.00	150.00

属于第一范式的关系应满足的基本条件是元组中的每一个分量都必须是不可分割的数据项,因此,表6-4关系不符合第一范式,表6-5是经过处理后符合第一范式的关系。

表6-5 符合第一范式的关系

教师代码	姓 名	基本工资	岗位工资
1001	张三	500.00	100.00
1002	李四	810.00	150.00

二、第二范式(2NF)

设关系模式 R∈1NF,若它的所有非关键字属性都完全函数依赖于关键字,则称 R 是第二范式,记作 R∈2NF。由此可见,第二范式是指这种关系不仅满足第一范式,而且所有非主属性完全依赖于主码。

由第二范式的定义可知,为了判定某关系模式 R∈2NF,必须:

(1) 判定 R∈1NF。

(2) 找出 R 中的关键字 K。

(3) 判定 K 以外的全部属性都完全依赖于 K。

在第二范式的判定中,涉及关键字和完全函数依赖的概念,下面解释之。

1. 关键字

关键字 K 是指关系模式中的一个属性或属性组,它满足:

(1) 其值能唯一地确定关系中其他属性的值。

(2) 它的任一真子集不能满足(1)。

例2 用户(用户名称*、邮编、地址、电话、联系人、银行帐号、法人代表)

其中属性"用户名称"为关键字,因一般来讲,在全国没有相同的单位名称。

例3 学生(学号*、姓名、性别、年龄、家庭地址)

在这个例子中,姓名不能作为关键字,因为重名现象普遍存在,唯有"学号"可以唯一地确定其他属性的值,因此,是关键字。

例4 工时定额(零件编号*、工序名称*、定额工时)

由于一个零件往往要经过很多工序,而且,一个工序可能加工很多零件,因此,以"零件编号"和"工序名称"作为关键字。

由此可知,条件(1)是对关键字的唯一要求,即其值能唯一确定关系中的一个元组;条件(2)是对关键字的无冗余性要求,即要求关键字由满足条件(1)的最少属性组成。例1中的学号已经能够满足条件(1),因此,无需增加其他任何一个或多个属性。

2. 函数依赖和完全函数依赖

在关系模式中,有的属性之间常常存在着值的唯一对应关系,称为函数依赖。如 X与 Y 是关系模式 R 中的两个属性,若对于 X 的任何一个值,Y 有且仅有一个值与之对应,则称 X 函数决定 Y,或称 Y 函数依赖于 X,记作 X→Y。

例5 用户(用户名称、邮编、地址、电话、联系人、银行帐号)

此例中,可以明显地看出其他属性都依赖于关键字"用户名称",当然,有时其他某个并非关键字的属性也会有这样的性质,如例中的属性"地址"。

当关键字是一个属性组时,函数依赖会出现两种情况:

例 6　领料单(材料编号 *、材料名称、型号、规格、领用单位 *、领用量)

本例的关键字是属性组(材料编号、领用单位),在非关键字属性中,领用量依赖于关键字的全部,这种情况为"完全依赖",而其他非关键字属性实际上只依赖于关键字的一部分"材料编号",此种情况称为"部分函数依赖"。显然,如果关键字只有一个属性组成,则其他属性必须完全依赖于关键字。

在本例中,只有一个"领用量"完全依赖于关键字,因此,它不属于第二范式。

3. 第二范式的实现

为了使原来非第二范式的关系模式 R 转换为 2NF,应对原来的关系模式进行分解,分解的原则是确保分解后的每个关系模式中的所有非关键属性都完全函数依赖于关键字。

因此,可以将例 1 的销售合同分解为三个关系模式:

① 产品(产品名称 *、型号、规格、毛重、计量单位、单价)。

② 销售合同(合同编号 *、产品名称 *、订货数量、交货日期)。

③ 用户(合同编号 *、订货日期、用户名称、邮编、地址、电话、联系人、银行帐号)。

可见,分解后的关系模式都是第二范式。

三、第三范式(3NF)

若 R∈2NF,且每个非关键字属性均相互独立,则称 R 是第三范式,记作 R∈3NF。

所谓非关键字属性相互独立,是指它们之间不存在函数依赖关系,且仅仅函数依赖与关键字。如上述例 4 就属于第三范式。

再来分析一下例 1,其分解后的三个第二范式是:

① 产品(产品名称 *、型号、规格、毛重、计量单位、单价)。

② 销售合同(合同编号 *、产品名称 *、订货数量、交货日期)。

③ 用户(合同编号 *、订货日期、用户名称、邮编、地址、电话、联系人、银行帐号)。

关系模式"产品"中非关键字属性间显然不存在函数依赖关系,因此产品∈3NF。

同样,关系模式"销售合同"中订货数量,交货日期这两个属性也不存在相互依赖关系,故销售合同∈3NF。

用户(合同编号 *、订货日期、用户名称、邮编、地址、电话、联系人、银行帐号)

虽然其属于第二范式,关键字是"合同编号",但是非关键字属性并不是相互独立的,用户的其他属性都依赖于"用户名称",因此,它不属于第三范式。

这种非关键字属性通过另一个非关键字属性而依赖于关键字的情况称之为传递函数依赖。因此,在引入传递函数依赖之后,第三范式的定义可以作如下表达:不存在传递函数依赖关系的第二范式,称之为第三范式。

由此可知,只要对用户这个关系再进行分解成为如下两个关系模式:

① 用户(用户名称 *、邮编、地址、电话、联系人、银行帐号)。

② 用户索引（合同编号*、订货日期、用户名称）。

这两个关系均属于第三范式，也消除了各非关键字之间的函数依赖关系，同时，用户这个关系模式中也消除了任何数据重复的现象，达到了优化的目的。

四、三种范式小结

优化是针对某个目标而言。规范化理论对关系模式的优化看重节约外在空间的角度来考虑时，因此，强调降低数据的冗余度。这个角度，第三范式是"好"的关系模式，但是，它仍有不足：

将花费较多的运行时间。以例1之表6-3的销售合同的关系模式为例，将其分解后为：

    *　销售合同（合同编号、产品名称、订货数量、交货日期）

    *　产品（产品名称、型号、规格、计量单位、单价）

    *　用户（用户名称、邮码、地址、电话、………、银行帐号）

    *　用户索引（合同编号、订货日期、用户名称）。

当进行数据查询时，将顺序查找各个数据文件，意味着 CPU 将多次访问外存贮器，驱动器读写磁头多次移动，速度将大大降低。因工作中经常要查找一套完整数据，而将符合 1NF 简化为 3NF 后，则必须查找多个数据文件，必然造成使用不便。在某些情况下，即使节约外存也不一定最优。特别是在全中文的情况下，仍有数据冗余。

因此，必要时，需要进行优化。若将上述关系模式改为：

    *　销售合同（合同编号、订货日期、用户编号、产品编号、订货数量、交货日期）

    *　产品（产品编号、产品名称、型号、规格、计量单位、单价）

    *　用户（用户编号、用户名称、邮码、………、银行帐号）。

其中销售合同 $\in$ 1NF，产品 $\in$ 2NF，用户 $\in$ 2NF，将更适合。

由此可见：

(1) 三个范式关系：3NF $\in$ 2NF $\in$ 1NF。

(2) 由实体模式{E,EL}关系数据库模式即关系模式{RN}的转换并不是唯一的。

(3) 逻辑结构上虽然是等价的，但在数据冗余，维护方便上仍然存在优劣之分。

(4) 规范化的进程是将一个复合的关系模式逐步分解为一组等价的单一的关系模式，分解的实质将复合关系模式中的实体，实体间联系进行分离，尽可能是一个关系反映一个实体或实体间的一种关系。

(5) 关系模式的规范化进程是：非规范化→（消去属性中的组合项）→1NF→（消去部分函数依赖）→2NF→（消去传递函数依赖）→3NF。

(6) 规范化理论看重从节约外存空间的角度来考虑问题，但实际中，在形成第三范式后，还要综合考虑时间、使用方便等因素进行适当调整，必要时，多采用一些 2NF 甚至 1NF 的关系模式。

复习思考题

1. 编写你所能够熟悉的某组织的实体联系图。
2. 数据库设计中规范化的必要性，以一个实体实例说明。
3. 试着用 VFP6.0 建立第 1 题的数据库结构。

下 篇
管理信息系统的
开发与管理

第七章　管理信息系统的战略规划和开发方法

美国著名学者詹姆斯·马丁(James Martin)把企业管理信息系统的建立比喻成为：其复杂程度不亚于建造一艘战舰。他要求企业聘请一位专门从事战略数据库规划的咨询公司，为企业的信息系统规划提出意见。可见，信息系统的规划(Information System Planning,ISP)是信息系统实践中的主要问题。投资大、项目实施过程复杂、经历时间长，稍有不慎，即可招致失败，甚至破坏了企业原来的运营状态，损失巨大。

第一节　战略规划概述

战略一词原是军事术语，最早源于希腊语"Strategos"，其含义是"将军"，指指挥军队的艺术和科学。"战略"一词在我国古代的《左传》和《史记》中已有出现。从管理的角度看，美国经济学家切斯特·巴纳德(Chester. I. Barnard)最早把战略观念引入企业管理中，他在1938年出版的《经理的职能》一书中已开始运用战略概念。战略一词目前在企业管理中已经被十分广泛地应用，如企业经营战略、营销战略、产品战略、价格战略、投资战略、组织结构战略、协调可持续发展战略、联合战略等。

一、战略问题概述

对于战略问题，可谓是"仁者见仁，智者见智"。《辞海》中对战略一词的定义是："军事名词，指对战争全局的筹划和指挥。它依据敌对双方的军事、政治、经济、地理等因素，兼顾战争全局的各个方面，规定军事力量的准备和运用。"美国经济学家阿尔费雷德·钱德勒(Alfred. D. Chandler)在1962年出版的《战略结构：工业企业的考证》一书中将战略定义为：战略是决定企业的长期基本目标与目的，选择企业达到这些目标所遵循的途径，并为实现目标与途径而对企业重要资源进行分配。日本学者伊敬丹之则将战略定义为：决定公司活动的框架，并对协调活动提供指导，以使公司能应付并影响不断变化的环境。美国达梯斯学院管理学教授魁因(J. B. Quinn)认为战略是一种模式或计划，它将一个组织的主要目的、政策与活动，按照一定的顺序结合成为一个紧密的整体。

所以说，战略是对全局发展的筹划和谋略，它实际上反映的是对重大问题的决策结果，以及组织将采取的重要行动方案；企业战略则是对企业重大问题的决策结果以及企业将采取的重要行动方案，是一种定位、一种观念，是企业在竞争的环境中获得优势的韬略。

二、战略管理

战略管理是一个包括战略的分析、战略的形成、战略的实施及战略的评价与反馈的动态系统过程。战略管理一词最初是由美国学者伊戈尔·安索夫(H. Igor. Ansoff)于1976

年在其所著《从战略计划走向战略管理》一书中提出的,他认为企业战略管理是指将企业日常业务决策同长期战略决策相结合而形成的一系列经营管理业务。企业战略管理首先必须解决企业使命问题,企业使命是企业对自身发展目的的定位,阐明了企业的基本性质和存在理由,说明了企业的宗旨、使命、经营理念和原则等,为企业战略目标的确定提供依据。根据美国学者金尼斯(M. C. Ginnis)的研究,企业使命应该考虑的具体内容是:① 明确企业生存的目的;② 既允许企业创造性的发展,同时,对企业的一些冒险行动有所限制;③ 使本企业区别于其他同类企业;④ 作为评价企业现在和未来的活力的框架;⑤ 清楚明白,易于为整个企业所理解和为公众所接受。

三、企业战略的定义及其特征

所谓企业战略有如下五种解释:

1. 用战略的构成要素来解释

如安索夫认为,战略包括四个要素:产品与市场范围;增长向量(发展方向);竞争优势;协同作用(整体效应)。迈克尔·波特提出,战略是公司为之奋斗的一些终点(目标)与公司为达到它们而寻求的途径(政策)的结合物。

2. 将战略定义为决策

如拜亚斯(Lloyd·Byars)认为,"战略包括对实现组织目标和使命的各种方案的拟订和评价,以及最终选定将要实行的方案。"拟订方案、评价方案和最终优选一个方案,本是过程的几个重要环节,拜亚斯就认为是战略。

3. 将战略定义为计划

如格鲁克(Willian F. Glueck)认为,"战略就是企业发挥战略优势、迎接环境挑战而制定的统一的、内容广泛的、一体化的计划。"

4. 将战略解释为指导思想

如贝茨(Donald L. Bates)和艾德雷奇(David L. Eldredge)认为,战略可以定义为组织投入其资源、实现其目标的指导哲学,它为组织做出必要的行动决策提供约束和限制。与此相似,国内也有人提出,"战略是贯穿于一个系统在一定历史时期内决策或活动中的指导思想,以及在这种思想指导下做出的关系全局发展的重大谋划。"

由此可知,战略是企业在市场经济、竞争激烈的环境中,在总结历史经验、调查现状、预测未来的基础上,为谋求生存和发展而做出的长远性、全局性的谋划或方案。它是企业经营思想的体现,是一系列战略性决策的后果,又是制订中长期计划的依据。因此,企业战略具有如下特征:

(1) 全局性。这是企业战略的最根本的特征,也就是以企业的全局为研究对象来确定企业的总目标,规定企业的总行动,追求企业的总数量,是整体而非局部。

(2) 长远性。这是指着眼于企业的未来,为谋求企业的长远利益。

(3) 纲领性。这是指企业战略所确定的战略目标和发展方向,是一种原则性和概括性的规定,是对企业内的一种粗线条的设计。它是对企业未来成败的总体谋划,而不纠缠现实的细枝末节。战略不在于精细,而在于洞察方向。

(4) 抗争性。这是指企业战略是企业在竞争中战胜对手,应付外界环境的威胁、压力和挑战的整套行动方案。它是针对竞争对手制定的,具有直接的对抗性。也就是说,企业战略是一种具有"火药味"而非"和平"状态下的谋划。

（5）风险性。这是指企业战略考虑的是企业的未来,而未来是不确定的,因而企业战略必然具有一定的风险性。

从以上特征可以看出,企业战略是一项非常复杂的决策活动,制定起来难度比较大。它要求决策者必须具备比较高的素质和决策水平。

四、战略管理及其特征

1. 企业战略管理的涵义

国内外学者对战略的解释不一,但对战略管理的理解却大体一致。如以下几种说法:

（1）战略管理涉及对有关组织未来方向做出决策和决策的实施,它包括两个方面:战略规划与战略实施。

（2）战略管理是一整套决策和行动,旨在制定和实施有效的战略以有助于完成公司的目标。

（3）战略管理是一系列的决定公司长期绩效的管理决策和行动,包括战略的形成、实施、评价和控制。

（4）企业战略管理是指在企业总体战略的形成过程中以及在企业运行时贯彻落实这些战略的过程中,制定的决策和采取的行动。

（5）战略管理是指对企业战略的制定和实施进行的管理。广义的战略管理是指运用战略对整个企业进行的管理。

根据上面的各种说法,我们把企业战略管理定义为:企业战略管理是企业为实现战略目标、制定战略决策、实施战略方案、控制战略绩效的一个动态管理过程。所以说,企业战略管理是组织领导关于组织的以下问题的集合:① 组织的使命和长期目标;② 组织的环境约束及政策;③ 组织当前的计划和计划指标的集合。

2. 企业战略管理的特征

根据上面的定义,我们可以看出企业战略管理具有如下特征:

（1）企业战略管理是一种高层次性管理。企业战略管理的核心是对企业现在及未来的整体经营活动实行战略性的管理,是一种关系企业长远生存与发展的管理,而非是企业的日常管理,也不是企业的各项职能管理,它必须由企业的高层领导推动方能顺利进行。

（2）企业战略管理是一项整体性管理。战略管理不单纯是制定企业进攻、防守、成长、紧缩或撤退等大战略,也不单纯是市场营销、研究开发、财务、生产、人力资源等职能战略。企业战略管理是一项涉及企业所有部门以及所有相关因素的管理活动。正如著名战略管理学者格卢克所言:"战略管理是制定一种或几种有效的战略,以达到企业目标的一系列决策与行动"。

（3）企业战略管理是一种动态性管理。企业战略管理的目标是使企业内部因素与外部环境因素相适应,从而实现企业的目标。而企业的外部环境因素是不断发生变化的,所以企业的战略管理活动也必须时时随之调整。此外,企业战略管理活动自身可能具有的"偏差性"也加大了企业战略管理的动态性。

五、战略管理的意义

从 20 世纪 70 年代中期开始,西方发达国家的企业纷纷实施战略管理,近年来我国的一些优秀企业也开始注意到战略管理。战略管理作为一种企业管理方式之所以受到人们的青睐,主要是因为推行战略具有如下重大意义:

(1) 有利于企业建立长远的发展方向和奋斗目标,并能在经营工作中兼顾当前和长远发展,作到增强后劲,持续成长。

(2) 有利于企业明确自己在市场竞争中所处的地位,制定并实施有效的经营战略,强化企业的竞争能力。

(3) 有利于提高企业的获利能力和经济效益,也给企业带来稳定的发展和不断的成功。

(4) 有利于企业在管理思想、管理组织、管理人员、管理方法和管理手段等各方面实现现代化,全面推动企业管理现代化进程。

企业内部环境由存在于组织内部、通常短期内不为企业高层管理人员所控制的变量构成,具体包括企业的组织结构、文化、资源等三部分。其中,组织结构是指企业内部的信息沟通、权力关系、产品或服务流的配置连接方式;文化是指企业成员分享的信念、期望、价值观的类型,这影响和决定了能为企业全体人员所接受的行为规范;资源泛指企业从事生产活动或提供服务所需的人、财、物等能力与条件。

六、企业战略管理的基础工作

企业外部环境构成了企业存在的框架,一方面,环境变化在增加企业经营风险性的同时为企业发展提供了丰富的机会,从而影响和决定了企业在动态环境中可做些什么的选择;另一方面,环境会对企业发展提出承担社会非经济责任的要求,从而影响和决定了企业在此环境中应做些什么的抉择。企业内部环境构成了企业做事的框架,其中,资源条件影响了企业的实力,也就是企业的优势与不足,决定了企业客观上能做些什么;文化价值观,特别是企业战略决策者的热望与追求,决定了企业主观上想做些什么与敢做些什么。所以,只有通过企业内外部环境分析,找出关键战略要素,即外部机会与威胁和内部优势与弱点,将影响企业可做、应做、能做、想做、敢做些什么的诸方面因素有机结合起来,才能真正作出企业今后拟做些什么的决策。

通过企业内外部环境分析明确了企业使命,决定了企业拟做什么,也就等于完成了企业战略形成的第一步工作。给出了企业使命定义后,企业战略形成阶段下来要做的事情就是:根据企业使命制定企业目标、开发实现目标的战略,围绕战略要求建立政策指南。由此可知,企业战略形成可以看成一个从分析企业的关键战略要素出发,制定企业长期规划,以作为企业经营指导思想的过程。

企业战略形成后,还需将它付诸实施。企业战略实施就是一个通过提出具体实施方案、编制经费预算、建立操作程序以将企业战略与政策转化成实际行动并取得成果的过程。企业战略实施的过程本质上是一个进行企业运行规划的过程,它所关心的主要问题是如何进行企业日常资源的有效配置。企业战略实施工作通常主要由企业的中下层经理人员与全体职工共同完成,企业高层的战略决策者只对企业战略的实施过程与结果情况进行适当的评审。

企业战略管理的最后一个阶段工作就是对企业战略实施活动过程与业绩效果进行评价,这就是通过确定评价内容、建立业绩标准、衡量实际业绩,并将实际得到的业绩与希望得到的业绩作比较以发现企业战略实施过程中的问题,从而对整个企业战略管理过程进行适当的监测和控制。从本质上来说,对于企业战略管理过程中活动的监控要比对于业绩的监控困难得多,考虑到在决定监控哪些活动时会遇到如何选择的困难,在评价工作业绩时存在衡量偏差,为了实现有效的评价与控制,企业各级管理人员都必须努力从其下属那里获得清楚、及时、无偏的信息,并利用所得到的这些信息不断进行反馈调整,迅速采取

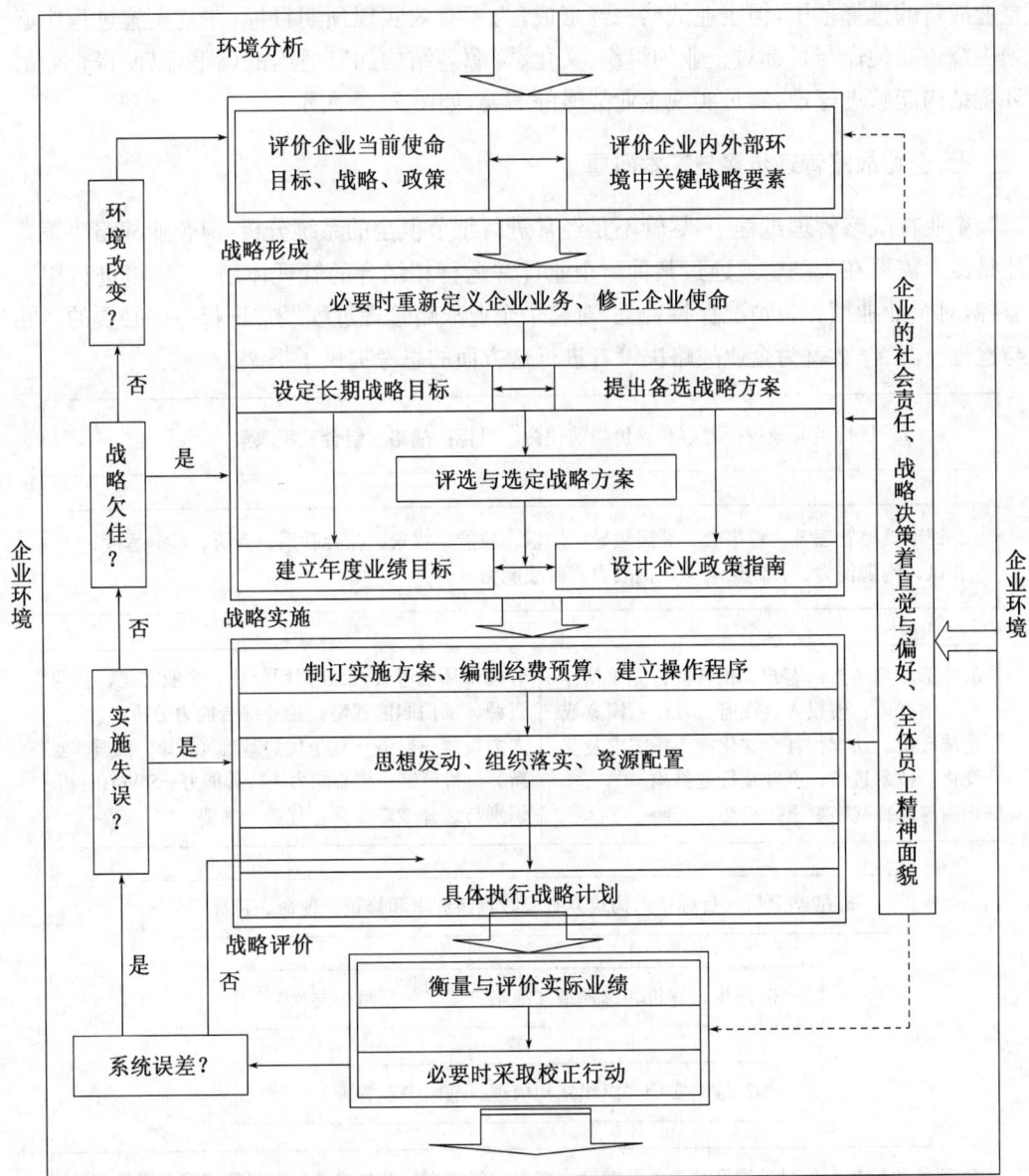

图 7-1 企业战略管理综合模型

校正行动以解决企业战略实施中所存在的问题,而一旦发现当前企业战略在实施中存在着严重缺陷,可以随时重新发起整个企业战略管理过程。

由以上分析可知,正确企业战略的形成需要建立在对于企业内外部环境的准确把握基础之上,而且企业的组织结构和相互关系、组织过程和行为、高层领导的能力等内部环境因素对于企业战略实施的作用又反过来影响和决定了企业战略的最终成败。正确的企业战略需要通过有效的组织实施保证,才能最终取得成功,企业战略实施工作组织的好坏既可以使一个坚实的企业战略决定失效,也能够让一个有争议的企业战略选择成功。尽管从战略形成的逻辑关系来看,是企业的组织、文化、资源等内部环境因素影响和制约了企业战略的选择范围,但企业战略一经形成,为了有效实现预期目标,在其实施过程中必须围绕企业使命与目标对企业的组织、文化、资源等结构加以适当的调整,以使得企业的环境结构能够更好地,满足实现企业战略的需要,如图 7 - 1 所示。

七、企业战略管理步骤与基本问题

企业在战略管理过程中,尽管不是经常进行细节俱全的系统分析,但企业战略决策者还是经常需要在头脑中或通过某种与企业日常运行相结合的管理体制,对环境进行跟踪监控,对企业业绩评价情况保持警觉,对整个企业战略管理过程经常进行一些必要的回顾与检视。图 7 - 2 就为企业战略决策者进行这方面的思考提供了框架。

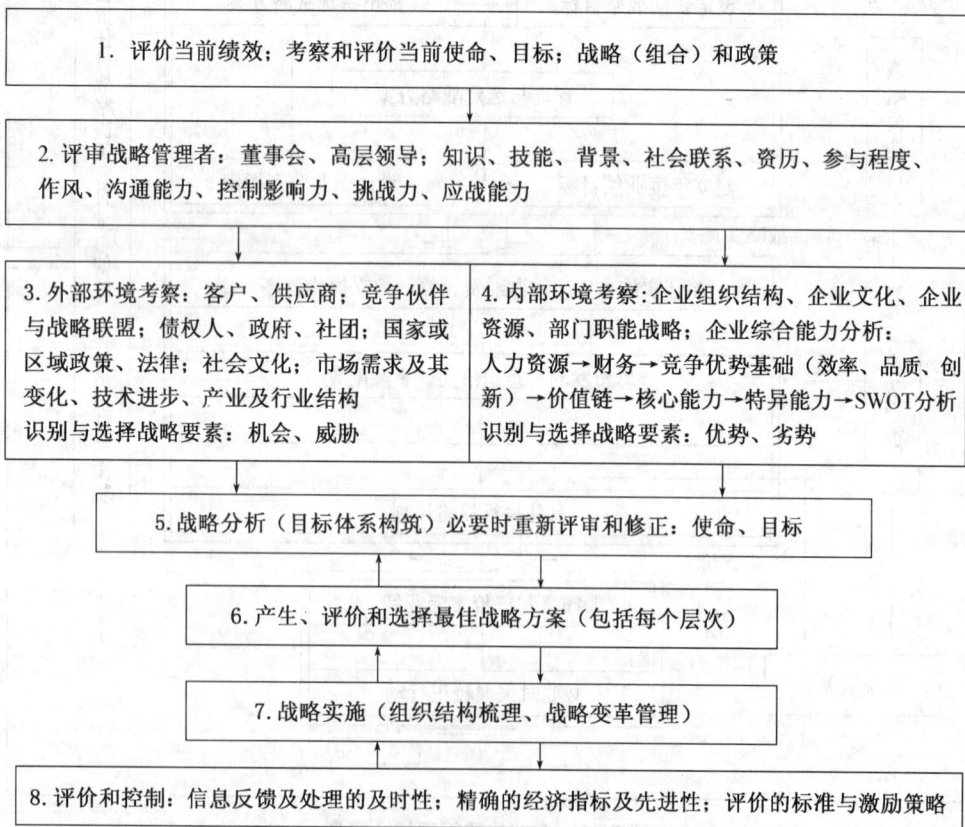

图 7 - 2 企业战略管理过程及基本问题

图 7-2 详列了企业战略管理过程的八个步骤，提供了一个进行企业战略管理过程扫描的有效方法，其中：从步骤 1 到步骤 6 为战略形成阶段，步骤 7 为战略实施阶段，步骤 8 为评价与控制阶段。企业战略管理过程扫描法通过问题清单的形式，为进行企业战略思考提供了基本框架，可以帮助企业战略管理者更全面有效地分析企业战略决策过程各阶段与步骤所可能遇到的问题，从而提高企业战略管理的效益。下面就来具体讨论这些步骤以及与此相关的问题。

（一）企业当前使命、目标、战略、政策及业绩评价

评价企业当前使命、目标、战略、政策及业绩，就是根据企业当前使命、目标、战略、政策、利用投资报酬率、市场份额、利润率等指标的当前值与变动趋势来分析企业当前的业绩情况。在这里，需要回答的问题有以下几个：

1. 当前企业的使命、目标、战略、政策

企业的使命、目标、战略、政策可能已经清楚表述出来，也可能仅仅隐含在企业业绩之中，通过回答下列问题，可以帮助我们获得清楚的认识。

（1）使命。企业的业务是什么以及为什么从事该业务。

（2）目标。企业整体以及各事业部与职能机构的目标分别是什么；这些目标之间以及与企业使命和内外部环境是否协调一致。

（3）战略。企业为实现使命与目标所采取的战略或战略组合是什么；这些战略或战略组合之间以及与企业的使命和目标、与内外部环境是否协调一致。

（4）政策。企业为实施战略所执行的政策是什么；这些政策相互之间以及与企业的使命、目标、战略、内外部环境是否协调一致。

2. 企业运行状况

这就是从企业目标的实现情况、与环境变化的适应性、相对于行业中同类企业的水平等角度来分析企业业绩的绝对与相对水平、目前状况与发展趋势。

（二）企业战略管理者评审

1. 企业董事会

对企业董事会进行如下考察：① 由哪些人员组成，这些人员与企业的关系如何，是否能和企业荣辱与共；② 这些人员的知识、技能、经历、社会联系等背景情况将会怎样影响他们对于企业发展可能作出的贡献程度；③ 这些人员在企业董事会或上级主管部门中的资历及地位情况如何，他们都在其中工作了多长时间；④ 这些人员对于企业战略管理过程的介入程度如何，是仅仅简单地对企业战略管理人员的提案起橡皮图章作用呢，还是积极参与并对企业战略决策起决定性的作用。

2. 企业高层管理人员

对企业高层管理人员进行如下考察：① 由哪些人员组成？这些人员在知识、技能、经历、作风等背景情况方面有些什么主要特征；② 他们以往是否一直对企业业绩负责；③ 他们是否已为企业战略的形成、实施、评价等整个管理过程建立了系统科学的方法；④ 他们对于企业战略管理过程的参与程度如何；⑤ 他们与企业上级主管部门或董事会以及与企业较低层次管理人员之间相互沟通、相互作用的好坏情况如何；⑥ 对付未来的可能挑战，他们是否足够地训练有素。

（三）考察企业外部环境以确定战略机会与威胁

1. 社会环境

（1）正在对企业运行起实质性影响的一般环境因素有哪些？如社会文化、政治法律、经济、技术诸方面的因素等。

（2）其中哪些环境因素在目前最重要？哪些在若干年后将对企业运行起决定性作用？

2. 任务环境

（1）在直接影响企业运行或受企业运行所影响的环境因素中，决定企业运行的关键是什么？如股东、客户、供应商、债权人、竞争对手、贸易协会、地方社团、政府管理部门等。

（2）这些因素中，当前最重要的因素是什么？若干年后最重要的趋势是什么？

（四）考察企业内部环境以确定战略优势与弱点

1. 企业结构

（1）当前企业是怎样组织的？企业决策权力是相对集中的还是相对分散的？企业是根据职能、项目、地理，还是根据这些要素的某种综合来组织的？

（2）企业中的每一职员是否都清楚地了解该组织的结构？

（3）当前企业的组织结构与目标、战略、政策、实施方案之间是否协调一致？

（4）企业的这一组织结构在那些方面可与同类企业相匹敌？

2. 企业文化

（1）企业是否已经建成或者正在形成由共同的信念、期望、价值观所组成的良好界定的企业文化？

（2）这一企业文化与企业当前的目标、战略、政策、实施方案之间是否协调一致？

（3）企业文化对于企业面临的重要问题所持的态度是什么？这些问题包括提高生产率、改善行为质量、增强对于不断变化环境条件的适应性等。

3. 企业资源

企业资源主要是指企业体现在市场营销、财务会计、研究开发、生产制造、人力资源管理等职能领域方面的实力条件。在这些方面需要回答的问题有以下几个：

（1）当前企业各职能领域的目标、战略、政策、实施方案是什么？它们是清楚地表述出来了还是仅仅隐含在企业业绩及预算之中？它们与企业整体的使命、目标、战略、政策以及内外部环境是否协调一致？

（2）从对各职能领域的运行情况分析来看，企业当前的业绩如何？如：这些各职能领域分析结果显示了什么趋势？这些趋势对企业过去的业绩曾产生过什么影响？对未来可能又有什么影响？这些分析是否支持了企业过去与新近的战略决定？

（3）企业在各职能领域的能力及业绩与其他同类企业相比如何，是否具有明显的优势与较强的竞争力？

（4）企业的职能部门经理是否正在使用以被人们所普遍接受的职能管理概念与分析技巧来评估与改进各自领域的业绩？

（5）企业各职能部门经理在战略管理中地位与作用是什么？

（五）分析战略要素以确定问题范围并在必要时重新定义或修正企业使命和目标

1. 关键的内外部战略要素

严重影响企业目前与将来业绩的关键内外部战略要素是什么？如：目前摆在企业面前的紧迫问题与企业长期所面临的主要问题各是什么？

2. 企业当前使命与目标

从关键战略要素与存在的问题看，企业当前的使命与目标是否合适，是否需要加以适当的调整？如果需要调整，其结果可能会对企业运行产生什么影响？

（六）战略方案产生、评价和选择

1. 战略微调是否足够

在这里，需要弄清的问题有：仅仅简单地通过更全面细致地实施那些正在运用的战略（即只对当前战略作微调），能否实现企业当前目标或经过修正的目标？如果对于这一问题的回答是肯定的，则就没有必要进行战略大调整。

2. 可行战略

如果需要进行战略重构，则必须回答以下问题：可供企业选择的可行战略集合是什么？应推荐什么战略：稳定、成长、紧缩、还是它们的某种适当组合？对于这每一种战略的赞同与反对意见各是什么？

3. 最佳战略

拟推荐的最佳战略是什么？这一战略是否考虑了关键战略要素的作用，能否有效地解决企业所存在的长期与短期问题？为有效实施企业战略，应开发怎样的指导性政策？

（七）实施战略

1. 制订实施方案

为实施所建议的战略应开发什么类型的实施方案？例如：是否需要对企业进行重新调整与组织等。与此相关需要回答的问题有：这些实施方案由谁来开发？谁来具体负责落实？

2. 编制经费预算

从企业的财务支持能力来看，这些实施方案是否可以？能否编制比较准确的经费预算并获得企业有关决策部门的批准？

3. 建立操作程序

（八）评价与控制

1. 信息反馈系统

这里的关键在于当前企业战略管理信息系统能否为战略活动与业绩评估提供必要的信息反馈，与此相关需要回答的问题：

（1）现有的或拟建立的信息系统能否对不同范围、部门、职能、实施方案等的业绩结果加以比较精确地指示与区分？

（2）信息系统所提供的信息反馈是否准确、及时、适用？

2. 控制校正系统

对于战略实施过程与结果所出现的系统偏差，是否能够采取适当的校正调节措施以确保战略实施能够实现企业的预期目标？这里需要回答的问题还有以下几个：

（1）评价活动采用的标准与措施是否恰当？

（2）报酬系统是否能够识别业绩的好坏并给予适当的奖惩？

八、战略管理的边界

目前，国内外企业界和学术界对企业战略管理的理解还存在着很多偏差，其原因之一就是对与战略管理相关的许多概念，如企业战略、经营管理等认识不清，甚至把它们与战略管理混为一谈。实际上，它们是既相互联系又相互区别的不同范畴。

（一）战略管理与企业战略

其实，通过前面我们对企业战略与战略管理概念的定义与理解，二者之间的区别就已经非常明显地表现出来了。企业战略实质上是企业的一种"谋划或方案"，而战略管理则是对企业战略的一种"管理"，具体说就是对企业的"谋划或方案"的制定、实施与控制。明确这二者之间的关系与区别是相当重要的。对企业界来说，有助于更好地加强战略管理；对于理论界而言，则有助于纠正目前这种因二者不清而把许多教科书弄得"令人糊涂"的现状——说是战略管理实际上却在大谈企业战略，说是企业战略则又有些许战略管理的迹象。

（二）战略管理与经营管理

企业经营管理是在既定企业规模、组织结构和有关业务的战略计划框架内，确保资源的取得以及有效利用资源的全过程。通过经营管理尽力使战略目标转变为企业各个方面和全体成员间相互协调的具体行动路线和任务。企业经营管理的决定权应掌握在中层管理人员手中，并由相应的职能部门去组织实施。显然，这与由企业高层管理人员决定企业全局性问题的战略管理是不同的。表7-1可以很清楚地显示出这种不同。

由表7-1可以看出，经营管理是企业对目前的投入、物质转换和产品产出的管理，而战略管理则从时间上和范围上扩大了投入-产出的管理过程。

1．战略管理与经营管理的区别

具体来说，战略管理与经营管理的区别主要表现在以下四个方面：

（1）战略管理面临动荡的环境，因而具有外向性的特点，是以不确定、不连续的经营环境为前体，其管理者注重监控企业外部环境变化，制定有效的战略计划，利用有限的经营资源，保证企业在动荡环境中生存与发展。经营管理是以稳定的经营环境为前提，将管理重点放在日常生产经营活动上，很少考虑如何适应外部环境的变化，实施有效的战略管理。

表7-1 作业管理—经营管理—战略管理的关系

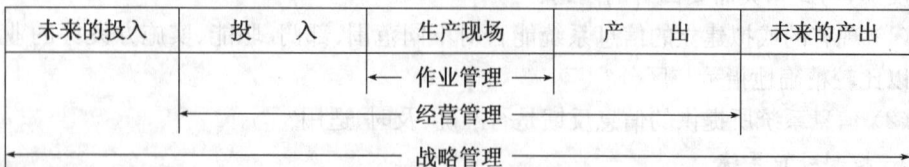

未来的投入	投　入	生产现场	产　出	未来的产出
		←作业管理→		
	←————经营管理————→			
←————————战略管理————————→				

（2）战略管理重视企业整体性综合管理，经营管理重视企业职能性业务管理。战略管理超越一般的职能管理范围，力求把握企业发展的总方向和总目标。它要求管理人员

能够运用各种经济管理知识,将企业市场营销、研究开发、生产、财务、人事等各种职能性管理活动综合起来、协调一致,以便实现企业的总目标。经营管理则偏重于具体的职能管理,如加强推销、编制生产计划、强化质量控制、完成某一特定的经营目标等,对整体性综合管理则不太重视。

(3)战略管理追求企业长期生存、发展以及企业核心能力的提高,它要求企业最高管理层能够有效地实施适应环境的战略,重视企业长期的经济效益和发展潜力。经营管理则常常把着眼点放在短期经营成果和利益上,国内外一些企业存在的追求短期盈利、忽视企业发展后劲的倾向就是一个明显的例证。

(4)战略管理是一种"预应式"管理,高层管理人员要具有战略的思想和眼光,经常洞察、预测、分析外部环境,对环境变化不仅能够迅速作出反应,甚至能够作出预先反应,来影响环境。经营管理是一种"因应式"管理,由于缺乏战略思维,只是对某种环境事变作出临时的反应,因此往往不能及时捕捉和利用外部环境变化造成的机会,也难及时避开危险。

此外,战略管理与经营管理工作的要求和侧重点也是不同的的。美国佐治亚大学管理学院的教授威廉·F.格鲁克和劳伦斯·F.乔奇认为主要表现在以下几个方面,如表7-2所示。

2. 战略管理与经营管理的联系

战略管理与经营管理也有着密切的联系。

首先,经营管理是战略管理的基础。战略管理是企业经营管理发展到一定阶段,为适应外部环境挑战及其对企业管理提出的客观要求而产生的。没有经营管理及其发展,就不会产生战略管理。

其次,企业如果缺乏有效的经营管理基础,也很难完成战略管理要达到的目标和任务。从这个意义上讲,有效的经营管理是实施企业战略管理的重要前提条件。

最后,战略管理为经营管理提供了实施框架。战略管理是关于企业发展方向、目标及大致路径的规划,企业的经营管理应围绕着战略管理规划的企业方向展开与实施,否则,就可能南辕北辙,后果只能是越搞越糟。

表7-2　经营管理和战略管理的区别

经营管理	战略管理
1. 关心已建立的企业管理目标	1. 关心新目标和战略的识别与评价
2. 经营目标通常为大量过去的经验证明是有效的	2. 新的目标值得争论,对其实施,企业几乎没有什么经验
3. 经营目标可以分解为企业各执行部门的具体子目标	3. 战略目标通常能着重考虑的是企业的生存和发展
4. 最高领导人较多关注的是企业经营手段的应用	4. 最高领导人较多考虑的是影响企业生存和发展的外部环境变化
5. 最高领导人能较迅速地了解经营目标的执行情况	5. 几年以后,最高领导人才能知道战略目标的执行情况

（续表）

经营管理	战略管理
6. 为了完成经营目标,企业将规定一系列奖励办法,刺激企业员工的积极性	6. 企业战略计划中,一般没有用物质手段刺激员工积极性以完成战略目标的内容
7. 企业与竞争对手之间存在的"比赛规则",对于有经验的领导来说是熟悉的,能够把握局势的变化,也能胜任自己的工作。	7. 企业家要探索和思考许多新的领域,过去的经验已经不可能适用,也不可能把握"新的比赛规则"
8. 经营中存在的问题很快就能反映出来,这些问题比较具体,对于有经验的管理者来说比较熟悉	8. 在一定意义上说,战略中的问题是抽象的,要延续一段时间后才能知道,并且可能是不熟悉的

九、战略管理的意义

从 20 世纪 70 年代中期开始,西方发达国家的企业纷纷实施战略管理,近年来我国的一些优秀企业也开始注意到战略管理。战略管理作为一种企业管理方式之所以受到人们的青睐,主要是因为推行战略具有重大意义:

（1）有利于企业建立长远的发展方向和奋斗目标,并能在经营工作中兼顾当前和长远发展,作到增强后劲,持续发展。

（2）有利于企业明确自己在市场竞争中所处的地位,制定并实施有效的经营战略,强化企业的竞争能力。

（3）有利于提高企业的获利能力和经济效益,也给企业带来稳定的发展和不断的成功。

（4）有利于企业在管理思想、管理组织、管理人员、管理方法和管理手段等方面实现现代化,全面推动企业管理现代化进程。

十、方向、目标的定义及区别

（1）方向:通常指通往未来的一种希望。

（2）目标:表达在不久的将来可以达到的、可测量的东西。

（3）方向和目标之间的区别:① 时间区别:方向无时限,持久的,而目标是由时限的,可以为子目标所替代的;② 特殊性:方向指的内容广,较通用,是涉及印象、风格以及认识上的东西(卫生文明城市),而目标较专业,有可等待的时刻(某年达到),如某战役的胜利不等于战争的胜利;③ 聚集点:方向根据外部环境叙述,而目标是内向的,隐含如何利用企业的资源;④ 度量:两者均可以量化,但是,方向的度量是相关数(某年进入 500 强),而目标是绝对项叙述(市场占有率将达到 27%)。

十一、战略规划的有效性与特点

战略规划的有效性表现在以下两个方面:

（1）战略正确与否。正确的战略应该能够做到组织资源与环境的良好匹配。

（2）战略是否适合于该组织的管理过程，也就是和组织活动匹配与否。

一个有效的战略一般具有如下特点：

（1）目标明确。其内容可以使人精神振奋，无二义。目标先进，但经过努力可以达到，其描述的语言应当是简单而简练。

（2）可执行性好。好的战略的说明应简明通俗，是明确的和可执行的，应当是各级领导的向导，使各级领导能够确切地了解、执行，并使自己的战略与其保持一致。

（3）组织人事落实。制定战略的人往往也是执行战略的人，战略只有在有良好素养人的执行下才能得以实现，因此，战略的制定与执行均需要全员行动。高层制定的战略一般应以方向和约束的形式告诉下级，下级接受任务，并以同样的方式逐级下传，深入人心，人人皆知，战略计划也就个人化了。

（4）灵活性好。目标不变，但活动范围和组织计划灵活性强，能适应变革需求。

十二、战略规划的三组要素

（1）方向和目标。必须明确，但是，往往是折中的，而非最优化。

（2）约束与政策。找到环境与机会与自己组织资源间的平衡点。

（3）计划与指标。机会与资源匹配的动态平衡与折中，需考虑四个问题：

* 要求做些什么？ * 可以做些什么？
* 能够做些什么？ * 应当做些什么？

这些问题的回答是领导者基于对机会的认识、对组织长处和短处的自我批评，以及自己的价值观和抱负的检验。这些不仅局限于当前现实，而且要考虑到长远的未来。

战略规划不仅是基于上述三组要素，还要考虑层次，其九个因素构成矩阵型框架结构，如图7-3所示。

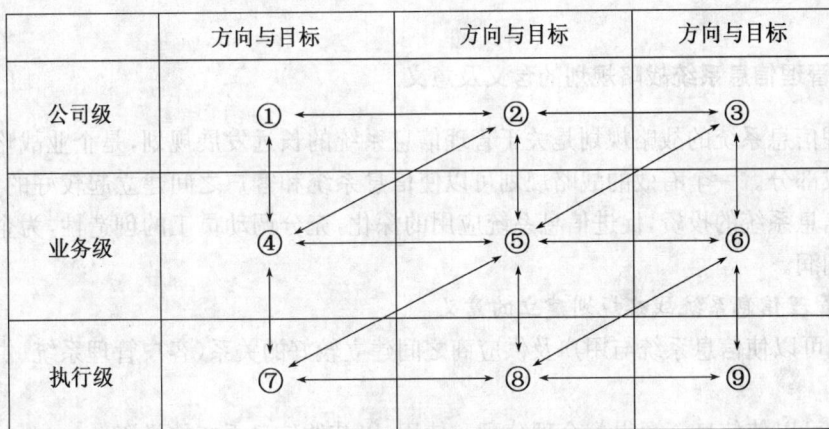

图7-3 战略规划的框架结构

在这个结构中，比较独立的元素是①，但是容易受到图之外的外界因素的影响，而且和图中的④有一定关系。因为执行级的当前情况和能力需要慎重考虑。

上下级之间是集成关系：如①④、⑦④①，上级要关心下级的业务目标，下级要确定自己目标时,要考虑上级目标。

左下与右上是相关关系:如④不仅受上级目标影响,还要受到上级约束与政策②的制约及计划和指标③的影响。执行经理的目标⑦不仅受上级目标④的影响,而且要受到上级的约束和政策⑤的影响和公司级计划和指标③的制约。

左右是引导关系:④⑤⑥,如约束和政策由方向和目标引出,计划与指标由约束的政策引出。

因此,制定战略规划时必须做好如下工作:

(1) 做好思想总动员。因为战略规划的实现和操作存在着两个天生的困难:① 由于规划一般是一次性的决策过程,因此也就决定了它是不能预先进行实验的,而且方案和模型的建立与专家的经历和责任心密切相关;② 参加规划的专家一般是企业内部的管理者,他们对以后实现规划负有责任,而战略规划恰恰容易受到外部环境的变更而引发企业内部的变革,甚至会发生重大的变革(如国企的改制),以适应外部环境,这点就会容易引起他们的反对。

(2) 把规划活动当作一个连续的过程——在执行过程中不断地进行评价与采取有效的控制措施。一个好的战略管理应具备的内容:① 建立运营原则;② 确定企业地位;③ 设定战略目标;④ 进行评价控制。

(3) 激励新战略思想——战略规划的核心。① 明确战略思想的重要性(上层是根本;中层是关键;下层是基础);② 要激励创造性的战略思想,注意少数人的"过激"言论,杜绝言者有罪的荒诞现象。

第二节　管理信息系统的战略规划

一、管理信息系统战略规划的含义及意义

管理信息系统的战略规划是关于管理信息系统的长远发展规划,是企业战略规划的重要组成部分。一个有效的战略规划可以使信息系统和客户之间建立起较好的关系,从而节约信息系统的投资,促进信息系统应用的深化,充分调动员工的创造性,为企业创造丰厚的利润。

1. 管理信息系统战略规划建立的意义

(1) 可以使信息系统与用户及供应商之间建立较好的关系(客户管理系统、供应链管理)。

(2) 可以使信息资源得到合理分配和使用,以节约信息系统的投资。

(3) 通过制定规划,找出存在问题,更正确地识别出为实现企业目标管理信息系统必须完成的任务,建立相应的数据库系统,为企业创造更多的经济效益。

(4) 可以作为一个标准,考核各个岗位的工作,促进信息系统应用的深化。

2. 管理信息系统战略规划的内容

(1) 组织的战略目标,政策与约束、计划与指标的分析。

(2) 管理信息系统的目标、约束条件、计划指标及总体结构分析。

(3) 单位(企业、部门)的现状、业务流程现状、存在的问题与不足,以及流程在新技术条件下重组的可能性。实施信息系统的效益分析和实施计划。

(4) 对影响规划的信息技术发展的预测,关系到管理信息系统的生命力。

3. 开发管理信息系统的策略

(1) "自下而上"的开发策略。由基层向上集成,可回避大的风险,但随着集成规模的增加往往要作很多大的修改,甚至重新规划或设计。一般适用于小系统。

(2) "自上而下"的开发策略。可协调性好,一次规划。但失败的风险大,投资大。

(3) 综合性开发策略。将上述两个方法结合起来使用,取其长处,避其短处。

二、制定总体规划的目的

1. 保证信息共享

信息是企业的重要资源,只有被集中起来并能够被全企业所共享,才能真正发挥作用,成为企业真正意义上的资源,这就决定了需要进行总体规划。

2. 协调子系统之间的工作

在企业中,有关公共数据和信息交换的状况普遍存在,如预算子系统的主要目的在于制定成本费用计划,并对计划执行情况进行实时监控,它需要实时实地从会计信息子系统中取得成本费用的实际发生数,也就是说预算管理子系统与会计信息子系统之间存在信息交换。为了减低企业信息处理成本,就需要通过总体规划使各个子系统之间能够相互协调地工作。

总体规划的目的就在于站在总体的高度识别并规划出支持各项管理的数据、数据产生的地点、使用的部门等所有情况,负责协调相互间的关系,克服手工管理方式中存在的弊端。

3. 使开发工作有序进行

管理信息系统的开发是一项艰巨的系统工程,它涉及大量的人力、物力和财力,需要经历一个较长的时间才能完成。一个复杂的管理信息系统是由若干个子系统组成,受到各种资源的限制和人们认识水平及能力的制约,进度安排、资源的供给、配置及调配等都必须有序进行,必须在事先的总体规划阶段解决。

三、管理信息系统战略规划的步骤

管理信息系统战略规划的步骤如图7-4所示:

第一步,规划基本问题的确定,包括规划的年限、规划的方法;确定集中还是分散的规划方式,以及是进取型还是保守型的规划。

第二步,收集初始相关信息。包括从各级管理干部、卖主相似的企业、本企业内部各种信息系统委员会、各种文件以及书籍和杂志中收集信息。

第三步,现状评价、识别计划约束分析。包括目标、系统开发方法、计划活动、现存硬

```
┌─────────┐      ┌──────────────────────┐
│ 开  始  │─────▶│ 1.确定规划的基本问题及性质 │
└─────────┘      └──────────────────────┘
                            │
                 ┌──────────────────────┐
                 │   2.收集初始相关信息    │
                 └──────────────────────┘
                            │
                 ┌──────────────────────┐
                 │ 3.现状评价、识别计划约束分析 │
                 └──────────────────────┘
                            │
                 ┌──────────────────────┐
                 │ 4.设置目标、定义约束条件  │
                 └──────────────────────┘
                            │
          ┌─────────────────────────────────────┐
          │ 5.准备规划矩阵、提出未来战略图，制定战略方案 │
          └─────────────────────────────────────┘
                            │
              ╱─────────────────────────╲
             ⟨      6.识别与评价活动        ⟩
              ╲─────────────────────────╱
               │                      │
   ┌─────────────────┐      ┌─────────────────┐
   │ 7.列出工程项目活动  │      │  8.列出重复性活动  │
   └─────────────────┘      └─────────────────┘
               │                      │
          ┌─────────────────────────────────┐
          │      9.选择最优活动的组合          │
          └─────────────────────────────────┘
                            │
          ┌─────────────────────────────────┐
          │ 10.确定优先权、估算项目成本、人员要求  │
          └─────────────────────────────────┘
                            │
              ┌─────────────────────────┐
              │    11.准备项目实施计划     │
              └─────────────────────────┘
                            │
      ┌─────────────────────────┐      ┌─────────────┐
      │ 12.写出管理信息系统战略规划 │◀────▶│  用户委员会   │
      └─────────────────────────┘      └─────────────┘
                            │
┌─────────┐  批准  ╱─────────────────╲  N  ┌─────────────────┐
│ 结  束  │◀──────⟨ 13.最高决策机构批审 ⟩────▶│ 返回到前面适当步骤 │
└─────────┘        ╲─────────────────╱     └─────────────────┘
```

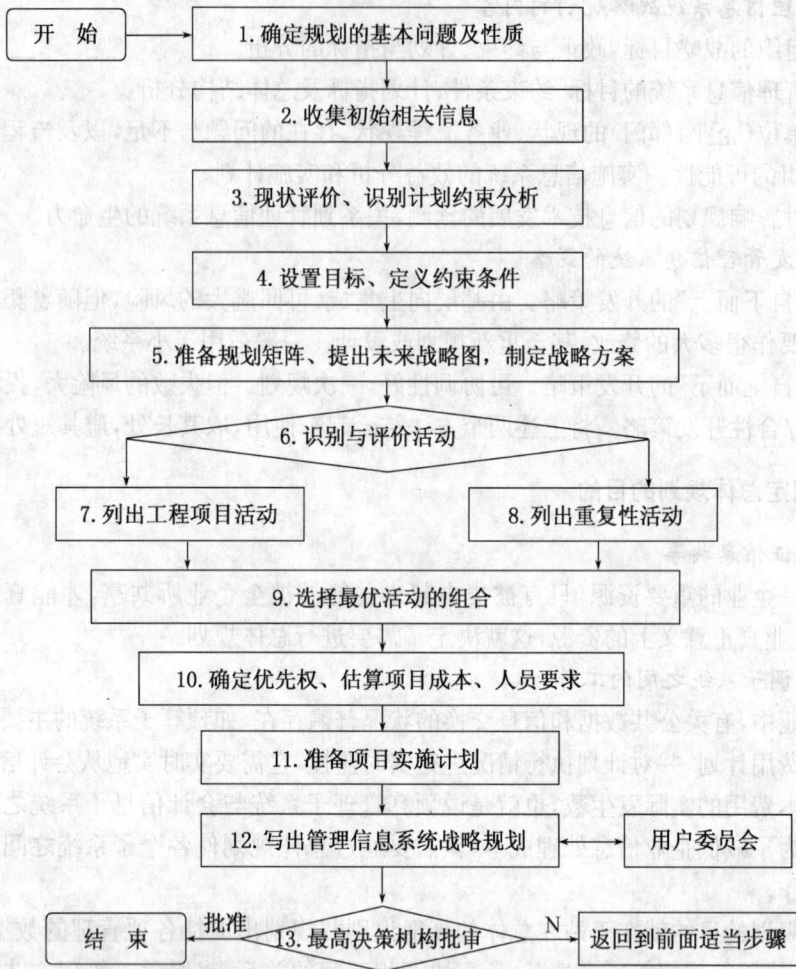

图 7-4　管理信息系统战略规划的步骤

件及其质量、信息部门人员、运营与控制、资金、安全措施、人员经验、手续与标准、中期和长期优先序、外部和内部关系、现存设备以及软件质量企业 CIS 评价。

第四步，设置目标，定义约束条件。这一点由总经理和计算机委员会来设置，应包括服务的质量和范围、相关政策和约束条件、财务资源、组织以及人员等，它不仅包括信息系统的目标，也包括整个企业的目标。应考虑目标的重要特性：① 总体战略性，它将影响和指导着整个系统的分析、设计、实施和运行；② 目标的多重性，这组目标体系可以分解为树形的层次结构，并可以有主次顺序；③ 目标的依附性，新系统的目标是建立在当前的目标基础之上，针对其薄弱环节而有所发展和提高；④ 目标的适应性，管理信息系统必须对外部环境的变化有良好的适应性；⑤目标的长期性，也就决定了各个子系统开发的优先顺序。

第五步，准备规划矩阵。这实际上就确定了信息系统规划的内容之间的相互关系所组成的矩阵，也就确定了各项内容以及它们实现的优先序。

第六～九步，是识别上述所列示的各种活动，是一次性的工程项目性质的活动，还是一种重复性的经常进行的活动。由于资源有限,不可能所有项目同时进行,一般是取利大风险小的先进行。正确选择工程性项目和日常重复性项目的比例,正确选择风险性大的项目和风险性小的项目的比例。

第十步,是给定项目的优先权和估计项目的成本费用。

第十一步,编制项目的实施进度计划。

第十二步,把战略规划写成文件。在此过程中,还要不断地与用户、信息系统工作人员以及信息系统委员会的有关人员交换意见。

四、总体规划的特点

由于总体规划的重点是高层的系统分析,它是面向高层,着眼于全局的需求分析,因此,它具有如下的特点:

(1)对于外部,侧重于管理信息系统的环境分析,并要求有较为明晰的需求分析准则。

(2)对于内部,着重于系统结构的子系统划分,并要求有明确的以结构功能来划分子系统的思想。

(3)在系统的具体实施步骤上应按功能优先等级的顺序来实施,即贯彻自顶向下的系统设计的原则。

(4)在系统管理上应着重于高层管理,兼顾中层和作业规划方面的具体实际层次管理理念。

(5)在系统数据的具体实现上应分为宏观的整体"数据类"、具体实现的"过程组"类两种分类方式。

五、总体规划的原则

(1)系统必须支持企业的总体目标实现。具体方法采取自上而下的规划,从企业总目标入手,逐步地向信息系统目标和结构转化。

(2)系统必须适应企业各管理层次的需求。分析高中层及作业层的活动规律,查明信息需求,特别注意要实现对管理有影响的决策支持。

(3)系统在方法实现上必须尽量脱离对原有不合理组织机构的依从性,适应新的流程重组。

(4)系统结构必须呈现良好的整体性功能,保证结构的完整性和信息的一致性是实现系统整体目标的基本条件。

(5)系统的开发必须贯彻便于实施的原则。规划与设计是自上而下,而实施是自下而上,在系统结构设计的同时,必须考虑实施的先后顺序及步骤。

六、可行性研究

可行性研究也称可行性分析,目的在于避免盲目投资,减少不必要的损失。在总体规划的前期阶段工作中,通过初步调查,了解系统的概貌和当前系统存在的问题,确立新系统目标,在此前提下,再分析开发新系统的条件是否具备,明确新系统目标实现的可能性和必要性,这就是管理信息系统开发中的可行性分析。所谓开发中的可行性就是指开发的条件是否具备;所谓必要性是指客观上是否需要开发新系统,两者是相辅相成的。管理信息系统的可行性研究一般包括如下四点:

(1) 技术上的可行性。是指软硬件条件的需求和现状,技术力量的状况、人员素质、经验与水平,需要何种状态的培训,对未来系统运行的维护能力和二次开发能力。由于信息系统属于知识密集型,因此,应力戒完全依赖外界力量开发。软、硬件尽可能与当前技术同步。

(2) 经济上的可行性。估算新系统开发和运行所需的费用,以及新系统的效益。投资一般包括设备费用、人员费用、材料费用以及其他费用。新系统给企业所带来的效益一般包括:是否提高数据处理的及时性和准确性;是否降低了管理人员的劳动强度,提高了劳动效率;使用信息是否方便,从而使决策更及时、准确;是否提高了企业形象,增强了企业在同行中的竞争力;取得的其他经济效益和社会效益。

(3) 管理上的可行性。新系统的运行一般都会伴随着企业业务流程、组织结构和企业文化的重组或变革,企业的各层管理者的素质以及员工的态度,特别是高层管理者是否有这种胆识与勇气、对采取新系统的迫切性和支持力度以及对新系统的适应能力,这是必要条件;企业管理的现状是否符合规范化、标准化水平,管理是否有序、制度是否健全、文件是否完整,以及改变目前状况的迫切性,这相当于充分条件。

(4) 开发环境的可行性。企业高层管理者的意见是否一致,这是至关重要的;此外,能否抽调出足够的骨干力量参与以及他们的积极性和主动性。

第三节　制定管理信息系统战略规划的常用方法

常用方法有关键成功因素法(CSF)、战略目标集转化法(SST)、企业系统规划法(BSP)

一、关键成功因素法(Critical Success Factors, CSF)

所谓关键成功因素是指对企业成功起关键性作用的因素。1970 年,哈佛大学教授 William Zani 在管理信息系统模型中应用了关键成功变量,这些变量是确定管理信息系统成败的因素。10 年后,MIT 教授 John Rockart 将 CSF 法提高成为管理信息系统的战略。

1. 关键成功因素法的主要作用

关键成功因素法的主要作用在于对新系统的数据库的分析与建立。要建立一个数据库,特别是战略数据库,因其输出是一个数据字典,涉及企业的长期战略,关系列企业所有子系统能否正常、及时、准确地交换数据,关键成功因素就是要识别联系于系统目标的主要数据类及其关系。识别关键成功因素常用的工具是树枝因果图。

2. 关键成功因素法步骤

(1) 了解企业中长期战略目标以及筹建中的管理信息系统的战略目标。

（2）识别所有关键成功因素。主要是分析影响战略目标的各种因素和影响这些因素的子因素。

（3）确认关键成功因素。注意行业差异，如制造业的成本、服务业的人员效率等。

（4）识别测量各个关键成功因素的性能指标和评估标准。

这四个步骤可以用图7-5来表示。

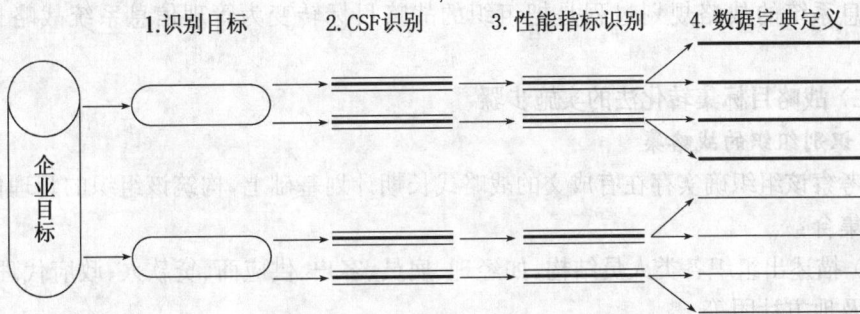

图7-5　关键成功因素法步骤

关键成功因素来源于企业目标，通过对企业目标的分解和识别、关键成功因素识别、性能指标识别，一直到产生数据字典，这个过程类似于建立一个数据库，一直细化到数据字典。如某企业为提高产品竞争力的目标之影响因素的树枝图如图7-6所示。

如何评价这些因素中哪些因素属于关键成功因素，不同的企业的评价标准是不同的。对于某个具体企业而言，决策类型的差异也有所区别。如一个习惯于高层人员个人决策的企业，主要由高层决策者个人在此图中选择；而对于一个习惯于集体决策的企业来说，可以用德尔斐法或/和其他方法合用，把不同经历人员的不同设想的关键因素综合起来进行决策。

关键成功因素法特别适用于高层决策，效果较好，因为每一个高层管理者日常总在思考什么是关键成功因素；而中层所面临的决策大都是结构化的，其自由度较小，因此一般不适宜应用此法，而应改用其他方法。

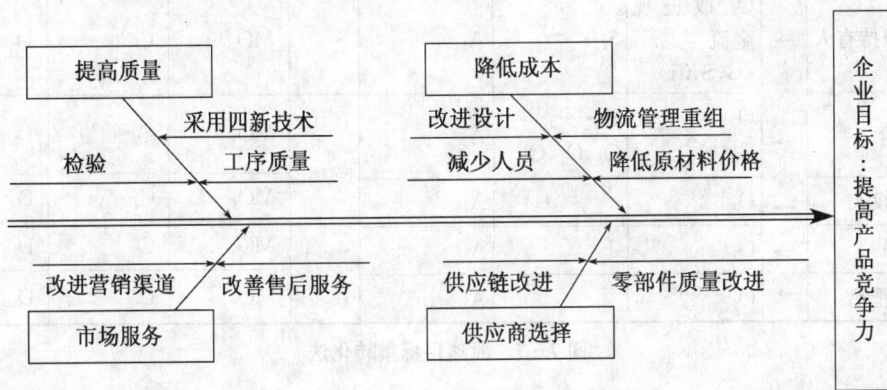

图7-6　提高产品竞争力关键成功因素树枝图

二、战略目标集转化法(Strategy Set Transformation, SST)

(一)战略目标集转化法的含义

此法于 1978 年由 William King 提出,他把整个战略目标看成一个"信息集合",由使命、目标、战略和其他战略变量(如管理的复杂性、改革习惯以及重要的环境约束)组成。管理信息系统的战略规划过程是把组织的战略目标转变为管理信息系统战略目标的过程。

(二)战略目标集转化法的实施步骤

1. 识别组织的战略集

在考察该组织确实存在有成文的战略式长期计划基础上,构筑该组织的管理信息系统战略集合:

(1)描述出组织各类人员结构,如经理、雇员、客户、供应商、贷款人、政府代理人、竞争者以及地方社团等。

(2)识别每类人员的目标。

(3)对于每类人员识别其使命及战略。

将初步识别的组织战略形成文件,提交高层决策者审阅、确认或修改。

2. 将组织战略集转化成管理信息系统战略

管理信息系统战略应包括系统目标、约束和设计原则等。这个转化过程包括对应组织战略集的每一个元素识别及其所对应的管理信息系统战略约束,然后提出整个管理信息系统的结构,最后选择一个较佳的方案,提交高层决策者确认。图 7 - 7 是某企业目标转化的案例。

P1:公共事业 →	组织目标	组织战略	战略属性		MIS 目标	约束	战略
C_U:顾客 →	O_1 年增收入 10% S,Cr,M	S_1 增新产品 O_1,O_6	A_1 复杂管理 M	⇒	MO_1 改进结账速度(S2)	C_1 做好模型(A)	D_1 模型设计(C_1)
S:股票持有人 →	O_2 改进现金流 (G,S,Cr)	S_2…	A_2		MO_2	C_2	D_2
G:政府 →	O_3 C_U	S_3… O_3,O_4,O_5	A_3		MO_3	C_3	D_3
Cr:债权人 →	O_4		A_4		MO_4	C_4	D_4
E:雇员 →	O_5		A_5		MO_5	C_5	D_5
M:管理者 →	O_6		A_6		MO_6	C_6	D_6

图 7 - 7　战略目标集转化法

由图 7 - 7 我们可以看出,这里的企业目标是由不同的群体引出的,如组织目标 O_1 由股票持有人 S、债权人 Cr 以及管理者 M 引出;组织战略 S_1 有目标 O_1 和 O_6 引出,依次类推。这样就可以列出管理信息系统的目标、约束以及设计战略。

三、企业规划法(Business System Planning，BSP)

(一) IBM公司制定BSP的目的

IBM公司信息系统控制和计划部门首先清理和描述了本企业存在的系统并进行了规划,认为数据处理工作要面向满足全企业的需要而不是仅仅面向个别部门,并制定了下列五个方面的有关信息系统开发战略:① 明确数据处理责任;② 统一数据源要多向的传递;③ 信息系统要集中控制和规划;④ 数据独立于组织机构;⑤ 数据资源、设备和通讯的共享。

(二) BSP的概念

企业系统规划方法是一种结构化方法。它有利于较好地理解方法的实质,能自信地应用方法及其变形,从而使其适应各种情况;在同高层领导商讨研究目的和介绍最后的研究结果时有良好的基础。实行BSP研究的前提是,在企业内部有改善信息系统的需要,以及有为建设这一系统而建立总的战略的需要。BSP的基本概念与组织内的信息系统的长期目标有关:

1. 一个信息系统必须支持企业的战略目标

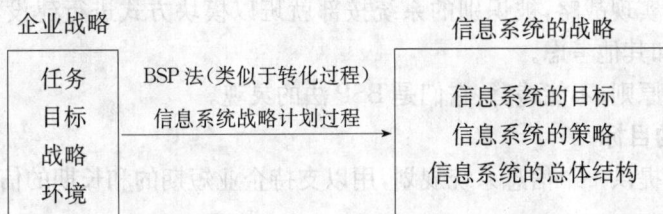

图 7-8　由企业战略到信息系统战略的转化

BSP实质上是一个把企业的战略转化为管理信息系统的战略的转化过程,这种方法一般经历这样的过程:首先自上而下识别信息系统目标,识别企业过程,识别数据,然后再自下而上设计信息系统,以支持目标。它的典型特点在于:① 基于信息支持企业运行的思想;② 总的思路是先自上而下识别目标,识别企业过程,识别数据,而后自下而上设计系统,支持目标;③ BSP方法是把企业目标转化为信息系统(IS)战略的全过程,支持企业的各个层次的目标,这种支持是通过很多子系统实现的;④ BSP是一项系统性非常强的工程性工作,如图7-9所示。

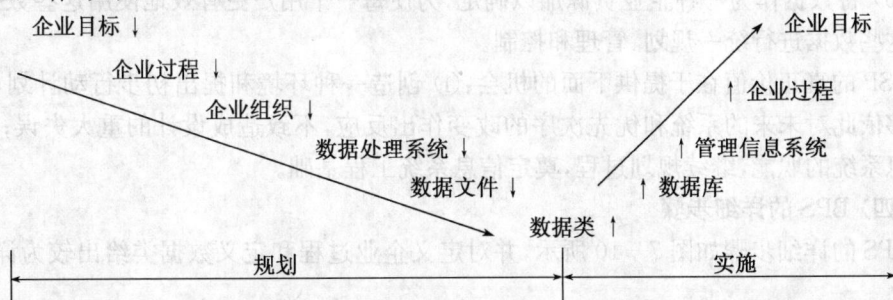

图 7-9　BSP自上而下规划和自下而上实施相结合的过程

2. 一个信息系统的战略应表达出企业的各个管理层次的需要

战略层:决定组织目标,决定达到这些目标所需用的资源以及获得、使用、分配这些资源的策略的过程;管理层:通过这一过程,管理者确认资源的获取以及在实现组织的目标中是否有效地使用了这些资源;操作控制层:保证具体的任务有效地完成的过程。

3. 一个信息系统应该向整个企业提供一致的信息

其一,数据可以有多种不同的定义形式,它随数据的使用者而异,由此导致不一致性;其二,数据在获取、处理活动和实际使用之间的时间偏差造成的。因此,信息资源必须由中央部门来协调,使数据对企业有全面性的价值,负责制定数据的一致性定义、技术实现,以及使用和数据安全性的策略和规程。

4. 一个信息系统应该在组织机构和管理体制改变时保持工作能力

这就要求信息系统对环境变革要能够具有良好的适应性。由于 BSP 法采用了企业过程的概念,它是企业的一个基本活动和决策域,同任何组织体系和具体的管理职责无关,对于任意类型的企业可以从逻辑上定义出一组过程,只要企业的产品和服务基本不变,则过程改变极小,从而提升了信息系统的耐冲击能力。

5. 一个信息系统的战略规划,应当由总体信息系统结构中的子系统开始实施

BSP 法这种实现战略,被识别的系统按部就班以模块方式进行建设,照顾到企业的重点、资金情况和其他考虑。

这些是基本原则,不能违背,它们是 BSP 法的灵魂。

(三) BSP 的目标

主要目标是提供一个信息系统规划,用以支持企业短期的和长期的信息需求,具体目标可以归纳如下:

(1) 为管理者提供一种形式化的、客观的方法,明确建立信息系统的优先顺序,而不考虑各自的狭隘利益,以避免主观性。

(2) 为具有较长生命周期的系统的建设,保护系统的投资作准备,由于系统是基于业务活动过程的,因而不是因机构变化而失败。

(3) 为了最高效和有效地支持企业目标,BSP 法提供数据处理资源的管理。

(4) 增加负责人的信心,坚信收效高的主要的信息系统能够被实施。

(5) 通过提高响应用户需求和优先的系统,以改善信息系统管理部门和用户之间的关系。

(6) 将数据作为一种企业资源加以确定,为使每一个用户更有效地使用这些数据,必须对这些数据进行统一规划、管理和控制。

BSP 的真正价值在于提供下面的机会:① 创造一种环境和提出初步行动计划,使企业能够依此对未来的系统和优先次序的改变作出反应,不致造成设计的重大失误;② 定义信息系统的职能,继续规划过程,奠定信息系统工程基础。

(四) BPS 的详细步骤

BPS 的详细步骤如图 7-10 所示,并对定义企业过程和定义数据类给出较为详细的介绍。

1. 研究项目的确定与研究的准备工作

BSP 的研究必须在企业最高领导者和最高管理部门参与的前提下才能开始,因为研究的成功取决于他们能否向研究组提供他们对于企业的理解和企业的信息需求。同时需要在有经验的专业技术人员的协助下对研究组成员进行培训,展开各种必要的调查工作。

(1) 所有成员参加的企业情况介绍会,由管理部门负责人重申研究的目标,期望的成果和研究的远景,以及与企业的活动和目标的关系。

(2) 由研究组长介绍收集的有关资料,使研究组成员熟悉有关资料,并讨论有关企业的决策过程、组织职能、关键人物、存在问题、开发策略、敏感问题、计划中的活动正在进行着的变化,数据处理部门的形象以及用户对数据处理工作的支持等。

(3) 研究组长坦诚自己的评论和观点,加深所有成员对企业和其目前存在的和计划中的数据处理业务的全部理解。

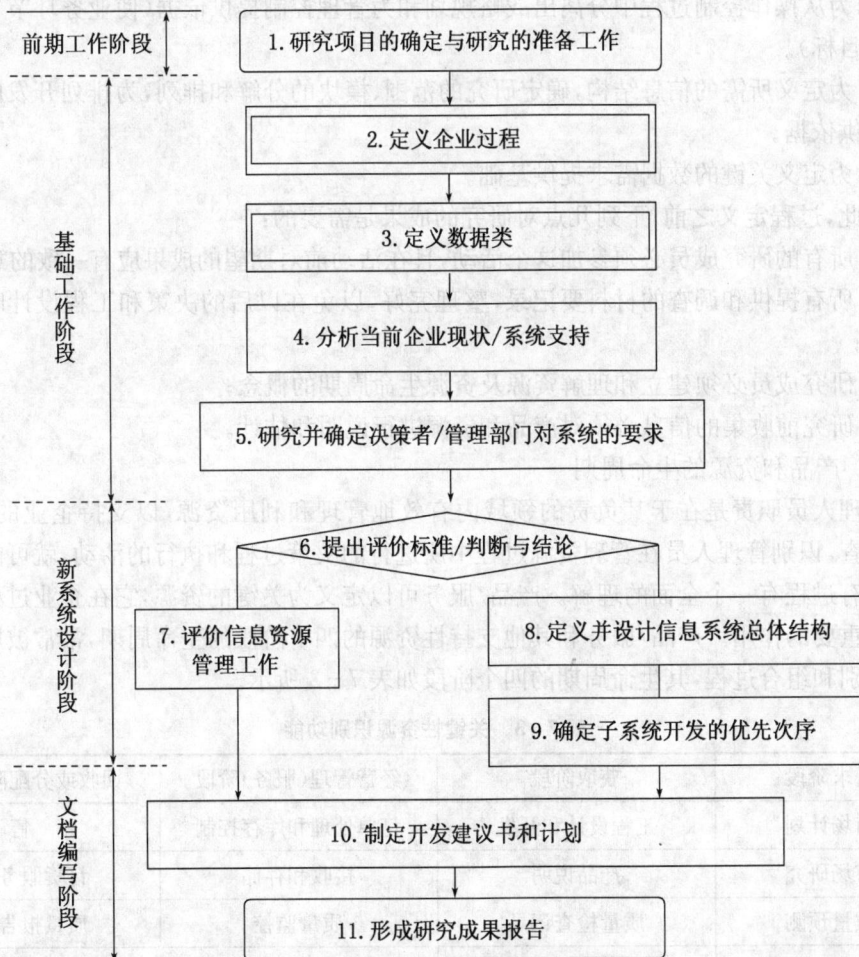

图 7－10 BSP 的详细步骤(工作流程)

2. 定义企业过程（识别）

定义企业过程又称为企业过程的识别，是对企业信息系统环境的了解，其目的是做出企业的过程、组织之间的关系矩阵，这是 BSP 法的核心。企业过程是指企业资源转化和企业资源管理中逻辑关系的决策和活动的集合，这些决策和活动是管理企业资源所必需的。

通过企业过程的研究，可以了解企业的功能、任务、信息需求和关联，从而做出关系矩阵。通过关系矩阵，进一步形成信息模型，所以说，企业过程是企业环境与信息系统之间的界面。以企业过程为基础的研究可以使设计的系统相对独立于组织机构，较少受到体制的变动的影响，因此，它们的分析与识别无需顾及与组织机构的联系。

（1）定义企业过程的目的和条件如下：

① 使信息系统尽量地独立于组织机构。

② 帮助理解企业如何能完成其总使命和目标（将业务环节从机构中抽象出来）。

③ 为从操作控制过程中分离出战略规划和为管理控制提供依据（使业务环节覆盖企业主要目标）。

④ 为定义所需的信息结构，确定研究的范围、模块的分解和排列，为排列开发的优先顺序提供依据。

⑤ 为定义关键的数据需求提供基础。

为此，过程定义之前，下列几点对研究的成果是需要的：

① 所有的研究成员必须参加这个活动，且在活动前对期望的成果应有一致的意见；

② 所有提供和调查的材料要记录，整理完好，以免在以后的决策和工程设计时误解或遗忘；

③ 研究成员必须建立和理解资源及资源生命周期的概念；

④ 研究前收集的信息必须对产品和资源进行说明和估计。

（2）产品和资源的生命周期

管理人员职责是在于其负责的领域内有效地管理和利用资源，以支持企业的目标。通过调查，识别管理人员在管理资源过程中所进行的决策过程和执行的活动，就可能对企业的所有过程有一个全面的理解。产品/服务可以定义为关键的资源，它在企业过程定义中起着重要的作用。产品/服务和其他支持性资源的四个阶段的生命周期，常常被用来逻辑地识别和组合过程，其生命周期的四个阶段如表 7-3 所示。

表 7-3　关键性资源识别功能

需求阶段	获取阶段	经营管理（服务）阶段	回收或分配阶段
市场计划	工程设计和开发	订单处理和库存控制	销　售
市场研究	产品说明	接收和存储	订货服务
质量预测	质量检查记录	质量监控	质量报告
作业计划	生产调度	包装储存	发　运
材料需求	生产操作	库存管理	

第一阶段:需求、计划、度量和控制。决定需要多少产品和资源,获取它们的计划,以及执行计划要求的度量和控制。

第二阶段:获取和实现。去开发一种产品或一项服务,或者去获得开发中所需要的资源

第三阶段:经营和管理(服务)。去组织、加工、修改或维护那些支持性资源,对产品/服务进行存储或服务。

第四阶段:回收或分配(退出)。意味着终止企业对产品/服务的职责,且标志着资源使用的结束。

生命周期的概念将有助于研究人员能够结构化地、逻辑地、全面地识别过程。

(3) 定义企业过程的基本步骤

图 7-11 给出了过程识别的基本步骤。它指出了识别企业过程的三种主要资源:① 计划和控制;② 产品/服务;③ 支持性资源。

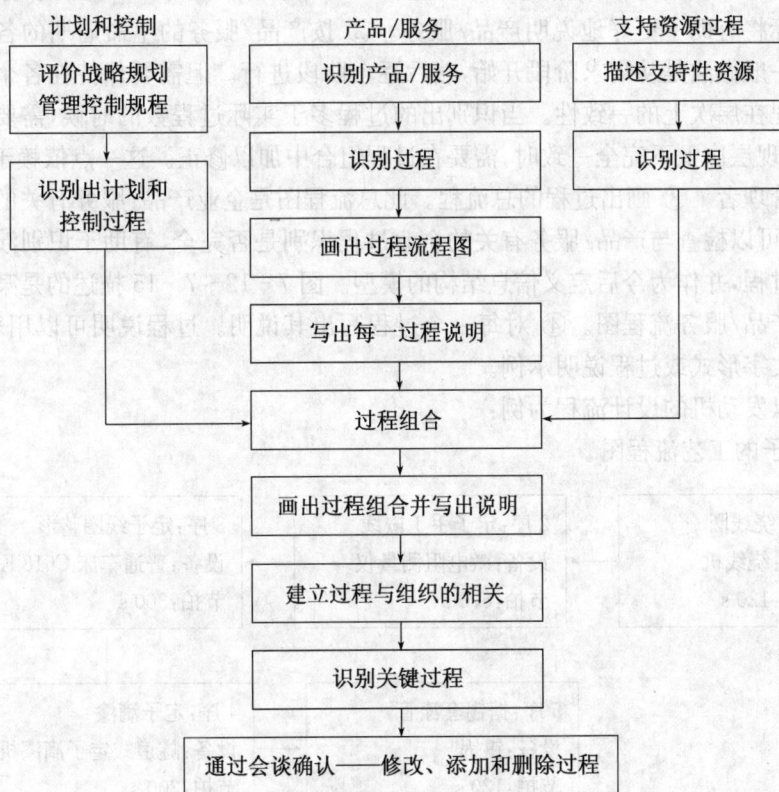

图 7-11　BSP 识别过程

1) 计划和控制(过程)。识别企业过程要依靠占有材料,分析研究,更需要有经验的管理者参与商讨。因此,需要将准备工作阶段收集到的有关计划、关键成功因素和它们的度量标准等信息,以及组织计划的样本,从中可以识别出有关的过程。它们一般可被组合成战略计划类和管理控制类。但是,它们之间有着明显的差异,如表 7-4 所示。

表7-4 企业战略规划与管理控制的比较

战略计划	管理控制	战略计划	管理控制
经济预测	产品市场预测	预测管理	预算
组织计划	工作资金计划	目标开发	预测与评价
策略制定	雇员水平计划	产品系列设计	产品设计
放弃/追求分析	运营计划		

2) 产品/服务(过程)。产品/服务属于关键性资源,是该企业有别于其他任何企业的产品和服务。

定义的过程可以分为如下四步:① 首先识别企业的产品/服务。由于产品/服务的多样性,以致难以有公共的过程,那么,在过程识别之前必须要进行分组考虑,当所有过程被识别后,再寻找可能有的公共信息需求的过程。而对于公众机构和一些服务组织,先弄清它们的目标将有助于更好地说明产品/服务。② 按产品/服务的生命周期的各个阶段识别过程。一般做法是从需求阶段开始,然后逐个阶段进行。但需要保持在各个阶段上所识别的过程在层次上的一致性。当识别出的过程多于实际过程数的时候,需要作必要的组合,当出现层次上不完全一致时,需要在过程组合中加以修正。这一点依赖于对业务流程熟悉的管理者。③ 画出过程的总流程。此总流程图是企业产品/服务有关的过程的总体描述,它可以检查与产品/服务有关的企业过程识别是否完全,有助于识别涉及管理支持资源的过程,并作为今后定义信息结构的模型。图7-12~7-15描述的是某电子元件企业的总产品/服务流程图。④ 对每一个过程写出其说明。过程说明可以用表格形式,也可以是文字形式或过程说明示例。

下面以发动机的设计流程为例:

① 定子的工艺流程图

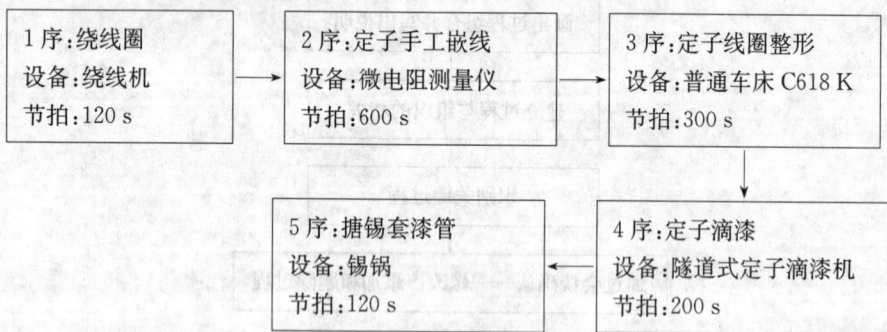

图7-12 定子的工艺流程图

② 转子的工艺流程图

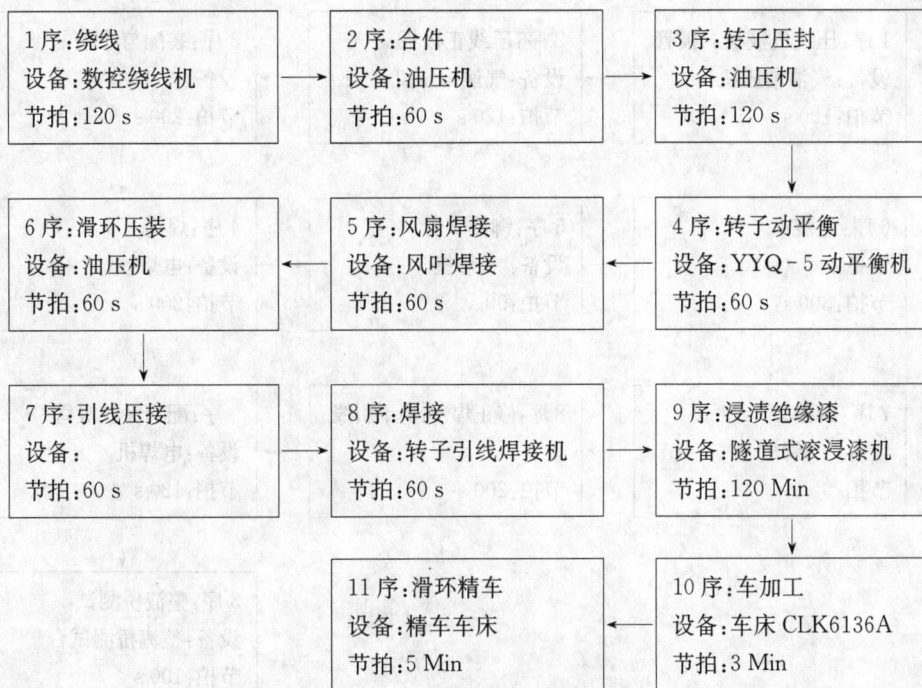

1序:绕线 设备:数控绕线机 节拍:120 s	2序:合件 设备:油压机 节拍:60 s	3序:转子压封 设备:油压机 节拍:120 s
6序:滑环压装 设备:油压机 节拍:60 s	5序:风扇焊接 设备:风叶焊接 节拍:60 s	4序:转子动平衡 设备:YYQ-5动平衡机 节拍:60 s
7序:引线压接 设备: 节拍:60 s	8序:焊接 设备:转子引线焊接机 节拍:60 s	9序:浸渍绝缘漆 设备:隧道式滚浸漆机 节拍:120 Min
11序:滑环精车 设备:精车车床 节拍:5 Min		10序:车加工 设备:车床 CLK6136A 节拍:3 Min

图 7-13　转子的工艺流程图

③ 发电机装配的工艺流程图

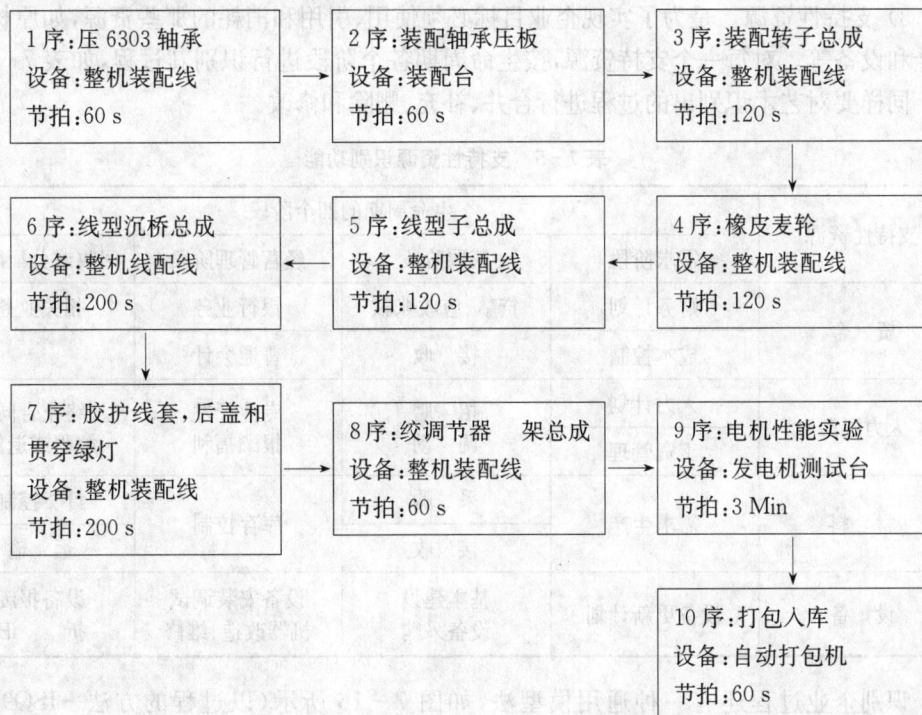

1序:压6303轴承 设备:整机装配线 节拍:60 s	2序:装配轴承压板 设备:装配台 节拍:60 s	3序:装配转子总成 设备:整机装配线 节拍:120 s
6序:线型沉桥总成 设备:整机线配线 节拍:200 s	5序:线型子总成 设备:整机装配线 节拍:120 s	4序:橡皮麦轮 设备:整机装配线 节拍:120 s
7序:胶护线套,后盖和 贯穿绿灯 设备:整机装配线 节拍:200 s	8序:绞调节器　架总成 设备:整机装配线 节拍:60 s	9序:电机性能实验 设备:发电机测试台 节拍:3 Min
		10序:打包入库 设备:自动打包机 节拍:60 s

图 7-14　发电机装配的工艺流程图

④ 整流桥工艺流程图

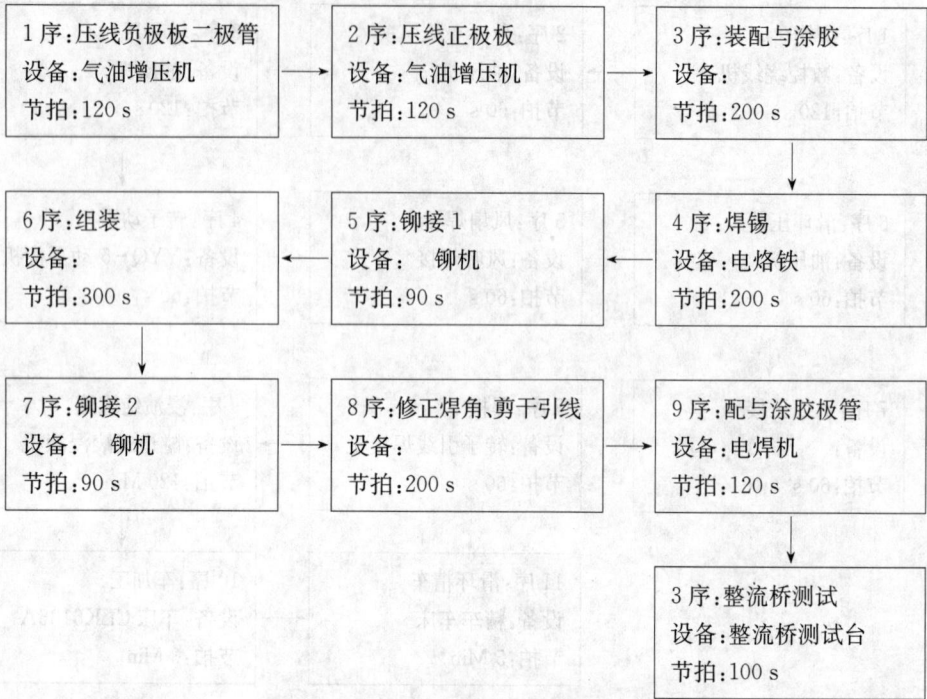

```
┌─────────────────────┐      ┌─────────────────────┐      ┌─────────────────────┐
│1序:压线负极板二极管  │      │2序:压线正极板        │      │3序:装配与涂胶        │
│设备:气油增压机      │ ───▶ │设备:气油增压机      │ ───▶ │设备:                │
│节拍:120 s           │      │节拍:120 s           │      │节拍:200 s           │
└─────────────────────┘      └─────────────────────┘      └─────────────────────┘
                                                                      │
                                                                      ▼
┌─────────────────────┐      ┌─────────────────────┐      ┌─────────────────────┐
│6序:组装              │      │5序:铆接1             │      │4序:焊锡              │
│设备:                │ ◀─── │设备: 铆机            │ ◀─── │设备:电烙铁          │
│节拍:300 s           │      │节拍:90 s            │      │节拍:200 s           │
└─────────────────────┘      └─────────────────────┘      └─────────────────────┘

┌─────────────────────┐      ┌─────────────────────┐      ┌─────────────────────┐
│7序:铆接2             │      │8序:修正焊角、剪干引线│      │9序:配与涂胶极管      │
│设备: 铆机            │ ───▶ │设备:                │ ───▶ │设备:电焊机          │
│节拍:90 s            │      │节拍:200 s           │      │节拍:120 s           │
└─────────────────────┘      └─────────────────────┘      └─────────────────────┘
                                                                      │
                                                                      ▼
                                                           ┌─────────────────────┐
                                                           │3序:整流桥测试        │
                                                           │设备:整流桥测试台    │
                                                           │节拍:100 s           │
                                                           └─────────────────────┘
```

图 7 - 15　整流桥工艺流程图

3）支持性资源。是为了实现企业目标必须使用、引用和消耗的那些资源,如原材料、资金和设备等。对每一个支持资源,按生命周期各个阶段进行识别其过程,如表 7 - 5 所示。同样要对艺术识别出的过程进行合并、补充、删除和修改。

表 7 - 5　支持性资源识别功能

支持性资源	生命周期的四个阶段			
	需求阶段	获取阶段	经营管理阶段	回收或分配阶段
资　金	财务计划	贷款、应收账款	银行业务	相关业务
	成本控制	接　收	普通会计	
人力资源	人力计划	招　聘 调　动	专业开发 报酬福利	终止合同 解聘或退休
	工资管理			
材　料	需求生产	采　购	库存控制	订货控制
		接　收		运　输
设　备	设备更新计划	基本建设 设备采购	设备安装调试 机器改造、维修	设备报废 折　旧

识别企业过程还有一种通用模型法,如图 7 - 16 所示(以过程的方法—ISO9000:2000)。

市场/环境

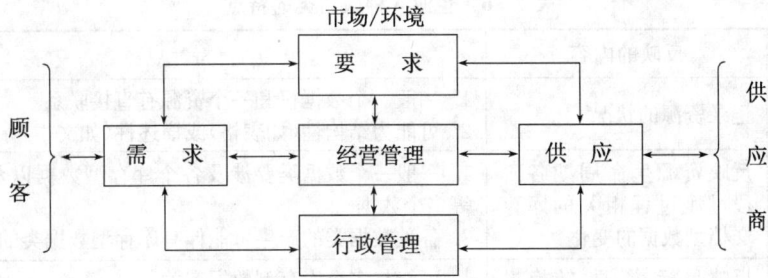

图 7-16　识别企业过程的通用模型法

这个模型可以不断扩展,以适应特殊企业的需要,如"需求"可以扩展为"商品化"和"销售";"供应"可以扩展为"产品开发"和"制造"等。这里的供应是联系于生产产品和得到资源的过程,其外部接口是供应商或卖主。"需求"联系于使产品或服务生效的过程,其外部接口是顾客。"行政管理"联系于人力、资源和设备管理,而"经营管理"和其他四个方面有紧密的联系,对其他四个方面进行计划、控制和测量。

前面所讲的识别过程的方法是由微观到宏观的枚举综合,而这种方法则是由宏观到微观的分解。此法一般要借助于一些典型案例作参考。

识别过程是 BSP 法成功的关键,过程的输出是一组文件(为系统分析与系统设计服务):① 一个过程及过程表;② 每一个过程的简单说明;③ 一个关键过程的表,即识别满足目标的关键过程;④ 产品/服务过程的流程图;⑤ 系统组成员必须了解整个企业运营是如何进行管理和控制的。

3. 定义数据类

定义数据实际上就是识别企业数据,其基本方法是以资源生命周期不同阶段需求的信息类型为参考,抽取出数据类集进行核查与补充,从而确定企业对数据类的需求。查明数据共享关系,建立过程/数据类矩阵,为设计出信息系统结构提供基本依据。

(1) 企业中数据的 4 种类型

以资源生命周期不同阶段对信息的不同需求,可将企业中数据分为四种类型:库存文档型数据、事务型数据、计划型数据和统计型数据。数据与资源生命周期的关系如图 7-17 所示,四种数据类的特点如表 7-6 所示。

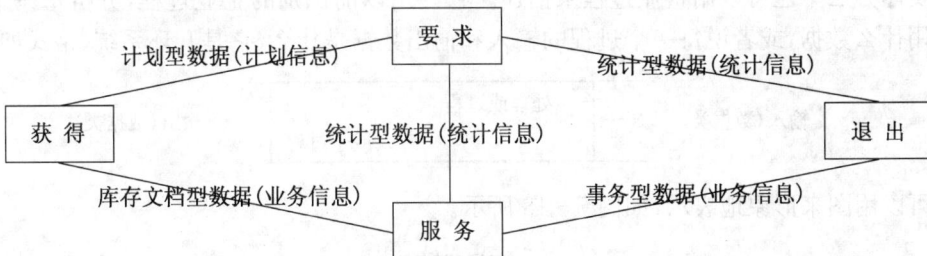

图 7-17　定义数据类(企业中数据的 4 种类型)

表 7-6　企业 4 种数据类的特点

数据类	反映的内容	特　点
库存文档型	记录资源的状况	1. 一般一个数据仅和一个资源有直接联系 2. 可能为结构性(如表格)或描述性(如文本)
事务型	反映资源生命周期各阶段过渡过程相关的库存文档型数据的变化	1. 一般一个数据类要涉及各个库存型数据以及时间数量等多个数据 2. 各种数据类的产生可能伴有库存型数据类的相关操作
计划型	反映目标、资源、转换过程等计划值	1. 可能与多个库存型数据有关 2. 各种计划、预测、预算、调度表
统计型	反映企业状况,提供某些反馈信息	1. 一般来自其他类型数据类的采样 2. 历史性、对照性或评价性的参考数据 3. 数据的综合性强

（2）企业数据的识别方法

① 企业数据识别方法有两种:实体法,过程/数据类矩阵表法。

实体法就是与企业有关的事物,如顾客、产品、材料以及人员等都是企业中客观存在的实体,每个实体可以用不同类型的数据加以描述。也就是说,联系于每个实体的生命周期阶段就有各种数据,企业实体法的第一步是列出企业实体,一般来说要列出 7～15 个实体,再列出一个矩阵,水平方向表示实体,垂直方向表示数据类,如表 7-7 所示。

表 7-7　数据类/实体矩阵表示方法

数据类 \ 实体	产品	顾客	材料	供应商	现金	设备
计划/模型	产品计划	市场细分计划	材料需求		预算	能力计划 设备计划
统计/汇总	产品需求	销售历史	需求历史	供应商行为	财务统计	运行、设备利用
文　档	产品规范成品	顾客档案	原材料、产品组成表	供应商档案	财务会计	利用率机器负荷
事　务	订货	发运记录	采购订货	材料、接受	接收、支付	进出记录

实体方法中还可以用企业过程来描述。它利用以前识别的企业过程,分析每一个过程利用什么数据,或者说每一个过程的输入和输出数据是什么,它是开环系统,格式如下:

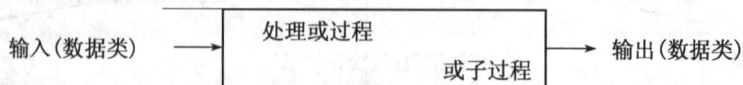

输入(数据类) ——→ 处理或过程 或子过程 ——→ 输出(数据类)

可以用图来形象地表示,如图 7-18 所示。

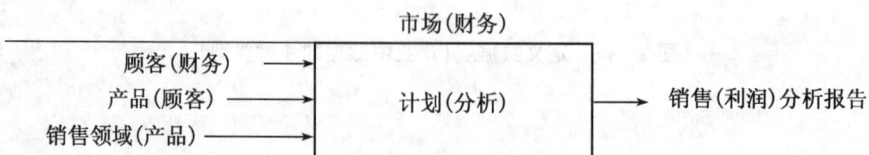

市场(财务)

顾客(财务) ——→ 计划(分析) ——→ 销售(利润)分析报告
产品(顾客) ——→
销售领域(产品) ——→

图 7-18　过程(功能)法图

② 过程/数据类矩阵表法

BSP 法认为数据类和过程两者是定义企业信息系统总体结构的基础,应该建立它们之间的内在联系,并可清除在考虑定义和内容时所产生的问题。过程(或功能)和数据类定义好后,可以用过程/数据类表达功能(过程)与数据类之间关系,如表 7-8 所示。这就是 U/C 矩阵表。

表 7-8　初始 U/C 矩阵表

数据类 功能 (过程)	客户	订货	产品	加工路线	材料表	成本	零件规格	材料库存	成品库存	职工	销售区域	财务	计划	设备负荷	材料供应	工作令
经营计划						U						U	C			
财务规划						U				U		U	C			
资产规模												C				
产品预测	U		U								U		U			
产品设计开发	U		C				C									
产品工艺			U				C									
库存控制														U	U	
调度			U											U		C
生产能力计划				U										C	U	
材料需求				U	U										C	
作业流程				C										U	U	U
销售区域管理	C	U	U													
销售	U	U	U								C					
订货服务	U	C	U													
发运		U	U													
通用会计	U		U							U						
成本会计		U				C										
人员计划										C						
人员招聘										U						

U/C 矩阵是通过一个普通的二维表来分析汇总数据,通常将表的纵坐标栏目定义为数据类(Xi),横坐标栏目定义为业务过程类变量(Yi),将数据与业务过程之间的关系(即 Xi 与 Yi 之间的关系)用使用 U(Use)和建立 C(Creat)表示,按表 7-8 所示的方式进行填写,就得到了初步的过程/数据类矩阵表。

数据准确性分析。在建立了 U/C 矩阵之后,就要对数据进行分析,其基本原则就是"数据守恒原理",也就是说,数据必须有一个产生的源,而且必定有一个或多个用途,可以用完备性、一致性和冗余性三条检验规则进行检测：

完备性——原则上每一列只能有一个"C"和每一列至少有一个"U"，否则，该矩阵是不完备的。如果没有则可能是数据收集时有错；如果有多个，则有两种可能：一是数据汇总有错，误将引用数据的地方认为是数据源；二是数据栏是一个大类数据的总称，需要细化。

一致性——是对具体的数据项/类必须有且仅有一个产生者"C"。如果没有，则一定是调查数据或建立 U/C 矩阵时有误，属于功能、数据划分不当；有多个，则属于功能、数据划分不独立，不一致。

冗余性——不能出现空行或空列，如果出现，则其一，可能是数据项或业务过程的划分是多余的，其二，在调查或建立 U/C 矩阵时漏掉了它们之间的数据联系。

数据项特征分析。如数据的类型、精度及字长，这是建库和分析处理所必须要求确定的；合理取值范围，这是输入、校对和审核所必需的；数据量，这是企业网上分析数据资源和确定设备储存容量的基础；所涉及的业务，这是 U/C 矩阵每一行有"U"或"C"的列号（业务过程），说明每一项业务均需要与之相对应的数据作为决策依据。

定义数据类之后，要与企业过程关联起来，从而进一步定义信息总体结构，同时也要与目前的数据文件连起来已制订出改进计划。

4. 分析企业和系统的关系

为了在全企业范围内了解现存信息系统对企业过程的支持，可以用组织/构成矩阵，在其上以符号注明和过程有关的那些组织正在接受应用系统的支持，如表7-9所示。

表7-9　过程/组织/当前系统矩阵

过程　　组织	销　售				生　产			
	区域销售	销售	行政管理	订货服务	日程安排	能力计划	材料需求	操作控制
总裁		×		/		×		×
CFO		×		/				/
销售副总裁	※	※	※	※	×	×		
订货控制经理								
工程副总裁						×		
生产副总裁					※	※	※	※
工厂厂长					×	×		※

图中"※"表示该组织对该过程是主要负责或决策者；"×"表示该组织对该过程为主要参加者；"/"表示该组织对该过程在某种程度上相关，否则为无关。这个阶段最为关键的是过程/组织矩阵，它标示出某一过程的决策者、主要和次要负责单位，该矩阵可在同管理人员面谈时使用，是面谈的依据。

这项工作的主要目的是了解当前的数据处理工作是如何支持企业的，从而对将来的工作提出建议。因此，必须对目前的组织、企业过程、信息系统和数据文件进行仔细分析，发现不足和冗余之处，明确责任，进一步加深对企业过程的理解。

5. 研究并确定决策者/管理部门对系统的要求

管理部门对系统的要求是 BSP 设计的出发点。主要是通过对 10~20 位高层管理人员进行 2~4 小时的面谈来得到的。面谈的目的有如下几方面：

(1) 核实已经得到的材料，诸如有关职责、目标、关键成功因素以及其他一些重要结论。

(2) 弄清企业未来的发展方向，信息需求，主要障碍和机会。

(3) 确定企业存在的问题，并将其与过程、数据类相联系起来进行考虑。

(4) 提出解决问题的可能办法和确定潜在的效益。

面谈过程可以划分为四个主要阶段：一般准备；针对面谈对象的特别准备；进行面谈；总结和分析每次谈话的结果。

采访的主要问题诸如：你的责任领域是什么？ 基本目标是什么？ 你去年达到目标所遇到的三个最大的问题是什么？ 什么东西阻碍你解决他们？ 为什么需要解决他们？ 较好的信息在这些领域的价值是什么？ 如果有较好的信息支持，你在什么领域还能得到最大的改善？ 这些改善的价值是什么？ 什么是你最有用的信息？ 你如何测量？ 你如何衡量你的下级？ 你希望做何种决策？ 你的领域在最近 3 年内主要变化是什么？ 你希望本次规划得到什么结果？ 规划对你和企业将起到何种作用？ 这是一次开发性的交谈。

6. 评价企业问题

BSP 法采访以后应当根据这些资料来评价企业问题，评价过程的流程图如图 7-19 所示。

根据这个图，第一步将要总结的采访数据汇集到一张表上，如表 7-10 所示。检查前期的工作是否真正完成？

第二步将采访数据分类，确定判断和结论的范畴，即现存系统问题和解；新系统需求和解；以及非 IS 问题。

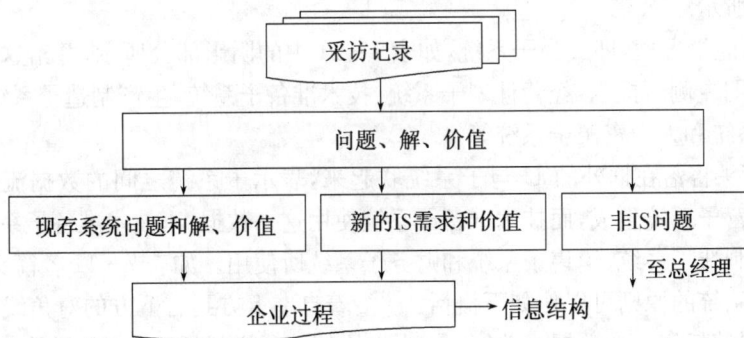

图 7-19　评价企业问题

第三步是根据这些范畴把数据联系起来，用问题/过程矩阵表表示，统计各种问题出现的频率。

第四步就是将判断和结论形成文件。

表7-10 采访数据汇总表

主要问题	问题解	价值说明	信息系统要求	过程/组影响	过程/组起因
由于生产计划影响利润	计划机械化	改善利润 改善顾客关系 改善服务质量和供应	生产计划	生产	生产
······	······	······	······	······	······

7. 设计信息系统总体结构,确定子系统开发的优先顺序

信息系统总体结构是企业长期数据资源规划的一种图形表达方式,它是企业现在和将来信息系统开发和最终运行的系统所遵循的蓝图。

在这一阶段中,研究组应对企业过程和支持这些过程的数据类进行进一步分析,以确定如何更合理、更有效地管理这些数据对过程进行支持。已经识别出来的数据类可以按逻辑关系组成数据库,这时管理信息系统就成为一个工具,它对数据库中的数据进行存取和加工等操作,形成有用的管理信息来支持企业。

定义信息系统结构就是划分子系统,在过程/数据类矩阵的基础上,就可以划分子系统结构,其具体步骤如下:

(1) 调整过程/数据类矩阵

1)"过程"这一列按功能排序,每一功能组中按资源周期的四个阶段排列。所谓功能组就是指同类型功能的集合,如"技术准备"功能组所包括的产品预测、产品设计与开发、产品工艺等功能(过程)就属于同类功能。

2)排列"数据类"行,在表7-8的基础上,将数据类进行必要的调整:如"过程"行上有C(表示此过程生成的数据类),则将相对应的数据类左移,使得矩阵中C最靠近主对角线。调整过程也是过程与数据类关系的合理性检查。经调整后得到的过程/数据类矩阵如表7-11所示。

3)画功能组方框,即成为子系统,如表7-11中的阴影部分所示,并给这些子系统命名。如矩阵图左侧所提示:经营计划子系统、技术准备子系统、生产制造子系统、销售子系统、财务子系统和人力资源子系统等。

4)用箭头将落在框外的U与子系统联起来,表示子系统之间的数据流。如数据类"计划"由经营子系统生成,而技术准备子系统使用这一数据类;技术准备子系统所生成的数据被生产制造子系统、销售子系统和财务子系统所使用。如表7-11各箭头所指引的。

划分子系统的原则可以作如下概括:① 沿着自左上方到右下方的对角线一个接一个的划,不要漏掉任何一个数据或功能;② 小方块的划分应包括所有的"C"元素。但是如何具体划分,这需要根据实际情况以及分析者个人的工作经验、习惯和企业的组织结构来决定。子系统划分之后留在小方块(子系统)之外的"U"元素,这就是今后子系统之间的数据联系,即共享的数据资源。

表 7-11　调整后的过程/数据类矩阵表

功能（过程）		计划	财务	产品	零件规格	材料表	材料库存	成品库存	工作令	设备负荷	材料供应	加工路线	客户	销售区域	订货	成本	职工
经营计划	经营计划	C	U													U	
	财务规划	C	U													U	U
	资产规模		C														
技术准备	产品预测	U		U									U	U			
	产品设计开发			C	C	U							U				
	产品工艺			U	C	C	U										
生产制造	库存控制						C	C	U		U						
	调度			U					C	U							
	生产能力计划									C	U						
	材料需求		U	U							C						
	作业流程								U	U	U	U					
销售	销售区域管理			U									C		U		
	销售			U									U	C	U		
	订货服务			U									U		C		
	发运			U				U							U		
财务	通用会计			U									U			U	
	成本会计														U	C	
人事	人员计划																C
	人员招聘																U

（2）确定子系统实施的优先顺序

主要根据企业目标和技术约束条件来确定，原则如下：

1）子系统需求程度与潜在的效益评估。评估准则如潜在效益、对企业的影响以及迫切性等。在定性评估基础上，再利用专家评分法进行定量评估。

2）对表 7-11 进行分析，在考虑数据共享的基础上，再考虑数据的重要性及关联性，有较多共享数据的子系统优先开发。

由此，U/C 矩阵的应用可以归纳如下：① 通过对 U/C 矩阵的正确性检验及时发现前一阶段分析和调查工作的疏漏和错误；② 通过对 U/C 矩阵的求解过程最终得到子系统的划分；③ 通过子系统之间的联系（"U"）可以确定子系统之间的共享数据；④ U/C 矩阵除了作为活动实体分析、功能/数据分析等之外，还可以用于其他的管理领域。如将工作岗位/人员编制放入矩阵中求解，其结果就是企业管理部门的岗位定编。

四、三种方法比较

CSF 法：抓住主要矛盾，使目标的认识突出重点，与传统的方法衔接比较自然，容易被高层接受，最有利于对管理目标的确认。

SST 法：可以将各个层次人员的要求都转换成为信息系统目标的结构化方法，能够保证目标比较全面，但是对重点突出不如 CSF 法。

BSP 法：虽然首先强调目标，但是没有明显的目标引出过程。它是通过管理人员酝酿"过程"引出系统目标，企业目标到系统目标的转换是通过组织/系统、组织/过程以及系统/过程矩阵的分析得出的。这样可以定义出新的系统以支持企业过程，也是把企业的目标转化为系统的目标，所以说，识别企业过程是 BSP 战略规划的中心，但是，U/C 矩阵并不是它的中心内容。

将上述三种方法组合起来称之为 CSB 法，即用 CSF 法确认企业目标；用 SST 法补充完善企业目标；用 BSP 法对企业目标进行校核，并确认信息系统结构

第四节　开发管理信息系统的方法

开发管理信息系统的具体方法很多，但归纳起来可以分为结构化系统开发方法、原型化开发方法、面向对象开发方法和 CASE 开发方法。

一、系统开发应遵循的原则

系统开发应遵循的原则一般包括如下内容：

（1）领导者参加的原则。对于如此庞大的系统工程如果没有领导者出面组织力量和通力协调，是不可能成功的。

（2）优化与创新的原则。管理信息系统的开发不是对旧式管理模式的模拟。

（3）充分利用信息资源的原则。也就是尽可能地实现数据共享，减少系统的输入和输出，对已有的数据、信息作进一步的分析处理，以便充分发挥深层次加工信息和作用。

（4）适用和时效的原则。即要求从制定系统开发方案到最终的信息系统都必须是适用的、及时的和有效的。

（5）规范化原则。即要求按照标准化、工程化的方法和技术来开发系统。

（6）发展的原则。要充分考虑到组织和管理模式可能发生的变化，使得系统具有一定的环境适应能力。

二、开发前的准备

开发前的准备工作一般包括以下几个方面：

（1）基础准备工作。

只有在合理的管理体制、完善的规章制度和科学的管理方法之下，管理信息系统才能发挥其应有的作用。

① 管理工作要满足科学化,具体方法要达到程序化、规范化。

② 做好基础管理工作,严格计量程序、计量手段、检测手段和数据统计分析渠道。

③ 数据、文件、报表的统一化。

（2）人员准备。

① 领导是否诚意参与开发是确保系统开发能否成功的关键因素。

② 建立一支由系统分析员、相关管理岗位的业务人员和信息技术人员组成的研制队伍。

③ 明确各类人员(系统分析员、企业领导、业务管理人员、信息技术人员、数据录入人员和系统操作员等)的职责。

（3）借鉴同类系统的开发经验,减少不必要的时间和资源浪费。

（4）选择适合本企业实际的开发方式。依靠企业自身技术力量自行开发;将开发任务承包给某组织进行委托式开发;同类企业或与科研院所或高校联合开发。

（5）确定系统目标、开发策略和投资金额。

三、结构化系统开发方法

结构化系统开发方法(Structured System Development Methodlogy,亦称结构化系统化分析与设计,SSAD,Structured System Analysis and Design),属于生命周期法。

1. 结构化系统开发方法的基本思想

（1）系统工程的思想。

（2）工程化的方法。

（3）用户至上的原则。

（4）结构化、模块化、自顶向下地对系统进行分析和设计的原则。

2. 结构化系统开发方法的特点

（1）建立面向用户的观点。起点与归宿在于用户满意、精诚合作、科学合理。

（2）结构化、模块化、自顶向下整体性的分析与设计和自底向上逐步实施的系统开发过程。

（3）深入调查研究。强调在系统开发之前深入实地详细调查研究,弄清企业实际业务处理的每一个细节,然后进行分析,制定出科学合理的新系统设计方案。

（4）严格区别工作阶段。无论是六个阶段十九步骤还是四个阶段八个步骤,实质是一样的,只是人们认识问题的微细差异问题。

（5）充分预料可能发生的变化—系统的动态性、变化的来源,强调新系统对环境变化的适应能力,也就是生命力。

① 周围环境发生变化。外部组织结构、传递渠道、国家政策、法规。

② 系统内部处理模式发生变化。管理体制,工艺流程。

③ 用户的要求发生变化。快速支持的增加,理解的加深。

（6）开发过程工程化。每一步都必须按照工程标准规范化、文档资料也要求标准化、文献化。其意义如下:

① 严格设定技术资料档案,便于维护、更新。

② 建立统一的资料,可避免混乱,保证工作一致性。

③ 便于系统研制人员能够及时发现问题、总结经验、自我反馈、弥补缺陷。

3. 结构化系统开发方法开发的一般进程

结构化系统开发方法开发的进程有六个阶段十九步骤和四个阶段八个步骤之说,但其实质是一样的,它们之间的比较列于表7-12所示。具体内容将在以后的系统分析、系统设计与系统实施各章中详细介绍。

表 7 - 12　SSAD 的两种表示方式及其关系

6 阶段 19 步法	4 阶段 8 步法
1. 系统请求阶段	1. 可行性研究阶段
系统开发请求(问题提出)	系统开发请求(问题提出)
2. 系统规划与初步调查	初步调查
现行状态及可用资源的初步调查	可行性分析
可行性分析折研究与可行性报告	(评价——修改、中止、通过)
3. 系统分析阶段	2. 系统分析阶段
现行系统组织结构分析与业务功能分析	详细调查
业务流程分析	
数据及数据流程分析	
功能/数据分析	新系统逻辑设计
提出新系统的逻辑模型(新方案)	(评价——修改、中止、通过)
4. 系统设计阶段	3. 系统设计
总体结构设计	新系统物理设计
代码设计	
文件/数据库设计	
I/O 设计	
模块结构与功能设计	
处理过程设计(人机界面设计)	(评价——修改、中止、通过)
5. 系统实现阶段	4. 系统实现
程序设计	系统实施
人员培训	(验收)
数据准备与系统调试	
6. 系统运行阶段	系统运行与维护
系统运行与维护	
系统运行效果评价	

4. 缺点（生命周期法）

(1) 用户与系统研制人员之间的思想交流不直观。

(2) 开发过程复杂。

(3) 所使用的工具落后。

(4) 开发周期较长。

(5) 不能较大范围的适应外部环境的变化。

四、CASE(Computer Aided Software Engineering)方法

严格地说，CASE 实质上是一种开发环境，而不是一种开发方法。CASE 工具是把原先由手工完成的开发过程转变为以自动化和支撑环境支持的自动化开发过程，能够全面支持除系统调查之外的每一开发步骤。因此，CASE 方法具有如下特点：

(1) 解决了从客观对象到软件系统的映射问题，支持系统开发的全过程。

(2) 提高了软件的质量和软件的重组性。

(3) 加快了软件的开发速度。

(4) 简化了软件开发的管理与维护。

(5) 自动生成开发过程中的各种软件文档。

(6) 此种方法目前尚缺乏统一的模式和标准。

五、原型法(Prototyping)

1. 定义过程

一开始就凭借着系统分析人员对用户要求的理解，在强有力的软件环境支持下，给出一个实实在在的系统模型（或称原型）。这个模型大致表达了系统分析人员对当前用户的理解和未来系统实现后的形式，双方一道，对此模型进行评价：① 模型是否准确地反映了信息系统的工作过程；② 模型是否满足用户要求；③ 模型的应用环境以及输入输出形式是否合适；④ 进一步的要求和改进根据评价结果，再对模型进行修改，周而复始直到满意为止。

这是在交互中完成的迭代过程。迭代前检查：用户对模型进行验收；总体检验，找出隐含错误；检验用户满意度。迭代后检查：检验功能的正确度与满足度；测试思路与提出建议；改善用户/系统界面。

2. 原型法的工作流程

工作流程如图 7-20 所示。

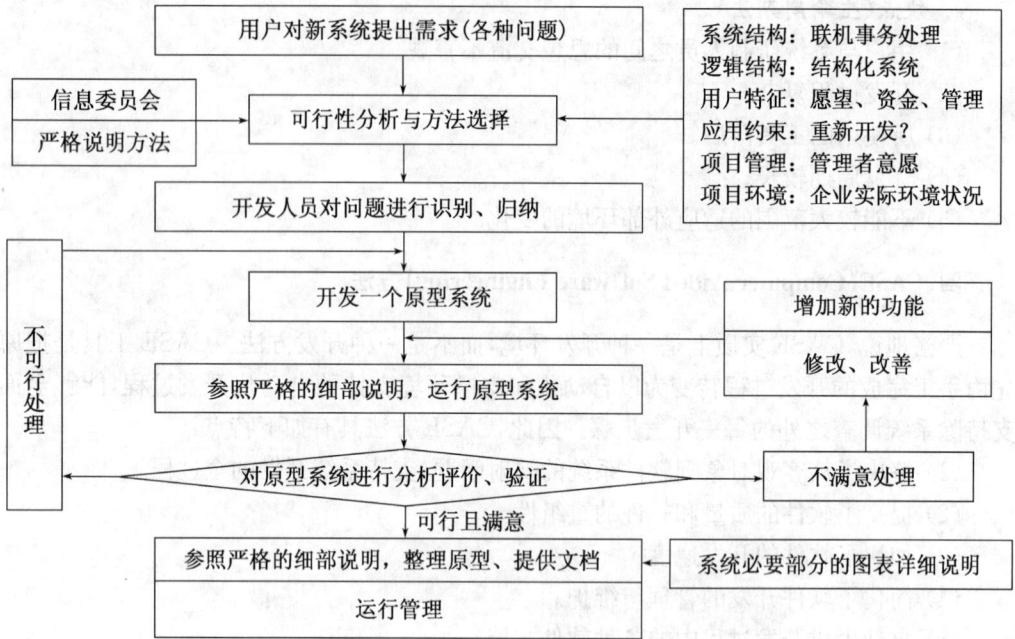

图 7-20　原型方法工作过程示意图

3. 与结构化系统方法相比原型法的显著特点

（1）从认识论的角度来看，原型法更多地遵循人们认识事物的规则，容易被人们所接受。主要表现在：① 人们认识一个事物都不可能一次就完全了解，并把工作做得尽善尽美；② 认识与学习的过程都是循序渐进的；人们对于事物的描述，往往易受环境的启发而不断扩展趋于完善；③ 人们评价当前事物比描述设想中的事物更容易，改进比创造更容易。

（2）原型法将模拟（仿真）的手段引入系统分析的初级阶段，沟通了人们之间的思想，缩短了用户与分析员之间的距离，解决了结构化方法中最为困难的一环。表现在：① 所有问题的讨论与展开均围绕一个确定的模型（原型）展开，消除了彼此之间存在的误解与答非所问的可能性，为准确认识问题创造了条件；② 在原型的基础上，进一步启发人们的设想，发掘与描述有明确对象（如同案件侦破中对嫌疑犯脸谱的拼补），使研制人员与用户均融合于同一环境中（原型）；③ 该原型能及早暴露系统实现后潜在的问题，促使人们在系统实施之前就加以解决。

（3）为人们准确地认识所创造了条件。因为：① 讨论对象是双方确认的；② 讨论所的标准是统一的；③ 信息的反馈是及时的。

（4）充分利用最新的软件工具，提高了系统的环境适应性，提高了开发效率，节约了开发费用。

（5）该方法将传统的系统调查、系统分析、系统设计三个阶段融为一体。

4. 原型法所需的软件支持环境

原型法所需的软件支持环境：① 要有一个方便灵活的关系数据库系统（RDBS）；

② 一个与 RDBS 相对应的、方便灵活的数据字典,具有存贮所有实体的功能;③ 一套与 RDBS 相对应的快速查询系统,能支持任意非过程化的(即交互定义方式)组合条件查询; ④ 一套高级的软件工具(如 4GLs 或信息系统开发生成环境)用以支持结构化程序,并允许采用交互的方式迅速进行程序书写和维护,并产生任意程序语言的模块(原型);⑤ 一个非过程化的报告/屏幕生成器,允许设计人员详细定义报告/屏幕样本以及生成内部联系。

5. 原型法的缺点

原型法的缺点表现在:① 对于大量运算、逻辑性较强的程序模块模型难以构造成; ② 对于原基础管理不善、信息处理混乱、工作对象不清、环境混浊很难构造模型;③ 对于一个批处理系统,其大部分是内部处理过程,有一定困难。

6. 原型法典型案例——螺旋式开发方式

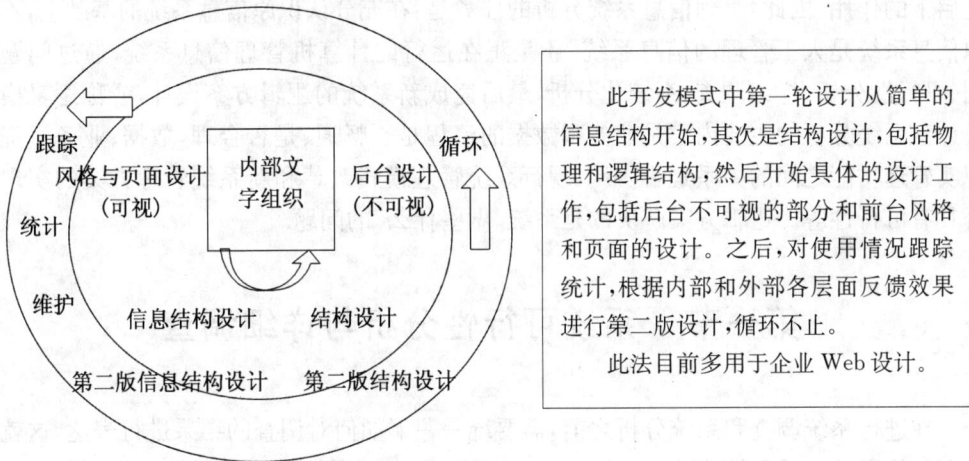

此开发模式中第一轮设计从简单的信息结构开始,其次是结构设计,包括物理和逻辑结构,然后开始具体的设计工作,包括后台不可视的部分和前台风格和页面的设计。之后,对使用情况跟踪统计,根据内部和外部各层面反馈效果进行第二版设计,循环不止。

此法目前多用于企业 Web 设计。

图 7-21　螺旋式开发方式

六、面向对象方法(Object-Oriented Method)

产生于 20 世纪 60 年代,面向对象方法以类、类的继承、聚集等概念描述客观事物及其联系,以对象为中心,为管理信息系统的开发提供了全新的思路,在下篇的第十一章中详细讨论。

复习思考题

1. 解释企业的战略规划与企业信息系统战略规划之间的关系。
2. 解释 MIS 战略规划的步骤。
3. 描述并理解制定管理信息系统战略规划的三种方法。
4. 论述企业重组与企业文化之间的关系。
5. 分析并比较结构化方法与原型法的优劣,解释其流程。

第八章　管理信息系统的系统分析

　　无论是企业(公司)的运营管理或是政府及其各个职能部门的管理,都是一个错综复杂的大过程,要在一个简单的形式中或几张图纸上描述它、认识它,是绝对不可能的。管理信息系统就是要详细地描述这个大过程,我们最可称道的法宝就是将它分解为若干个简单的小过程(子系统)——各个击破,将复杂问题简单化,即由整体到局部、再由局部返回到整体,详细描述它们之间的内在联系和特定的逻辑关系,分层分级认识它,为各级管理者提供必需的和必要的辅助决策依据。系统分析上接总体规划,下联系统设计,具有承上启下的作用,因此,管理信息系统分析的任务是:在充分认识原信息系统的基础上,不管原信息系统是人工管理的信息系统,还是正在运行的计算机管理信息系统,通过问题识别、可行性分析、详细调查、系统化分析,最后完成新系统的逻辑方案设计,或称逻辑模型设计。系统分析的主要内容是业务和数据的流程是否畅通、是否合理,数据、业务过程和现实管理功能之间的关系是否协调,现行系统管理模式改革和新系统管理方案的实现是否具有可行性等。逻辑方案解决的是系统"做些什么"的问题。

第一节　系统可行性分析与详细调查

　　在进行系统调查和系统分析之前,需要统一一下如何对调查的结果进行表达,这就是我们常使用的工具系统描述(System documentation)。系统描述是了解设计、装置、操作和评估特定信息系统的重要工具,即依据不同方式书面描述既定信息系统的内部构成要素、处理步骤、资料流程及各种相关资料或记录的形式、生成与存储。虽然各个组织的信息系统具有不同的结构与运作方式,但标准化的系统描述技术方法是顺利进行系统开发的必要手段。

　　在进行可行性分析与详细调查、系统设计以及系统实施的过程中,以及本教材中我们将根据需求不同,采用了不同的描述方式。

一、系统描述的作用

　　系统描述具有不同形式,包括文字描述(Narrative documentation)或图形描绘(Picturial documentation)。前者以文字说明描绘各个交易处理系统的作业流程,诸如作业程序手册或是资料储存说明;后者则是应用一定的图形符号描绘既定系统内部的处理步骤和资料传导流程。文字描述有其使用价值,多数组织亦仍然采用,但是,相对而言,图形描绘提供对既定系统的形象化描述,使用少量的图形符号,简明扼要地勾画出既定系统的结构、目的与作业原理,以及资料的输入、储存、传导与输出,简便易懂,因此有着更为广泛的应用。所以本章将侧重介绍图形描绘方法。

　　系统描述之所以重要,在于其传导关于既定信息系统的知识,有助于不同使用者,如会计人员、审计师,以及系统分析与设计人员理解、开发及应用所需的信息系统。具体地说,系统描述有着下述几方面的作用:

　　(1) 提供既定信息系统的"轮廓"或"概貌",不仅直观形象,而且完整全面,有利于系统分析与设计人员掌握拟开发或更新系统的构成要素及其作业流程,避免遗漏,减少设计误差,提高系统开发的效率。

　　(2) 有助于系统使用者正确理解及执行相应职能作业。由于系统描述记录列示各项作业的处理步骤、所需资料、处理结果及其输出流向,不同的使用者,诸如客户订单处理职员、销售物品发运员、会计人员及计算机系统操作员等,均可通过系统描述记录,明确各自职责及其与其他职能或处理步骤之间的关系,避免产生不同的判断或误解,并且各司其职,增进不同作业步骤之间的协调,共同完成既定系统的目标。

　　(3) 有利于对新员工的培训。因经营规模扩展或是替补离职员工,企业时常需要增聘新员工,并且必须对新员工举办上岗前的培训。系统描述记录为各个交易系统及其子系统的形象化"概貌",简明直观,便于讲解示范,更容易理解,可以有效实现培训目的。

　　(4) 通过系统描述记录,亦有助于评估系统的运作效率和效果。例如,会计人员及内外部审计师时常要作为信息系统的评估者,分析系统的功能是否健全。依据系统描述记录,可确定不同处理步骤以及相关资料流动传导之间的逻辑合理性,辨识现存或应有的控制机制,分析相应的控制弱点或风险,以便提出系统改进建议,提高评估效率及评估结论或建议的适当性。

　　任何系统均包括输入、处理和输出三大部分功能,系统描述记录亦可相应地分为不同种类与内容:一些侧重于系统的输入与输出,另外一些侧重于系统内部的处理步骤和资料的组织管理。一般而言,一个典型信息系统应当包括的系统描述记录可如图8-1所示。

　　虽然与输入和输出相关的描绘记录属于完整的系统描述记录的构成要素,本章侧重论述关于资料结构与管理及处理过程的系统描述方法。

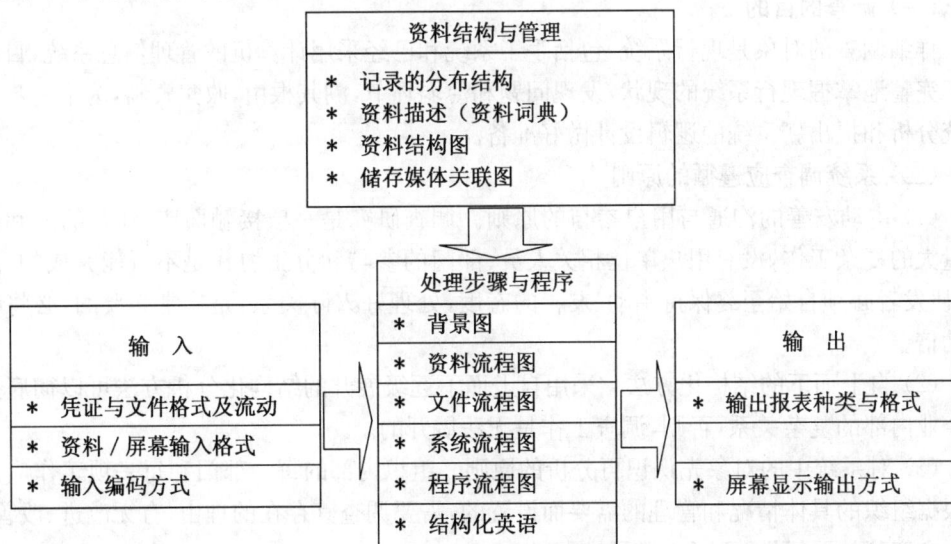

图 8-1　信息系统描述记录的种类

二、系统分析的目的

系统分析的原因就在于原系统肯定存在严重不足,分析的目的在于明确应用项目开发的必要性和可行性。必要性来源于实现开发任务的迫切性;可行性取决于实现应用系统可供利用的资源和约束条件,以及效益性和合理性。因此,系统分析的目的一般可以总结为以下几点:

(1) 对企业的现行系统的内部组织结构、管理状况和信息处理流程进行详细调查与精确的描述,侧重于业务全过程。

(2) 设计出不同的系统开发方案,论证与确定最佳的系统开发方案,并充分考虑其优点与局限性。

(3) 描述最佳系统开发方案的逻辑规则,说明最佳系统开发方案的实体需要,比如资料的提供以及用户的需求等。

(4) 编制系统设计和系统实施阶段的费用预算,以供高层决策者决策。

三、可行性分析与可行性分析报告

可行性分析的目的在于明确应用项目开发的必要性和可行性,是系统分析中重要组成部分,的具体内容已经在下篇的第二章中介绍,这里不再赘述。

在完成可行性分析之后,需要提交一份可行性分析报告,其主要内容包括:① 系统简述;② 项目的目标;③ 所需资源、预算和期望效益;④ 对项目可行性的结论。

结论中应明确说明:① 可以开发;② 改进原系统;③ 目前不行,推迟到某些条件具备时再开发或尚不具备基本条件,不宜开发。

分析报告须经最高决策者批准之后,才能进入实施阶段。

四、详细调查的目的、原则与方法

(一)调查的目的

详细调查的对象是现行系统,包括手工系统和已经采用计算机的管理信息系统,目的在于完整地掌握现行系统的现状,发现问题和薄弱环节,溯其根由,收集资料,为下一步的系统分析和提出新系统的逻辑设计做好准备。

(二)系统调查应遵循的原则

(1) 主动友善的沟通与用户参与的原则。调查研究是一项接触面广、涉及的人和部门量大的复杂工作,没有用户单位相关人员、部门的参与和分工协作是不可能完成的,因此,研发者必须自始至终保持主动、友善的态度,处理好人际关系,是非常必要的,必将事半功倍。

(2) 自上而下的结构化方法。采用自上而下逐级展开的结构化分析方法可以彻底搞清企业内部的复杂关系,否则,调查工作是无法展开的。

(3) 对系统中的对象先认识再分析的原则。组织内部的每一部门和每一项工作应该是根据组织的具体情况和管理的需要而设置的,需要调查其存在的理由,有无改进、改善、优化和变革的可行性,不可一揽子推翻。

（4）工程化地组织工作过程的原则。也就是将工作中的每一步工作均事先计划好，对多个人的工作方法和调查所使用的表格、图例都统一规范化，以便群体之间都能够相互沟通。另外，所有规范化的调查结果（如表格、问题、图、所收集到的报表等）都应整理归档，以便进一步使用。

（5）点面结合展开调查。如果在近期内只需要开发组织内部某一局部的信息系统，如财务信息系统，就必须坚持全面铺开和重点调查的方法，即在全面调查的基础上，重点放在财务部门的业务上。

（三）调查的方法

（1）采用 CSF（关键成功因素）方法。列举出若干可能的问题，自顶而下，尽可能全面地对用户进行提问，然后分门别类地对询问的结果进行归纳，找出其中真正关系到此项工程成败的关键成功因素。

（2）全面业务需求分析的调查法。采用的是 BSP 方法中给出的调查表，对企业管理岗位上的工作人员进行全面需求调查（填表），然后分析整理这些图表，逐步理出具体的业务流程。

（3）信息量的问卷调查。首先应收集现有的各种报表等信息载体，对系统内部信息有个初步了解，然后再发调查表，调查有关信息输入、输出和贮存的数量，如表 8-1 所示。

表 8-1 业务文件/报表调查表

报表/文件名称：					共　　页		第　　页	
编制人：	使用频率：				数据库	中文	英文	合计
输出方式：	保留期：							
文件编制频度	最多	最少	平均	来源	使用者	可能变动情况		
						份数		
						传递部门		
数据项说明								
序号	数据项名称		描述	取值范围		来源	备注	
1								
……								
n								
填表人：				日期：				
附空白报表编号：								

（4）深入实际的调查方式。带着初步分析问题,深入具体工作岗位,实干一段时间,弄清详细的业务和数据流程以及具体工作细节,弄清问题所在,并解决之。

（四）详细调查的范围。

（1）企业的所有外部环境状况。

（2）组织目标和发展战略、组织机构和业务功能。

（3）业务流程与工作形式、工艺流程和产品构成、数据与数据流程。

（4）管理方式和具体业务的管理方法、决策方式和决策过程。

（5）所用资源和限制条件。

（6）现存问题和改进意见。

（五）调查应注意事项

（1）摸清各部门的功能情况、绘制功能结构图和业务流程图。

（2）发现现系统缺少的功能和薄弱环节,提出新系统设想。

（3）充分发挥系统分析员的主导作用。

第二节　系统组织结构与功能分析

信息流是通过人流、物流、资金流产生的,这些流又是在各个组织之间流动,即是以组织结构作为背景。物流由外界流入,进入组织的某一部分,经过加工或处理后,进入组织的另一部分,最后流出,成为系统的最终产品。系统组织结构与功能分析主要有三个部分:组织结构分析、业务过程分析和组织结构之间的联系分析,以及业务功能一览表。

一、组织结构调查

信息流由组织中的各个部分产生出来,经过一定的渠道,从一个管理部门流向其他管理部门,经加工后流向组织的领导,故组织之间存在着千丝万缕的联系,如图 8-2 所示。

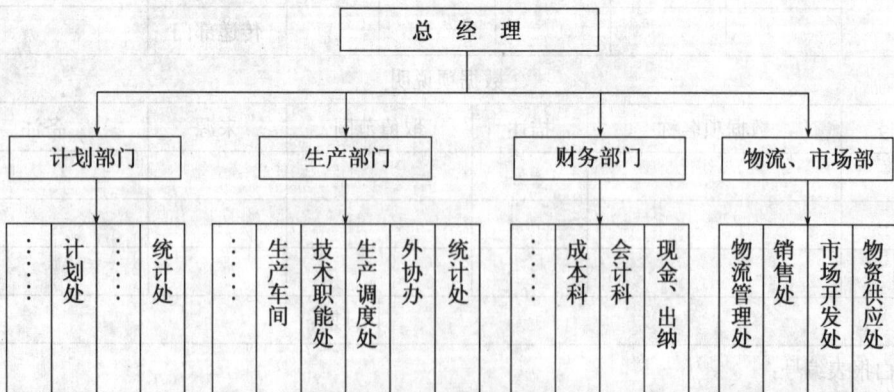

图 8-2　组织结构示意图

组织结构分析通常是通过组织结构图来进行的,是将调查中所了解的组织结构具体地描述在图上。它反映的是组织内部的结构和上下级之间的隶属关系的树状结构图。在进行组织结构调查时,还应该详细调查各级组织的职能和有关人员的工作职责、决策内容、存在问题以及对新系统的要求等。设计一个新的信息系统,实质就是对组织的重新设计,是一次对组织的一种有目的的变革过程。因此,在画组织结构图时应注意:

(1) 应把可能伴随的有信息流的具体地方都标识出来(四种关系:隶属关系、物流关系、资金交换关系、资料传递关系),特别是物流关系,如图8-3所示。

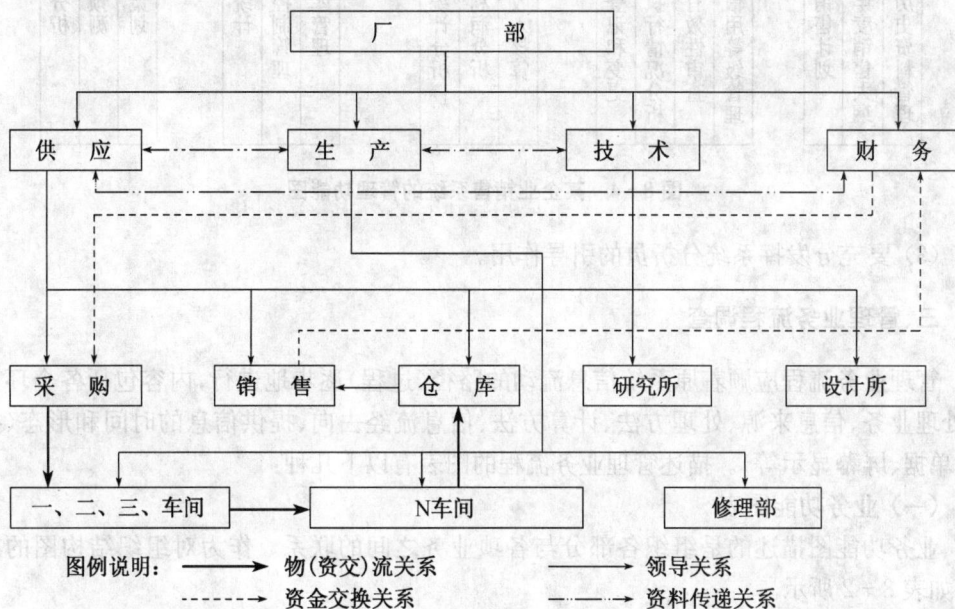

图8-3　组织管理机构内部联系以及与物流之间的关系

(2) 现行组织机构中的行政机构如果与系统无关可以省略,如社团组织。

(3) 带着一定的系统目标调查研究问题,集中考虑与系统目标有关的各种流。

(4) 明确系统的现状、边界与范围。描述的是组织边界的内部具体结构,重点是与信息系统业务有关的各部分。

二、管理功能调查

为了实现系统目标,系统必须具有其特定的功能。所谓功能,就是完成某项任务的能力。因此,调查中经常用功能层次图来描述从系统目标到各项功能的层次关系,如图8-4所示。

功能调查时需要强调如下几点:

(1) 一定要深入用户单位各部门内部,调查各部门所执行的具体功能,以及这些功能如何在部门内部分解成更细的子功能,并绘制在图上。

(2) 通过调查与讨论,发现系统中缺少的或薄弱的功能,思考需要作如何的补充和改进。

```
                        ┌──────────────┐
                        │  销售系统管理  │
                        └──────┬───────┘
        ┌────────────┬─────────┼──────────┬────────────┐
  ┌─────┴────┐ ┌─────┴────┐ ┌──┴─────┐ ┌──┴─────┐ ┌────┴───┐
  │销售计划管理│ │销售合同管理│ │销售核算│ │成品库管理│ │市场预测│
  └──────────┘ └──────────┘ │与统计  │ └────────┘ └────────┘
                            └────────┘
```

| 销售历史资料管理 | 编制年度销售大纲 | 编制销售计划 | 客户信用等级管理 | 合同有效性审查 | 合同执行情况分析 | 合同登记和变更 | 销售收入核算 | 销售利润分析 | 销售统计分析 | 出入库管理 | 库存控制管理 | 库存统计 | 市场策划 | 市场预测 | 市场分析 |

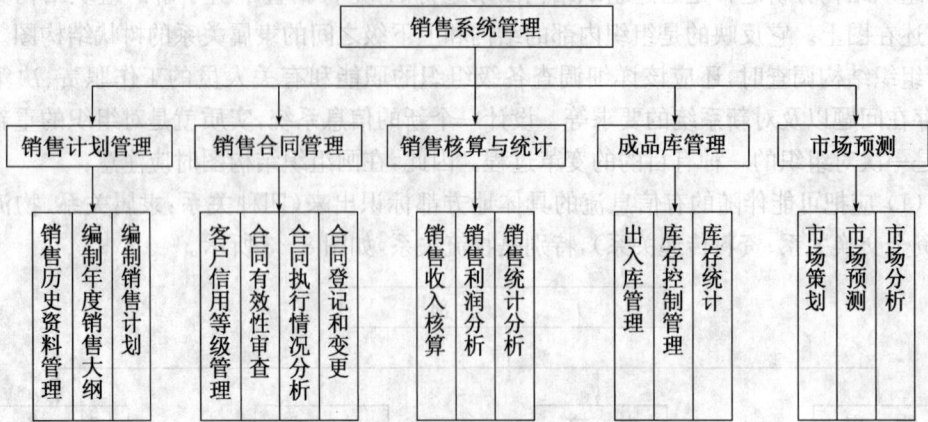

图 8-4 某企业销售系统的管理功能图

(3)要充分发挥系统分析员的引导作用。

三、管理业务流程调查

管理业务流程应顺着原系统信息流动的路径(过程)逐步地进行,内容包括各个环节的处理业务、信息来源、处理方法、计算方法、信息流经去向、提供信息的时间和形态(报告、单据、屏幕显示等)。描述管理业务流程的图表有以下几种:

(一)业务功能图表

业务功能图描述的是组织各部分与各项业务之间的联系。作为对组织结构图的补充,如表 8-2 所示。

表 8-2 某企业的业务联系图

功能	序号	联系程度 组织 业务	计划科	质量科	工艺科	总工室	生产科	供应科	销售科	仓库
功能与业务	1	计划	＊＊			++	++	++	++	√
	2	销售		√					＊＊	++
	3	供应	√				++	＊＊		√
	4	人事								
	5	生产	√	++	√	＊＊	＊＊	++		√
	6	设备更新			＊＊	√	++			

符号说明:＊＊:该业务的主要(主持)单位　　++:参与协调的辅助单位

√:相关业务单位　　　　　　　　　空:与该项业务无关

原则:以功能为准绳设计与考虑系统,该系统对组织结构的变化保持一定的独立性,既对组织的业务有明确的了解,又要避免该业务管理的交叉。

（二）业务流程图（Transaction Flow Diagram，TFD）

业务流程图分析是在业务功能基础上将其细化，利用系统调查的资料将业务过程中的每一步骤有一个完整的图形将其串起来，表示某个具体业务处理过程，在绘制业务流程图的过程中发现问题，分析不足，优化业务处理过程。所以，通过对业务流程调查对其业务流程作深入分析，发现不合理和薄弱环节，明确整个较为适合的新信息系统将要保留的业务流程。

1. 业务流程图

常用的一种称为作业流程图，又称事务工程分析图，如图8－5所示。

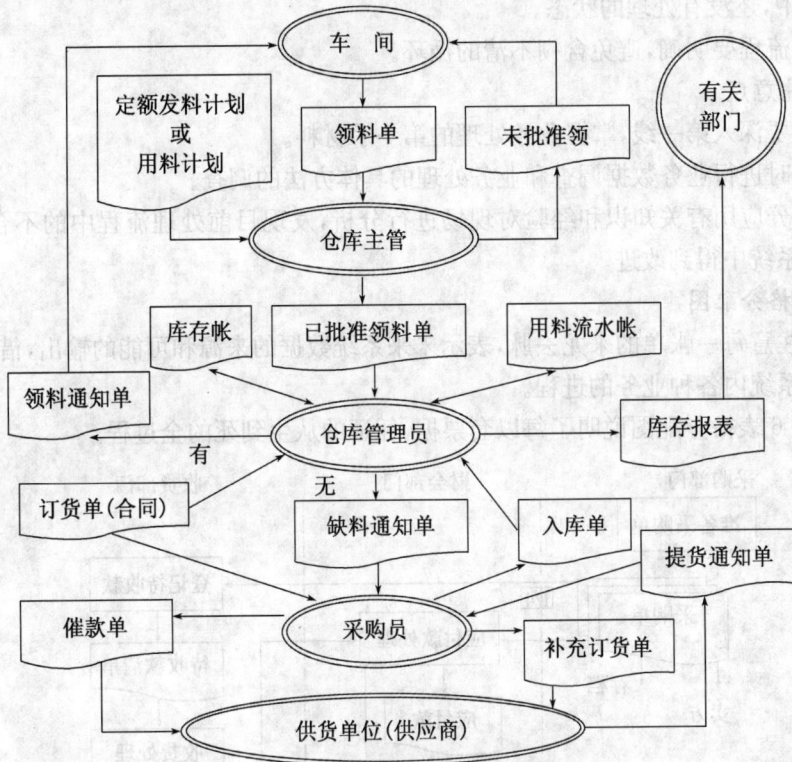

图8－5　某企业物资管理业务流程图

（1）业务流程图特点

① 图的形式是按业务部门划分的模式图。

② 描述的主体是凭证、票据、账单。

③ 票据、账单流动路线与实际业务处理过程是一一对应。

④ 图中票据、账单是有"生"有"死"，即用它的一次生命周期表示出一笔业务的处理全过程。

（2）业务流程图的作用

① 制作业务流程图的过程即为系统分析员全面了解（企业）系统业务处理概况的过程，此图是系统分析员作进一步系统分析的依据。

② 是系统分析员、管理人员、业务操作员相互交流思想的工具。

③ 系统分析员可以直接在业务流程图上拟出可以实现的计算机处理的部分。

④ 可用业务流程图来分析业务流程是否合理。提出新系统的改进措施。

（3）制作流程图的注意事项

① 每种票据,报表要统一编号,如有副本要注明(联号)第几联。如图 8-6 表格分配图所示。

② 同时进行的业务活动要尽量靠近,若实在难以画在一起,要用虚线联上。

③ 一个作业流程中报表是有始有终的,初始状态的报表不一定是空白的,只是指在这笔业务中,还没有处理的状态。

④ 作流程要明确,避免含糊不清的循环。

（4）注意点

① 需要深入第一线,掌握业务处理的第一手材料。

② 同时进行业务数据调查和业务处理的具体方法的调查。

③ 充分应用有关知识和经验对现场进行分析,发现目前处理流程中的不合理部分,以求在新系统中得到改进。

2. 表格分配图

需要注意每一帐单的来龙去脉,表示未来系统数据的来源和可能的输出,借以帮助分析员熟悉系统内各种业务的进程。

图 8-6 表格分配图说明了每以套票据、凭证的从生到死的全过程。

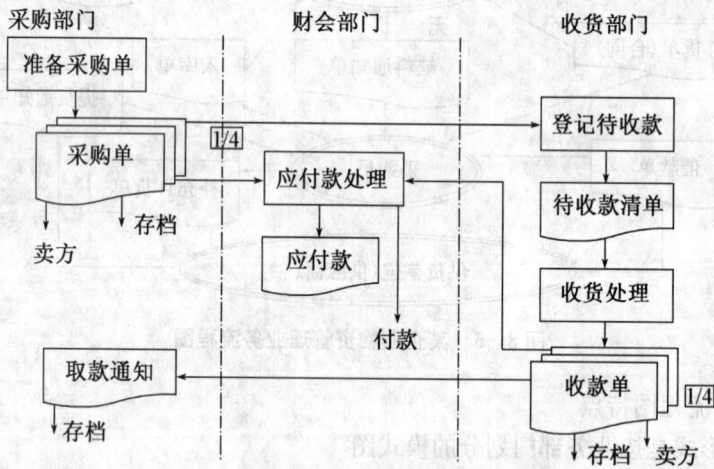

图 8-6　表格分配图

第三节　数据流程调查

管理业务调查中绘制的管理业务流程图和表格分配图表明了管理中的信息的流动和存储过程,仍然建立在物质的基础上,为了使用计算机进行信息的管理,必须舍去物质要素,进行必要的转换,这就是数据流程图。

一、对系统认识的两次飞跃过程

图8-7描述的是对系统认识的两次循环及所采用的工具。

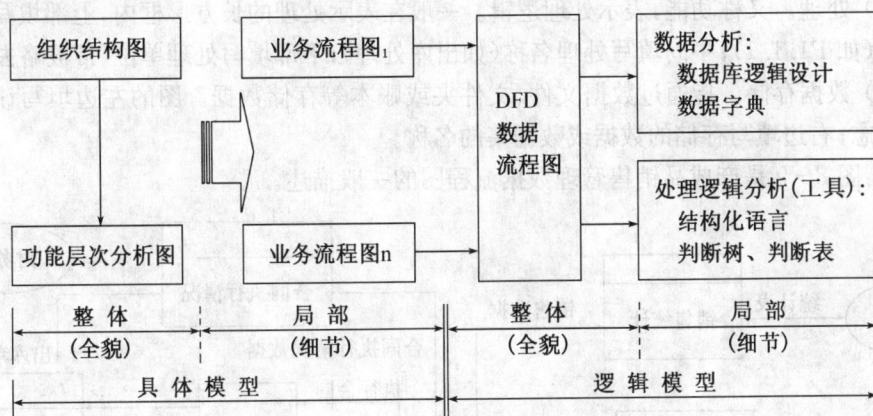

图8-7 对系统认识的两次循环及所采用的工具

二、数据流程图(Data Flow Diagram, DFD)

数据流程图是一种能够全面描述信息系统逻辑模型的工具。它可以综合性地反映出信息在系统中的流动、处理和存储的过程,具有抽象性和概括性。抽象性说明它舍去了具体物质,只剩下数据的流动、加工、储存;概括性说明它可以把信息中的各种不同业务处理过程联系起来,形成一个整体。

它不仅可以用来描述现系统,而且可以用来刻画系统,是系统分析员、用户领导、业务人员间交流思想的有力工具,因此是结构化系统分析最基本、最重要的工具。

(一)数据流程调查过程中收集的资料

(1) 收集原系统中的全部单据(如入库单、收据、凭证)、输出报表和数据存储介质(如账本、清单)的典型格式。

(2) 弄清各环节上的处理方法和计算方法。

(3) 在上述各单据、帐册、报表的典型样本上或用附页注明制作单位、报送单位、存放地点、发生频率、发生高峰时间以及发生量。

(4) 在上述各单据、帐册、报表的典型样品上注明各项数据的类型(数值、字符、日期)、长度、和取值范围(最大值和最小值)。

(二)画流程图常用的符号

图8-8给出了一般绘制数据流程图的符号。

图8-8 数据流程图的符号

（1）外部实体。指本系统（或子系统）之外的实体（人或单位），它们与本系统（或子系统）之间有数据传递关系。

（2）数据流。表示流动的数据。既可以是一组数据（如订货单、扣款数据文件），也可以是对数据文件的操作结果（存储或输出），一般在数据流符号的上方表明数据流的名称。

（3）处理。又称功能，表示处理逻辑。一般在表示处理的长方形框内，上部填写唯一性标识（如 P1.1.1）；中间填写处理名称（如出库处理）；下部填写处理单位（常被略去）。

（4）数据存储。指通过数据文件、文件夹或账本等存储数据。图的左边填写该数据存储标志；右边填写存储的数据或数据集的名称。

例：图 8-9 是产成品销售管理数据流程图的一般描述。

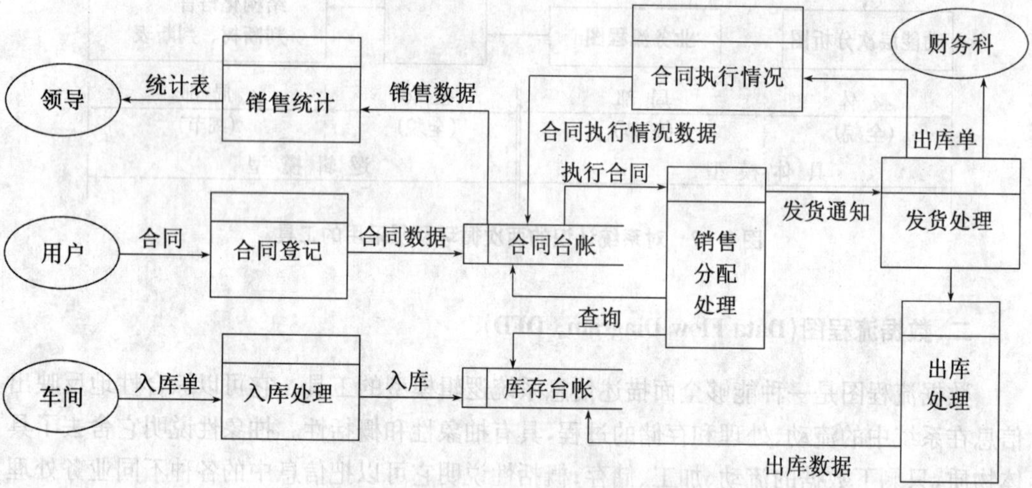

图 8-9　产成品销售管理数据流程图

（三）绘制数据流程图的原则和步骤

1. 由于其庞大而又复杂性，必须采用逐层分解与功能匹配原则

（1）自顶向下，逐层细化原则。即先高层后低层，先整体后局部的认识论。

此举能把握住系统的全局，又能逐步深入到系统的局部；既了解系统每个层次的总情况，又能逐步掌握多层次之内部组成的相互联系。

（2）数据流程图必须与功能层次分析图相匹配，即所绘制的各层数据流程图应实现功能层次分析图中相应层次的功能。

注意：系统在实际工作中不能完成的功能分析图中的某些功能要作特别说明；而系统在实际工作中能完成的某些功能还没有反映到分析图中来是被忽略的。

2. 根据上述原则，绘制数据流程图的具体步骤

确定系统边界与外部项，即根据系统目标确定系统与外界环境的分界线。系统边界确定后，系统外部的数据来源及信息输出的对象就是外部项。

（1）根据系统的外部项标出全部输入，输出数据流形成系统最顶层即第 0 层数据流程图，如图 8-10 所示，此时，取一个高度概括系统功能的名称。

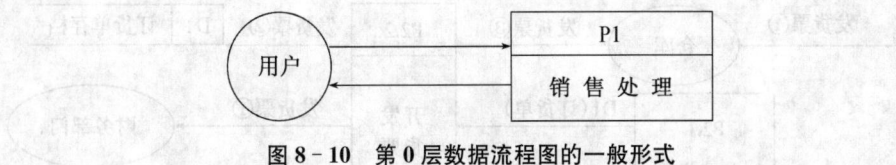

图 8-10 第 0 层数据流程图的一般形式

根据功能层次分析图,将第"0"层数据流程图中笼统的"系统处理"划分为若干个具体的处理逻辑,并根据业务处理设调查时所得到的业务流程确定这些处理逻辑之间的数据传递关系,形成第一个流程图——第一层数据流程图。

注意:对任何一个系统而言,第一层数据流程图只有一张。对系统分析来说,第一层数据流程图是最重要的,它是从整体上反映系统最基本的逻辑功能,为实现这些功能所安排的信息处理流程、系统的组成以及各组成部分之间的关系,以后各层数据流程图只是它的进一步细化。

第一张数据流程图要慎之又慎,经多方反复讨论,协商后确定。

(2) 将第一层数据流程图的每一个处理逻辑进行功能细化,形成第二层。第一层有几个处理逻辑,第二层数据流程图便有几张。

(3) 继续细化,直到把信息处理流程图描述提足够详细为止,即手工操作处理的逻辑细化到一个可以完成、计算机实现处理的细化到一个程序模块可以完成的程度。

3. 需要引起重视的问题

图 8-11 所示为图 8-10"销售处理"的进一步简单分解,当然还可以分解出更多的"处理"。图 8-11 是销售处理被分解后的第二层数据流程图,图中包括三个"处理":

(1) 判断订货处理方式。根据用户的信用情况(查询信用手册)、库存情况(查询库存情况)和购货金额将订货单作如下三种处理方式:

D1:可以赊货,立即发货,修改库存。

D2:等待有货再发货订货单。

D3:要求先付款。

(2) 开发货票。系统作如下处理,发货票为一式四联,分发到仓库、用户、财务和存档。财务按照发货票进行应收账款处理。

(3) 开付款通知单。对于这个处理,应当指出,绘制流程图必须考虑各种特殊情况,其一,如订货单中所订购的某些货物不属于本公司所销售的产成品范围(如关键附件),该怎么办? 其二,查库存帐有货,但库中事实上无货,又该怎么办? 其三,对于缺货情况。应该如何处理?

(四) 数据流程图的用途

(1) 系统分析中使用这种工具可以自顶向下分析系统信息流程。

(2) 可在图上画出需要计算机处理的部分。

(3) 根据逻辑存贮,进一步作数据分析,向数据库设计过渡。

(4) 根据数据流向,定出存取方式。

(5) 对应一个处理过程,使用相应的语言、判断表等工具来表达处理方法。

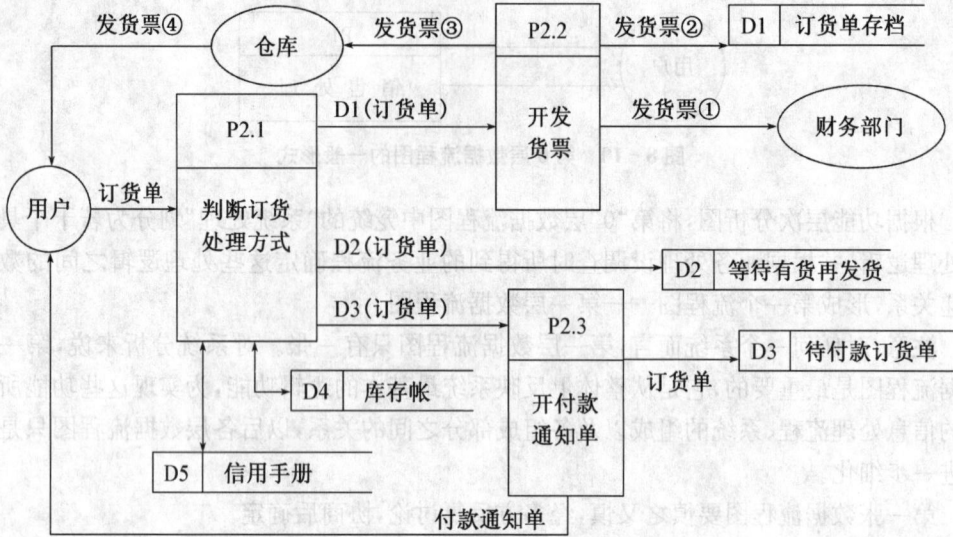

图 8－11　销售系统的主要功能数据流程图(第二层)

(五) 数据流程图的优、缺点

数据流程图的优点体现在以下几方面：

(1) 总体概念强，每一层都明确强调"干什么"、"需要什么"、"给出什么"。

(2) 可以反映出数据的流向和处理过程。

(3) 由于自顶向下分析，容易及早发现系统各部分的逻辑错误，也易纠正。

(4) 容易与计算机处理相对照。

其缺点是：不直观，一般都要在作业流程分析的基础上加以概括、抽象、修正才能得到。如果没有计算机系统帮助的话，人工绘制太麻烦，工作量较大。

第四节　数据字典

由于各种要素的名称、编号及它们之间的相互关系已在数据流程图中描述清楚，为了将数据流程图中组成系统的各基本要素的具体内容与特征也同样完整清晰地表达出来，可采用数据字典这一重要工具。

数据字典(Data Dictionary，DD)是结构化系统分析的又一重要工具，它是以特定格式记录下来的对系统各要素的具体内容的特征所作的完整的定义和说明。因此，数据字典是对数据流程图的重要补充和注释，也是系统逻辑模型的重要组成部分。它在系统分析及其以后的各个阶段中都将产生重要作用。

结构化系统分析所采用的数据字典，不仅用来描述数据流和数据存贮的数据内容和特征，还用于外部项各处理逻辑的描述。

一、数据元素

数据元素也称数据项，是具有独立逻辑含义的最小数据单位，逻辑上是不可再分的数据单位,如 DBASE 中的字段变量、内存变量。对数据元素的定义和说明包括以下条目:数据元素的名称、标识和编号。名称是对数据元素所起的名字(如顾客,GG,502 - 05),为了减少存贮量和便于处理,一般以汉语拼音作标识符(亦可以直接用中文)。

数据元素的名称和标识符在系统中必须唯一,以区别于其他数据元素,要便于理解和记忆,为了便于分类与查找,有时还有统一编号,以 I 开头。

具体包括:

数据项编号:I02 - 01

数据项名称:(为该元素起的名字)材料编号

别　　　名:(该元素的行业习惯用名)材料编号

简　　　述:(数据元素的逻辑含义)某种材料的代码

数据类型:由采用的计算机语言不同而异。如 DBASE　为字符型(C)

取值范围:(是指数据元素可能取的值,如工资 500～8 000 元;性别,男或 M、女或 W;真或 T、假或 F)(本例)"0001"～"9999"

数据项长度:(是指数据元素的值所包括的字符或数字的位数)4 位

从属文件

相关的数据结构或数据流:指出使用该数据元素的数据结构或数据流的名称。

相关的数据存贮或处理逻辑:指出使用该数据元素的数据存贮或处理逻辑的名称。

二、数据结构

一个数据元素只反映事物的单位属性,用几个数据元素则可以描述某事物的综合属性,由若干个数据元素构成的数据组合称为数据结构。如"学生"之综合属性至少由学号、姓名、性别、出生年月、籍贯、民族等若干数据元素组成,这便是"学生"的数据结构。

一般用 DS 表示。为了表示数据结构的数据内容,可使用一些简明符号。

＋:表示若干数据项之和。

[I1/I2/I3]:表示选择若干项中某一项

(　　　):括号中数据项为可选项

{　　　}$_m^n$:括号中数据项重复出现,m、n 分别为重复最小、最大次数。

如:"职工"的数据结构可表示为:

职工号＋职工姓名＋性别＋出生时间＋婚否＋文化程度＋职称＋岗位工资＋所在部门

表 8 - 3　职工的数据结构

数据项名	代码	类型	长度	小数位	取值范围
职工号	BH	字符型	6		
职工姓名	XM	字符型	20		考虑少数民族员工
性别	XB	逻辑型	1		M—男;W—女
出生时间	CSSJ	日期型	8		1 900～2 000
婚否	HF	逻辑型	1		0—未婚;1—已婚

数据项名	代码	类型	长度	小数位	取值范围
文化程度	WHCD	字符型	10		博士,硕士,本科,专科,高中,……
职称	CZ	字符型	10		高级工程师,工程师,技术员
工作部门	BM	字符型	20		
岗位工资	GWGZ	数值型	12	2	600≤岗位工资≤3 000 元

财会的明细账数据结构:

科目代码+科目名称+合计+{日期+凭证号+摘要+借方金额+借或贷+金额}

若数据结构的组成中包含一个或几个其他数据结构,则称为嵌套的数据结构,在MIS中,由于管理对象的复杂性、嵌套的数据结构是经常出现的,如:

销售合同的数据结构:

合同编号+订货日期+用户+产品+订货数量+交货期

其中用户与产品均是一个数据结构,在一个订货合同上可以订购几种产品,销售合同是一个嵌套的数据结构。

对数据结构的定义和说明包括以下内容。

数据结构的名称、标识符:

标号、编号:以 DS 开头。

简述:说明该结构的有关信息或用途

数据结构的组成:元素名和/或组合数据结构名

相关的数据结构或数据流:与本结构相关的数据流名称

相关的处理逻辑或数据存储

例:用户订货单的数据结构

表 8-4　用户订货单的数据结构

DS03-01:用户订货单		
DS03-02:订货单标识	DS03-03:用户情况	DS03-04:配件情况
I1:订货单编号	I3:用户代码	I10:配件代码
I2:订货日期	I4:用户名称	I11:配件名称
	I5:用户地址	I12:配件规格
	I6:用户姓名	I13:订货数量
	I7:电话	I14:交货日期
	I8:开户银行	
.	I9:帐号	

其数据结构定义为:

数据结构编号:DS03-01

数据结构名称:用户订货单

简　　　　述:用户所填用户情况及订货要求等信息

数据结构组成:DS03－02＋DS03－03＋DS03－04

从属文件

相关的数据结构或数据流:指出使用该数据元素的数据结构或数据流的名称。

相关的数据存贮或处理逻辑:指出使用该数据元素的数据存贮或处理逻辑的名称。

三、数据流

数据流的定义和说明如下:

数据流的名称、标识符、编号、编号以字母 F 开头

简述:作一般说明

数据流来源:可能是一个外部实体、处理逻辑、数据存储

数据流的去向:可以是一个外部实体、处理逻辑、数据存储,也可以有几个去向

数据流的组成:可以是数据元素,也可以是数据结构

流通量:　　　单位时间(小时、天、月、年)内发生的次数

高峰期流通量:它决定系统应具备的处理能力,对于系统有关

实例:

数据流名称:转账凭证、标识符 ZZPZ、编号 F03－01

简述:基础数据,由供应厂发来货物时的收款凭证

数据流来源:财务部门审核员

数据流去向:凭证输入员

数据流组成:日期＋凭证号＋{摘要＋借方科目代码＋借方科目名称＋金额}＋合计＋发货单号＋发货日期＋供应厂＋配件＋发货数量＋操作员＋附件张数

流通量:1 500/月

高峰期流量:每天上午 10:00～11:30 约 15 份/天

数据流的组成中可以包括数据结构,使用中只列出名称或标识符。

四、数据存储(数据文件)

数据存储在数据字典中只描述数据的逻辑存储结构,而不涉及它的物理组织。

数据存储的定义和说明如下:

数据存储的名称、标识符:库存帐,KCZ

编号:编号以字母 D 开。D03－08

简述:存放配件的库存量和单价

流入流出的数据流:即来源(P02)、去向(P03)

数据存储的组成:包括数据元素或数据结构。配件编号＋配件名称＋单价＋库存量＋备注

关键字:配件编号

记录条数:估算数据容量。最多为 $31 \times 500 = 15\ 500$ 条(31 天×500 条/天)

存取频率：单位时间内数据存、取次数，500 次/天

相关联的处理：P02、P03

五、处理逻辑

每一个处理逻辑在系统实现时，将是一个程序段，是对输入数据流进行加工的具体方法。

定义与说明如下：

处理逻辑的名称、标识符：

编号：以字母 P 开头。

简述：简单说明处理逻辑的功能或用途

输入的数据流及其来源：可以是数据存储或数据流。

输出的数据流及其去向：可以是数据存储或数据流。

处理功能（加工逻辑）：一般采用结构化语言简要说明其处理功能和过程，有时亦称加工逻辑。需要说明计算公式、法律和规范依据。

实例：

处理逻辑名称：编制销售统计月报

标识符：XSYB

处理逻辑编号：P01－11

输入数据流：D01－15,D01－14,D01－13

输出数据流：D01－21

处理功能：结存量＝上期结存＋本期收入－本期发出

结存额＝结存量×单价

执行频率：1 次/月

激发条件：月底（结算），即每月一次

出错处理：相对应的文字提示

加工定义：除期末余额计算外，每期期初结存为上期结存量

六、外部项（实体）

定义及说明如下：

外部项的名称、标识符：用户

编号：编号以 E 开头。E03－01

简述：购买本单位产品的用户

相关的数据流：外部项产生的数据流（如订货单）。D03－01

或处理结果传送给它的数据流（如发票）。D03－22

第五节　描述系统处理逻辑的工具

数据流程图中逻辑上比较复杂的处理,数据字典已无力解决,因此判断树、判断表和结构化英语就显得比较重要,是模块说明书或加工说明中经常使用的描述工具。

一、编写加工说明的原则

首先,加工说明对数据流程图中的每一个功能单元必须有一个加工说明;

其次,加工说明必须描述功能单元把输入数据转换为输出数据流的转换原则。

加工说明必须力求完整、严谨且易于理解,每一个加工说明必须描述转换的策略,而不是转换的细节,也就是,描述每个加工"做什么",而不是用程序设计语言来描述具体的加工过程。

二、判断树(决策树)

如果某动作的执行不只是依赖于一个条件,而和若干条件有关,情况就是变得复杂化,此时,采用判断树就比较适宜,如图 8 - 12 所示。判断树(决策树)的左边为树根,从左向右依次排列各种条件,左边条件比右边的优先考虑(优先级别高),根据每个条件的取值不同,树可以产生很大分支,各分支的最右端(树梢)即为不同条件取值状态下采取的行动(策略)。

例:某公司的优惠策略取决于三个条件:年交易额、客户的支付信用及与本公司的业务史,分别采取 90%、95%、98%优惠和不优惠四种策略,可用判断树表示:

其优点是直观、明确,可以看出根据优先条件逐步判断决策过程。

年交易额	支付信用	与本公司业务史	优惠策略
优 惠　≥5万元 策 略　<5万元	最近三个月无拖欠款 最近三个月有拖欠款　≥5年 　<5年	………… ………… ………… …………	90% 95% 98% 100%

图 8 - 12　判断树

三、判断表

与判断树一样,判断表也是一种表达判断逻辑的工具,如表 8 - 5 所示,它以表格的形式给出各种条件的全部组合,以及在多种条件组合下采取行动。当条件的个数较多时,每一个条件的取值有若干个,相应的动作也有很多情况下,使用判断表比判断树更有效更清楚,甚至可以帮助系统分析和发现用户遗漏的要求。

仍然以上述案例列表如下:判断表由四部分组成,左上角为多种条件之组合,右下角为多种组合条件下采取的行动。

判断表要反映所有的部件组合,若 C1,C2,……,Cn 共几个条件,每个条件可能取 S1,S2,……,Sn 个值,则全部组合有 S1 * S2 * ……Sn 个。本例各个条件均取两个值(Y 或 N),故共有 2 * 2 * 2=8 个条件组合,见表 8-4,表中"Y"表示条件成立,"N"表示不成立,"√"表示采取此行动。

判断表列出后,如存在相同的行动(如条件组合 1~2,5~8)应设法将表简化,即尽可能将相同的行动合并,简化后的表在程序实现时更容易。

对本例进行优化处理(使用布尔代数法从略):将第 1~2 条件组合归纳为一类,即优惠为 90%;而第 5~8 条件组合可以简化归为一种情况,即不优惠。

表 8-5　关于优惠策略的判断表

各种条件组合 条件和行动	1	2	3	4	5	6	7	8
C1:交易额>=5 万元	Y	Y	Y	Y	N	N	N	N
C2:最近三个月无拖欠款	Y	Y	N	N	Y	Y	N	N
C3:与本公司交易史>=5 年	Y	N	Y	N	Y	N	Y	N
A1:90%优惠	√	√						
A2:95%优惠			√					
A3:98%优惠				√				
A4:不优惠					√	√	√	√

运用判断表的关键问题有两个:

(1) 在条件较多、且条件可取值较多时,如何表示出全部条件组合而不重复,又不遗漏。

(2) 如何将初始的判断表简化到最简单的程度。

四、结构化语言

结构式语言是专门用来描述功能单元的逻辑功能的规范化语言,它既不同于自然语言,也有别于计算机语言,介于两者之间,可以用汉语表示。

与程序设计的结构相似,结构式语言也允许三种基本结构:顺序结构、分支结构、循环结构。其特点:词汇和语句有限,简洁明确地表达功能单元的逻辑功能。

1. 结构式语言只使用下列三类词汇

(1) 表达处理功能的动词,如计算、输入、打印。

(2) 在数据字典中有定义的各种基本要素的名词或标识符。

(3) 某些逻辑表达式的保留字:如表示条件判断的"如果……则……"、"否则……就……",表示逻辑关系的"与"、"或"等。

2. 结构式语言只允许使用以下四类语句

简单的祁使语句、判断语句、循环语句以及这些语句相互嵌套构成的复合语句。

(1) 祁使语句是指出要做什么事情,它至少包括一个动词,明确指出要执行的动作,后面跟一个名词作表语,表示动作的对象,这些名词应在数据字典中已作过定义。

祈使词句也可以使用必要的算式,如"计算实发工资"、"单价乘以订货数量得到金额(订货金额)"、"将各工种任务工时存 D3"等,应尽量简短明了。

（2）判断语句

判断语句类似于程序设计语言中的条件语句,其一般形式如表8-6所示。

表 8-6　结构化语言与计算机语言比较

结构式语言	PASCAL
如果　条件	IF(布尔表达式)THEN(语句 A)
则　　语句A	
否则　语句 B	ELSE(语句 B)

与程序设计语言相仿,其中的语句 A 和 B 可以是一组祈使语句,也可以是判断语句或循环语句,从而形式条件嵌套。书写形式:相应的保留字应上下对齐,下一层应退后两格,以便层次清楚而容易阅读。

例如:将学生考试成绩由百分制转换为优、良、中、差四级时,表达式:

```
如果   95～100 分
   则   成绩为优
否则   如果   75～94 分
          则   成绩为良
       否则   如果   60～74 分
              则   成绩为中
              否则   成绩为差
```

（3）循环语句

循环语句是指在某种条件下连续执行相同的动作,直到这个条件不成立为止。

例:用结构式语言表达下图中处理逻辑功能。已知各数据存储的数据组成如图8-13所示。

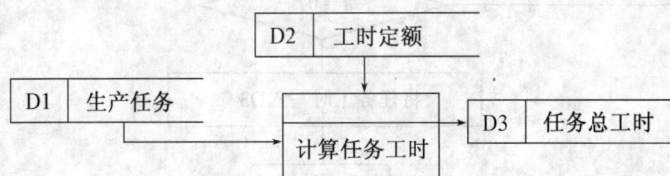

图 8-13　生产任务结构化语言与数据流程图

其中:

D1:零件编号＋生产数量

D2:零件编号＋车工定额＋铣工定额＋钳工定额＋磨工定额

D3:零件编号＋车工时＋铣工时＋钳工时＋磨工时＋总工时

说明:此处理逻辑的基本功能是由 D1 给出的每个零件之生产数量在 D2 中找到相应

的加工工时定额,计算出各工种的任务工时,累计为总工时,连同零件编号存 D3。

上述功能用结构式语言表达如下:

对"生产任务"D1 中每个零件

(1) 根据零件编号在"工时定额"D2 中找到相应的加工定额。

(2) 将(车、铣、钳、磨)工时定额分别乘生产数量,得到车(铣、钳、磨)各工序工时。

(3) 将车、铣、钳、磨工时相加得总工时。

(4) 将零件编号、车工时、铣工时、钳工时、磨工时及总工时存"任务总工时"D3。

其程序流程图如图 8 - 14 所示。

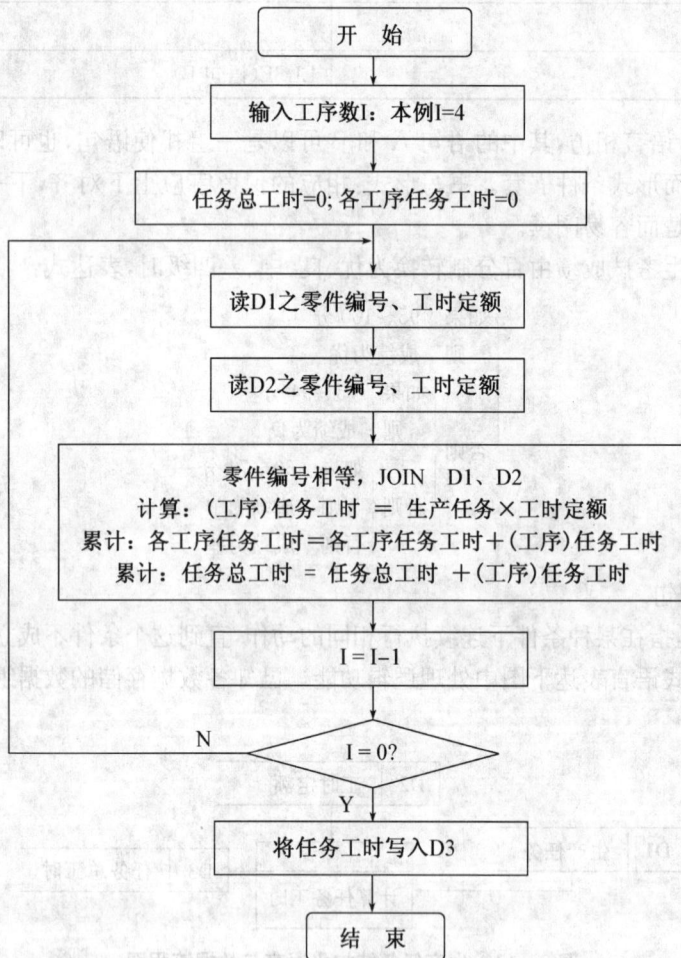

图 8 - 14　生产任务的程序流程图

第六节 系统化分析

在对原系统组织结构、功能、业务流程、数据及数据流程等进行详细调查的基础上进行系统化分析，是提出新系统逻辑模型的重要步骤。通过对原系统的调查与分析，找出原系统业务流程和数据流程存在的不足与薄弱环节，提出优化和改进的方法，给出新系统所要采取的信息处理方案，是系统分析的主要任务。

一、改进系统功能的基本途径

由于行业与企业状态的千差万别，MIS 没有特定的模型，因此，原系统功能的改进，也只是具体情况分析，靠系统分析员合理的知识结构和从事系统开发的各级企业决策者的开拓胆略及事业精神。但基本途径不外乎如下七点：

1．使企业由原来的开环系统转变为具有负反馈控制的闭环系统

从控制论的角度来看，没有使用计算机的原手工处理方式下的企业系统基本属于为开环系统。开发 MIS 的目的，就要使企业由原来的开环系统转变为一个完善的负反馈控制系统。这是进行新系统功能设想的最重要的指导思想，也是改进原系统功能最主要的途径。

注意，局部的电子数据处理系统绝不是管理信息系统。

2．建立和加强信息反馈渠道

对被控制对象的状态或特性进行及时、准确的测量并快速地传递到控制部门，是实现负反馈控制的基本要求，一般也是原系统相当薄弱的环节，这关系系统的成败，也是改进原系统功能的重要途径之一。

3．增加或完善必要的控制、调整环节

对被控对象的特性或状态确定合理的标准，建立对被控特性的标准值与实际值之差进行调整的具体方法、规则和算法，确定调整方案如何下达、向哪个部门下达等。

4．引入行之有效的管理数学模型

可以使原来的定性管理转变为定量管理，常规管理转变为优化管理。这在手工处理状态下是可望而不可及的。

5．采取有效的管理策略（经验、策略、流程、规范、规章制度）

6．建立固定的动态信息的传递渠道

系统分析信息需求，在数据流程图上建立满足各部门信息需求的信息传递渠道，使新系统的管理效果大大优于原系统。

7．改善数据处理的某些功能

如为满足多种分析的需要而加强对信息分类汇总，增加输出报表的种类，缩短其输出周期，提供有关信息的多种实时查询，并尽可能对输出的报告加以分析说明等。

根据改进要求，系统分析的主要内容如下，而具体设计将在系统设计中介绍。

二、分析系统目标

新系统的逻辑模型不是系统分析员凭空"设计"出来的,是在原系统逻辑模型的基础上发展起来的。在系统分析之前的全部工作阶段中,我们对原系统进行了详细调查,并对原系统进行了组织结构与业务流程分析、信息流程分析、数据流程分析,以及各功能单元的处理功能分析,由整体到局部,对全系统细节的详细深入地调查与分析,从而有了全面本质性的了解。在掌握现系统存在问题的基础上,对可行性报告中提出的系统目标作再考察,对项目的可行性和必要性进行重新审视,并根据对系统建设的环境和条件的调查修正系统目标,使系统目标适应组织管理需求和战略目标,最终形成新系统的逻辑模型。

此项是系统设计和程序设计的依据和系统验收的依据。

新系统的目标:系统的范围与边界、系统总体目标、系统的主要功能和其他系统的接口等。应尽量明确、条理清楚,并尽量给出定量指标,即对可行性研究报告审批确认的方案中的目标再确认。利用数据库的大量数据的辅助决策系统对企业战略发展有关的技术、市场、人才等资源及管理等方面的因素进行现状分析与优化,对其未来进行预测与排序,向决策者提供辅助决策依据。

三、分析业务流程

分析问题是对已发现新问题和薄弱环节提出解决的方案和改进的措施,如组织结构重建、业务流程重组等。

对业务流程分析过程如下:

(1)原有业务流程的分析。原有业务流程的各处理过程是否有存在价值;其中哪些过程可以删除,还是与其他流程合并;对于其不合理的部分如何进行改进和优化。

(2)业务流程的优化。原有业务流程中那些过程存在冗余信息处理;如何按计算机信息处理的要求进行优化;流程优化可以得到哪些收益。

(3)确定新的业务流程。画出新系统的业务流程图。

(4)新系统的人机界面。新的业务流程图中人机分工问题如何正确划分;人如何参与。

四、分析数据流程

数据流程是系统中的信息处理的方法和过程的统一,新的信息技术条件总是为数据处理提供更为有效的处理方法,因此,与业务流程的改进和优化相对应,数据流程的分析和优化一直是系统分析的重要内容。

(1)原有数据流程的分析。原有数据流程的各处理过程是否有存在价值;其中哪些过程可以删除,还是与其他流程合并;对于其不合理的部分如何进行改进和优化。

(2)数据流程的优化。原有数据流程中那些过程存在冗余信息处理;如何按计算机信息处理的要求进行优化;流程优化可以得到哪些收益。

(3)确定新的数据流程。画出新系统的数据流程图。

(4)新系统的人机界面。新的数据流程图中人机分工问题如何正确划分;人如何参与。

五、功能分析和划分子系统

为了实现系统目标,系统必须具备一定的功能,也就是做好某项工作的能力。目标和功能的关系如图 8‐15 所示。第 0 层的目标可以看作系统,第一层的功能可以看作子系统,第二层以下就是各项子系统具体的功能及其细分,以此列示出系统(功能)结构层次图。

把系统划分为子系统可以极大地简化设计工作,因为当系统划分为子系统之后,只要子系统之间的接口关系明确之后,每一个子系统的设计、调试基本上可以互不干扰,各自可以独立地进行。将来,如果要修改或扩充系统,只要在有关的子系统范围内进行即可,而不必牵动全局。对于大系统的子系统划分,一般采取企业系统规划法,常用的是 U/C 矩阵。具体划分方法已经在 BSP 法中介绍。

划分子系统的下一步工作是确定各子系统的目标和下属功能,为此,有必要分析原系统的数据流程图,以此来确定应当的增加、取消、合并和删除及改进的功能。

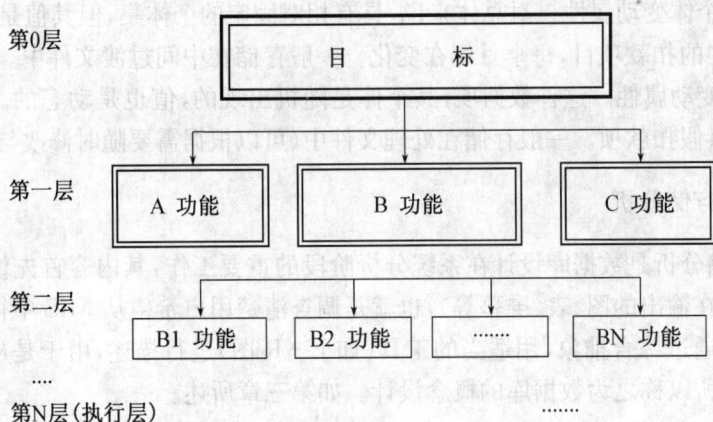

图 8‐15　目标与功能之间的关系

1. 系统划分的一般原则

(1) 子系统要具有相对独立性。系统内部功能、信息等各方面凝聚性较好,尽量减少各种不必要的数据、调用和控制联系;将功能相近、联系密切的模块相对集中,使搜索、查询、调试、调用方便。

(2) 要使子系统之间的数据的依赖性尽量小,接口简单、明确。

(3) 子系统划分的结果应使数据冗余较小。

(4) 子系统的设置应考虑今后管理发展的要求。对未来子系统可以提供支持和服务。

(5) 子系统的划分应便于系统分阶段实现。

2. 系统划分分类方法

系统划分分类方法可以根据需要,分别采取:按功能划分即按业务的处理功能;按顺序划分即按业务的处理顺序;按通讯划分即按通讯方式;按过程划分即按业务处理过程;

按时间划分即按业务处理时间关系;按逻辑划分即按业务处理逻辑顺序。

但是,子系统的划分,没有公认的方法可循。受参与人员的整体素质影响。

六、数据属性分析

数据用属性的名和属性的值来描述事物的某些方面的特征,一个事物的特征可能表现在各个方面,需要用多个属性的名和其相应的值来描述。如某课程:课程名/管理信息系统,主编/黄梯云,出版社/高等教育出版社,版次/2000.07 第二版,价格/24.70元……

数据属性分析包括静态特性分析和动态特性分析:

(1) 数据的静态特性分析:只分析数据的类型、长度、取值范围、和发生频率等。

(2) 数据的动态特性分析,可以分为三类,区分的目的在于将数据安排在哪类文件中。

① 固定值属性。其值基本上固定不变,有时也称半固定数据。如某个时期的产品成本中的材料消耗,工资管理中的职员姓名和应得工资。一般存储在主文件中。

② 固定个体变动属性。对总体来说,具有相对固定的个体集,但其值是变动的属性。如职员工资中的扣款项目,每个月都在变化。一般存储在中间过渡文件中。

③ 随机变动属性。这种数据项,其个体是随机出现的,值也是动态的。如职员工资管理中的病事假扣款项。一般存储在处理文件中(可以根据需要随时修改与变更)。

七、数据存储分析

数据存储分析是数据库设计在系统分析阶段的重要工作,其内容首先使分析用户要求(主要表现在输出的图、表、屏幕等),也就是调查清楚用户希望从 MIS 中得到那些有用的信息,然后通过综合抽象,用适当的工具(如 E-R 图)进行描述,由于是从用户角度看到的数据库,所以称之为数据库的概念设计。如第三章所述。

八、数据查询要求分析

通过调查与分析,将用户需要查询的问题(主要为各个层次的决策者服务,以利于随时采取相应的控制措施))列出清单,或绘出查询方式示意图。

查询问题清单如产品完成计划分析、质量情况分析、成本变动分析、本月各类资金利润率分析等。查询方式示意图可以用层次结构图表示。

九、数据的输入输出分析

分析各种输入数据的目的在于审查其适用性、数据量以及存在的问题,如数据的有效利用性、冗余性、不满足性、重复性、精度性、相关性、设备的使用问题、共享性等。

分析数据输出的目的在于审查能否满足各个层次管理者的需求、目的与范围,以及处理的速度和设备的利用率问题。

十、绘制新系统的数据流程图

绘制新系统的分层数据流程图应以对原系统的调查与分析为基础,根据已确定的新系统的目标和已形成的对新系统的各种具体设想,逐层画出新系统的数据流程图,这是对新系统逻辑模型整体和全貌的描述。应注意:新系统的第一层数据流程图特别慎重,经反复推敲、斟酌,并和用户多次讨论协商后再确定下来,然后再绘制以下各层的数据流程图,谨防返工。为了明确新系统的人机接口问题,应该明确标明哪些是由计算机完成、哪些是由人工完成。

数据流程图虽然是对系统作出了全貌的描述,但并未对图中的数据流、处理和存储等要素作进一步的说明,因此,在绘制新系统的数据流程图时,应根据上述结果对原系统的数据存储进行必要的调整,并以此为依据,编制新系统的数据字典,并使用适当的工具描述比较复杂的处理逻辑。此是新系统逻辑模型的重要组成部分,应根据新系统的数据流程图和数据库逻辑设计所确定的各个关系式,按规范逐项编写系统各基本要素的定义的说明,形成完整的新系统的数据字典。

十一、确定性系统的数据处理方式

数据处理方式一般分为两类:成批处理方式和联机处理方式。

1. 成批处理方式

按一定的时间间隔(时、日、约等)把数据积累成批后依次输入计算机进行处理。其特点是处理费用低又可以有效地使用计算机。一般有下列四种情况:

(1) 固定周期的数据处理(如订货系统的日汇总处理)。

(2) 需要大量的来自不同方面的数据综合处理(如跨国集团之超市物流管理)。

(3) 需要在一定时间内累积数据后才能进行的处理(如成本分析)。

(4) 没有通讯设备而无法采用联机实时处理的情况(如尚未入网的城乡数据统计)。

2. 联机实时处理方式

(1) 需要反应迅速的数据处理(如实时查询)。

(2) 负荷容易产生波动的数据处理(如大区域性超市连锁中季节性产品销售)。

(3) 数据收集费用较高的数据处理(如大区域性物流管理)。

第七节　提出新系统的逻辑方案和系统分析报告

一、提出新系统的逻辑方案

逻辑方案是新系统开发中要提出的管理模型和信息处理方法。前面的所有工作均是为建立新系统逻辑模型做的准备,逻辑方案是系统分析阶段的最终成果,其基本内容如下:

1. 新系统的业务流程图

这是业务流程分析和业务流程优化重组后的结果,内容包括以下几个方面:

（1）原系统业务流程的不足及其优化过程。删除或合并哪些多余的或重复的处理过程；对哪些业务处理过程进行了优化和改动；改动（包括增补）的原因；改动所带来的收益。

（2）新系统的业务流程及其人机界面划分方案。哪些部分属于新系统（主要指计算机软件系统）可以完成；哪些部分需要用户完成或需要用户配合新系统来完成。

2. 新系统的数据流程图

这是数据流程分析的结果，内容包括以下几个方面：

（1）原数据流程不合理的表征及其优化的过程。删除或合并了哪些多余的或重复的数据处理过程；需要用户确认最终的数据指标体系和数据字典，是否全面合理；数据精度是否满足要求；能否通过统计得到这个精度；哪些数据处理过程进行了优化和改动；改动（包括增补）的原因；改动所带来的收益。

（2）新系统的数据流程及其人机界面划分方案。哪些部分属于新系统（主要指计算机软件系统）可以完成；哪些部分需要用户完成或需要用户配合新系统来完成。

3. 新系统的逻辑结构及新系统中的子系统划分

4. 新系统中的数据资源的分布

即确定数据资源如何分布在服务器或主机与终端上。

5. 新系统中的管理模型

确定新系统中具体管理业务采用的管理模型与处理方法。

二、系统分析报告

系统分析报告又称系统说明书、系统规格说明书、系统逻辑设计说明书，是反映系统分析阶段工作成果的正式文档。大概纲要如下：

1. 引言

（1）摘要。新系统名称、开发目的及意义。

（2）对象。新系统的用户、开发单位，本系统与其他系统或机构的关系。

引用的资料及定义术语解释

2. 现系统的详细调查与分析

（1）现系统详细调查。现系统的目标、规模、边界；现系统的具体模型；现系统的逻辑模型。

（2）现系统存在分析。对现系统在系统功能、信息处理流程、处理方法等方面存在的和薄弱环节进行详细的分析，并说明改进的可能性。

3. 新系统逻辑模型（一般要提出一个主方案和几个辅助方案）

（1）新系统目标。在调查和分析的基础上，根据用户要求和现系统存在的，提出比较明确的新系统目标，包括新系统的范围与边界、系统总体目标、系统主要功能和其他系统的接口。

（2）系统功能分析。新系统的功能分析图，指出增加和改进部分及其必要性。

（3）系统数据分析。包括系统输入输出的变化；系统数据流及信息流程的变化；数据库概念结构设计、逻辑结构设计、关系模式的规范化及综合优化；最终确定的关系数据库模式及数据存储量的结算。

（4）新系统的逻辑模型。分层数据流程图；数据字典。

（5）各处理逻辑的描述

4. 子系统的初步划分及遗留

子系统划分的依据以及目前无法满足的一些用户要求，提出今后解决的设想。

5. 系统设计与实施的初步计划

工作任务的分解，根据资源情况和用户的需求，确定各子系统的开发顺序，在此基础上分解工作任务，落实到具体组织或个人。具体如下：

（1）进度计划。

（2）资源需求。

（3）经费预算。

这是重要技术档案，既是系统分析员对系统分析阶段的工作总结，也是提交用户讨论和审定的关于系统开发的建议书。经审定通过后，即成为双方均有约束力的正式文件和系统开发以后各工作阶段的依据。

复习思考题

1. 详细调查的内容与注意事项。

2. 分别用结构化语言和判断树表达求解一元二次方程的过程。

3. 系统化分析的内容。

4. 解释：改进系统功能的基本途径。

5. 建立一个按 ABC 分类管理法的物资管理子系统模型，要求：

① 显示分类物资上月结存、本月入库、本月出库和当前结存数量；

② 分类显示物资库存明细帐；

③ 按用户要求显示指定物资的本月明细帐。

第九章　管理信息系统的系统设计

第一节　系统设计的任务

　　系统设计是在系统分析的基础上，根据系统分析报告所确定的逻辑模型，科学、合理地考虑各种具体的技术手段和处理方法，确定系统的实施方案，即建立分析系统的物理模型，因此也称为物理设计。

　　系统设计是在分析系统能够"做什么"也就是在物理设计的基础上，考虑采用什么样的技术手段和方法去实现这个系统，即解决"如何做"的问题。系统设计员根据逻辑模型的要求，列出所有实际要求的事情，并将其分解为许多具体的任务，对其中每一项任务考虑各种可能采取的技术和方法，比较优劣，权衡利弊，从企业战略的全局出发，选择最合理的方法。

　　实现分析系统各项具体任务的方法总体构成了系统的实施方案，即提出该系统的物理模型。因此，系统设计是从技术角度出发，对分析系统如何实现进行合理设计。系统设计的质量决定分析系统性能的优劣。

一、系统设计的目标

　　系统设计的主要目标是从确保系统的可变性入手，设计出一个易于理解、易于维护的系统。为此，在设计系统时，必须遵守结构化设计的思想，即按照自顶向下、逐步求精的原则将系统划分为功能明确、内容易懂、易于修改、层次清晰的功能模块。同时应当注意以下几点：

　　（1）首先必须把整个系统看成一个模块，然后按照功能将其分解为若干个模块，继续将分解过的模块按照更详细的功能进行分解，直到每一个模块都十分简单，只完成一个功能为止。

　　（2）每个模块尽可能独立，即尽可能减少模块之间的调用关系和数据交换关系。

　　（3）建立模块之间关系的说明书。

二、系统设计的主要工作

　　（1）总体设计。包括信息系统流程图设计、功能结构图设计和功能模块图设计等。

　　（2）代码设计和设计规范的制定。

　　（3）系统物理配置方案设计。包括设备配置、通讯网络的选择与设计以及数据库管理系统的设计等。

　　（4）数据库存储设计。包括数据库设计、数据库的安全保密设计等。

(5) 计算机处理过程设计。包括输入、输出设计,处理流程图设计,以及编写程序设计说明书等。

三、系统设计应遵循的原则

1. 系统性

系统是作为统一的整体而存在,因此,在系统设计中,要从整个系统的角度进行思考,系统的设计要建立统一的标准,代码设计等均要符合规范,数据要满足共享等。

2. 灵活性

要求有很强的环境适应性,尽量采用模块化结构设计方法,提高各模块的独立性,减少模块间的数据耦合性,使系统对数据的依赖降到最低限度。

3. 可靠性

即提高系统抵御外界干扰的能力和自恢复能力,安全保密性(包括机房、操作、数据库以及网络)、检错与纠错能力,以及抗病毒能力。

4. 经济性

在满足系统要求的情况下,减少系统的开销。不盲目追求技术上的先进性,减少任何不必要的费用。

第二节　结构化系统设计介绍

管理信息系统的功能部分是在基础部分所提供的各种支持和保证下,具体实现系统的各种功能,是数量庞大、结构复杂的应用软件,它们是管理信息系统的核心。功能部分的应用软件,从系统设计的角度来讲,首先要根据系统逻辑模型的要求来确定他们的总体结构,使得按照这种结构组织起来的庞大程序集,不仅能满足逻辑模型的要求,而且具有良好的性能指标。结构化系统分析、结构化系统设计、结构化程序设计构成子系统开发的结构化技术,仍然是当今系统开发的主流技术之一。

一、结构化设计概述

(一) 结构化系统设计的基本思想

(1) 将一个复杂的系统分解成一个多层次的模块化结构,即复杂问题简单化。具有两个典型的特征:

① 过程特征。即任何一个系统均可以分解为若个有序的过程。

② 层次特征。即组成系统的各部分之间存在一种上下级的隶属、管辖关系。(最底层的模块变得非常简单,即是一个完成某一项单纯任务的程序段)

此思想可将一个无论多么复杂的系统逐步分解成十分简单的模块集合。

(2) 使每一个模块尽可能独立。

即尽量使每一个模块成为独立的组成单元,与其他模块间的联系程度最低。

(3) 用直观的工具来表达系统的结构(如系统结构图)。

系统结构图可以直观准确地描述系统应用软件的结构,帮助系统设计人员根据逻辑模型的要求来设计应用软件的结构并优化之,使用户在系统实施之前就了解系统的总体情况。

(二)结构化系统设计的优点

1. 易于实现

结构化设计方法将系统承担的总任务由大化小、由繁变简、由难变易,将一个复杂的系统分解成许多小的模块,其中每个模块的规模小、功能单一,故易实现。

2. 有利于应用软件总体结构的优化

首先将精力集中于应用软件的总体结构,也就是整个系统的合理分解即如何划分模块;之后再对划分之后的模块之间联系的复杂程度进行分析;第三步是确定系统总体结构;第四步才投入精力编程。这样避免了可能工作不细产生的返工。

3. 实现的系统具有较好的可维护性

结构化系统设计可以实现的系统具有较好的可维护性,原因如下:

(1)构成系统的每一个模块的规模小,而且功能单一,易于修改。

(2)每个模块的独立性高,相互间的联系程度已降低到最低,避免了连锁出错的机会。

(3)模块间的调用关系、控制关系和数据交换关系均明确地标注在系统结构图上。为模块的修改提供了方便。

(三)模块所具有的四种属性

模块是指具有输入与输出、逻辑功能、运算程序和内部数据四种属性的一组程序。

1. 模块的外部属性(包括输入与输出、逻辑功能)

(1)输入与输出。一个模块从调用者那里获得输入,然后把产生的输出结果返回给调用者。也就是模块的输入来源和输出去向是同一个调用者,此点与数据流程图不同。

(2)逻辑功能。逻辑功能就是将输入数据按照指定的逻辑转换为输出数据。

2. 内部属性

程序设计阶段要特别关心的问题。

(1)运行程序。模块通过程序的运行来实现它的逻辑功能。

(2)内部数据。除输入输出数据外,模块还有运行程序所必需的、属于它自身的内部数据(如局部变量)。

(四)常用的基本结构单位

系统是由包括元素、结构和过程构成的。结构化设计方法就是辨认和使用基本的结构单位,分析和综合系统。所谓系统的元素就是数据项和用于处理数据项的基本功能,也就是数据结构的基本成分,用它可以构成复杂系统。

任何一个复杂的 MIS 都可以用顺序(SEGUENCE)、选择(SELECTION)、重复(ITERATION)三种基本逻辑结构单位构成,如图 9-1 所示。

(1)数据的顺序结构是一个数据项组,它的元素是按给定的效果是按给定顺序排列的。一个数据的顺序结构是一个过程,它的效果是它的组成部分按给定顺序执行的联合效果,顺序结构在程序设计中非常有用,任何结构化程序都可以抽象为顺序结构,而顺序结构往往又是通过行内嵌套结构和行外调用结构来实行的。

（2）选择结构包括数据项选择结构和功能选择结构。前者又称 IF THEN ELSE 结构，可以进行嵌套；后者是一种过程，由可选择功能中的一个构成，这种选择结构被称为 CASE 结构。

（3）重复结构是一个重复的数据项组，重复的数据项不一定要完全相同，但应能通过它的内容用某种方法将其联系起来。一个过程的重复结构，是当一个条件为真或直到一个条件为真，或对一个需要重复的数做重复处理。典型的如 FOR/NEXT 结构。

结构化设计就是使用这三种基本逻辑结构来表达数据结构和处理结构的，即用以表达程序和更高的系统结构。

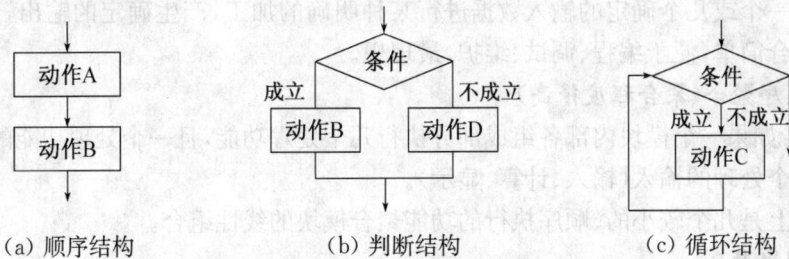

（a）顺序结构　　　（b）判断结构　　　（c）循环结构

图 9-1　三种基本逻辑结构

二、模块间的通讯

系统的模块之间经常会发生必要的通讯关系，一般来说，模块间的通讯有两种方式：

（1）数据通讯。模块之间只传递必要的数据。如某预测模块调用回归预测模型。

（2）控制通讯。除传递数据外，还传递标志位。如图 9-2 所示。

说明：当传送的数据和标志位较多时，为使全面清晰，可用符号简单表示或只标注顺序号，另外应编制一份对照表加以说明。

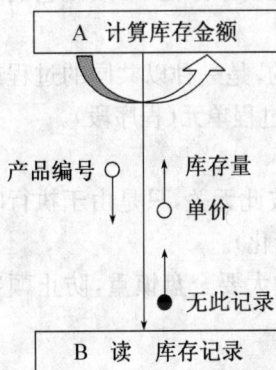

说明：
① A 循环调用 B 循环。
② A 将数据"产品编号"发送给 B。
③ B 将 A 送来的"产品编号"查库存文件。
④ 找到该产品后 B 向 A 发送"库存量"、"单价"；若查不到，则 B 向 A 发送标志位"无此记录"。

图 9-2　模块间的通讯与调用关系(层次图)

三、模块的聚合度与耦合度

结构化系统设计强调把一个系统设计成多层次的模块化结构，这就引入了模块的聚合度和模块间的耦合度概念。

（一）模块的聚合度

模块的聚合度亦称紧凑性，是指模块内部组成部分之间联系的紧凑程度。模块的聚合越高，其独立性也越高。它是衡量一个模块内部整体统一性的指标。在聚合度与耦合度二者中聚合度是主导作用。聚合分七个等级：功能、顺序、数据、过程、时间、逻辑、偶然聚合。

1. 功能聚合（聚合度最高）

定义：如果一个模块内部各组成部分执行一个单独的，能够确认定义的功能，如打印月报、汇总销售合同等。

它对一个或几个确定的输入数据进行某种明确的加工，产生确定的输出，内部紧凑，与外部耦合简单，便于编程、调试、维护，最理想。

2. 顺序聚合（聚合程度很高）

定义：如果一个模块内部各组成部分执行几个处理功能，且一个处理功能的输出直接成为下一个处理的输入（输入、计算、显示）。

实质上是几个较小的、顺序执行的功能聚合模块的线性组合。

3. 数据聚合

定义：亦称通讯聚合，是指模块内部各组成部分执行几个处理功能，这几个处理功能或者使用相同的输入数据，或产生相同的数据输出。

由上述讨论可知，顺序聚合和数据聚合都是由若干个较少的功能聚合模块"装配"而成的，相反，也可以将它们"拆卸"成单独的功能聚合模块，以提高灵活性。

顺序聚合在数据流程图中表现为严格的"串联"结构、而数据聚合表现为"并联"结构。

4. 过程聚合

定义：如果模块内部各组成执行几个处理功能，这些功能互不相关，但受同一控制流的支配。这个控制流可以是一个循环、一些判断，也可以是线性的顺序处理，或是它们的多种组合。

过程聚合模块的内部结构是由程序流程图直接演变过来的，是一种以共同的过程或共同的算法为基础的模块，因此实际上是若干处理功能的公共过程单元（程序段）。

5. 时间聚合

定义：如果模块内部各组成部分执行几个处理功能，它们彼此无关，只是由于执行时间相同而组合在三起的，亦称暂时聚合（如月初开始的帐户初始化）。

其聚合度较低，但与其模块联结度较高，它的变更关系重大要全盘慎重，防止颠覆系统。

6. 逻辑聚合

定义：如果模块内各组成部分执行几个处理功能，它们彼此无关，但处理逻辑相似。

如所有的输入操作都放在一个模块中，或把输出各种错误信息的功能模块都放在一个过程模块中。

在一个逻辑聚合模块中，往往包括若干个逻辑相似的处理动作，调用这类模块时，为了在逻辑相似的很多处理功能中选择特定的一个，必须设置控制开关，并为它赋值，有时还要选择一些参数。此类聚合度很低,但和其他模块联结和很复杂,维护难度大。

7. 偶然聚合

也称机械聚合,随机聚合。模块内各组成部分之间没有任何关系,仅偶然组合。应避免之。

(二) 模块(之间)的耦合度

耦合度是指模块间联系的密切程度,模块间的耦合度越低,模块的独立性越高。

在构成整个系统的多层模块化结构中,模块是最小的功能单元,每个模块只能完成极其有限的指定功能,系统整体功能的实现是有赖于全部模块的有机配合,因此力争做到保持模块之间必要的联系,清除各种不必要的联系,即要求耦合度尽量削弱。

1. 削弱耦合度好处

(1) 由于相互影响小,产生连锁反应的概率越低。

(2) 可以使可修改范围控制在最小限度。

(3) 一个模块修改时对系统其他部分正常运行影响小,模块间的耦合度受两个因素影响:

① 接口的复杂性。此项与模块调用时必须传递的参数有关,传递的参数越少,说明接口越简单,模块间的耦合度越低。

② 模块间的联结形式。模块间的联结形式有三种:数据耦合、控制耦合和内容耦合。这是影响模块间耦合度的最主要因素。

2. 数据耦合

定义:如果模块之间的联系仅限于传递信息,互不干涉对方内部处理,此种联结称为数据耦合。数据耦合是有调用关系的模块间的必不可少的联结形式,也是最好的联结形式,其耦合度最低。

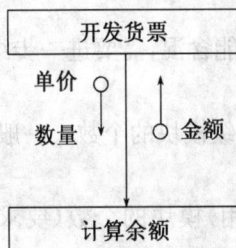

图 9-3　模块间的数据耦合(层次图)

为了一步降低两模块的联结程度,应使接口尽量简单:模块间尽量传递数据元素,并尽量减少传递数据元素的个数。(如图 9-3 中的物品的单位、名称则不必传递);模块间必须传递数据结构时,应注意该数据结构中是否含有不必要的数据元素。

3. 控制耦合

定义:如果模块间传递的信息控制了对方的内部处理过程,则称之为控制耦合。

在控制耦合中,模块内部的处理过程是不确定的,受其他模块的传递信息的控制。典型的如 CASE 分支结构. 在此情况下,模块 N 内部的若干个不同的处理过程受 M 模块传递过来的数据的控制。显然,在控制耦合的情况下,模块间传递的信息不再是单纯的通讯,某些信息,如CASE结构中控制变量A的值和被调用模块返回的标志位EOF(),已构成对对方模块内部处理过程的控制信息。使模块间联结关系复杂化,当控制信息较多时,关系越复杂,模块的调试、修改都困难。由于其耦合较高,因此,在必须采用控制耦合时,应尽量减少控制信息和简化控制条件,同时尽量避免出现下级模块对上级模块的控制关系。

三者之间的区别:

数据通讯:模块间传递的信息仅是数据。

控制通讯:模块间传递的信息除数据外,主要是标志位。

控制耦合:与传送信息类型无关,但控制对方的处理过程。

4. 非法耦合(最坏联结取消之)

也称内容耦合、病态耦合,是指一个模块与另一个模块的内部属性(程序或内部数据)直接发生过联系,具体有两种:

(1)一个模块在运行中不通过调用关系而直接转入另一个模块的程序中去运行。

(2)一个模块在运行中使用、修改另一个模块内部数据,易造成系统运行混乱;系统执行初始化时,由于修改数据文件时涉及面较广,应当引起足够的重视。

四、模块结构设计的其他原则

1. 模块的分解

模块的分解是指一个模块分成若干较少的新模块。

(1)规模过大,内部组成复杂。要求将模块规模控制在几十条程序语句是比较恰当的。

(2)若干个模块中包含有相同的处理过程。可将此部分处理功能划分出来,作为一个独立的公共调用模块。

(3)模块的划分过程。由于功能含混,需要进一步细化。

2. 模块的扇出系数

是指一个模块所拥有的直属下级模块的个数。一般控制在 $2\sim7$ 之间。

3. 模块的扇入系数

是指一个模块的直接上级(调用)模块的个数(要求大好、分解好、应用性强、冗余度低,维护方便)。

4. 模块的控制范围和影响范围

一个模块可以调用(包括间接调用)的所有下属模块以及它本身,称为该模块的控制范围。

如果一个模块内存在判断调用逻辑,即它至少有一条调用语句,它的执行依赖于某种判断的结果,那么该判断逻辑影响的所有模块,称为该模块的影响范围或判断作用范围(该模块包括在内)。应该遵循的原则(对含判断作用范围模块设计时)如下:

(1)对于任何一个内部存在判断调用逻辑的模块,它的影响应是它的控制范围的一个子集。

(2)内部存在判断调用的模块和属于其影响范围的那些模块,二者所在的层次有要相隔太远,最好都是直属模块。

第三节　功能模块结构图设计

所谓功能结构图就是按功能从属关系画成的图表,图中每一个框称为一个功能模块。功能模块可以根据具体情况分解而确定其大与小。分解的最小的功能模块可以是一个程序中的每个处理过程,而较大的功能模块可能是完成某项任务的一组程序。经过层层分解,可以把一个复杂的系统分解为多个功能简单的单一功能模块,这种把一个信息系统分解成若干模块的方法称为模块化。其结构形式类似于企业的直线型组织结构图,最底层就是执行模块。

例一,如图9-4所示的工资管理子系统功能模块结构图。

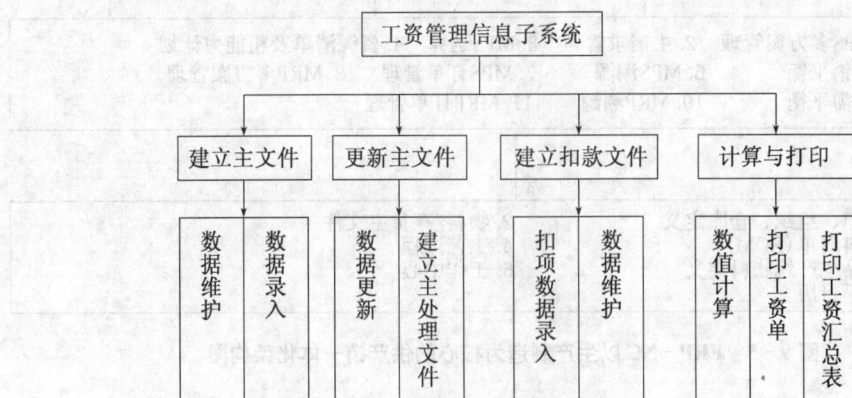

图9-4　工资管理子系统功能模块结构图

例二,如图9-5所示 ERP-NC 以生产制造为核心的供产销一体化架构图。

一、模块结构设计

模块结构设计是根据系统分析阶段提出的逻辑模型来确定系统应用程序的总体结构,即将数据流程图转换成为系统结构图,模块结构设计分两步走:

(1)根据数据流程建立初始的系统结构图;

(2)根据模块结构设计的五项原则对初始的系统结构图进行修改和优化,以求获得合理的系统结构图。

由于数据流程图的结构分为变换型结构和事务型结构,故导出系统结构的方法,对应为变换中心分解和事务中心分解法。

二、变换中心分解法

具有变换型结构的数据流程图,适宜运用变换中心分解法(变换中心法)来导出初始的系统结构图。

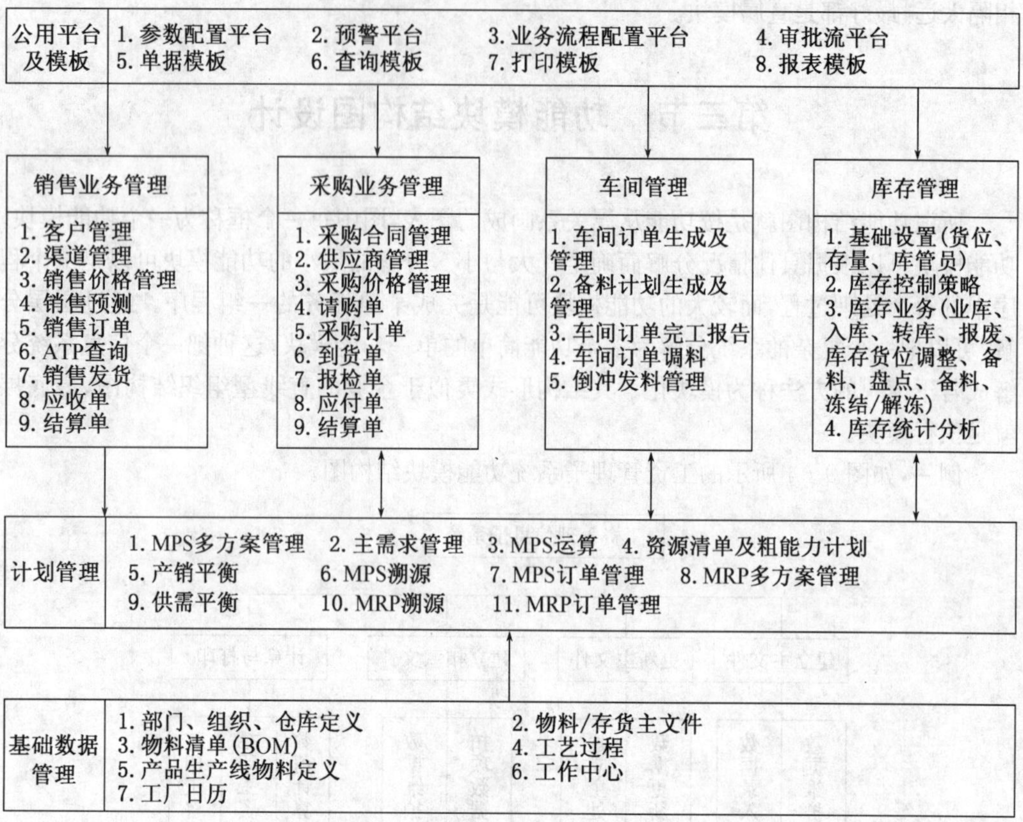
公用平台及模板
1. 参数配置平台
2. 预警平台
3. 业务流程配置平台
4. 审批流平台
5. 单据模板
6. 查询模板
7. 打印模板
8. 报表模板
销售业务管理
1. 客户管理
2. 渠道管理
3. 销售价格管理
4. 销售预测
5. 销售订单
6. ATP查询
7. 销售发货
8. 应收单
9. 结算单
采购业务管理
1. 采购合同管理
2. 供应商管理
3. 采购价格管理
4. 请购单
5. 采购订单
6. 到货单
7. 报检单
8. 应付单
9. 结算单
车间管理
1. 车间订单生成及管理
2. 备料计划生成及管理
3. 车间订单完工报告
4. 车间订单调料
5. 倒冲发料管理
库存管理
1. 基础设置(货位、存量、库管员)
2. 库存控制策略
3. 库存业务(业库、入库、转库、报废、库存货位调整、备料、盘点、备料、冻结/解冻)
4. 库存统计分析
计划管理
1. MPS多方案管理
2. 主需求管理
3. MPS运算
4. 资源清单及粗能力计划
5. 产销平衡
6. MPS溯源
7. MPS订单管理
8. MRP多方案管理
9. 供需平衡
10. MRP溯源
11. MRP订单管理
基础数据管理
1. 部门、组织、仓库定义
2. 物料/存货主文件
3. 物料清单(BOM)
4. 工艺过程
5. 产品生产线物料定义
6. 工作中心
7. 工厂日历

图 9-5　ERP-NC 以生产制造为核心的供产销一体化架构图

1. 变换型数据流程特点

其结构形式如图 9-6 所示。

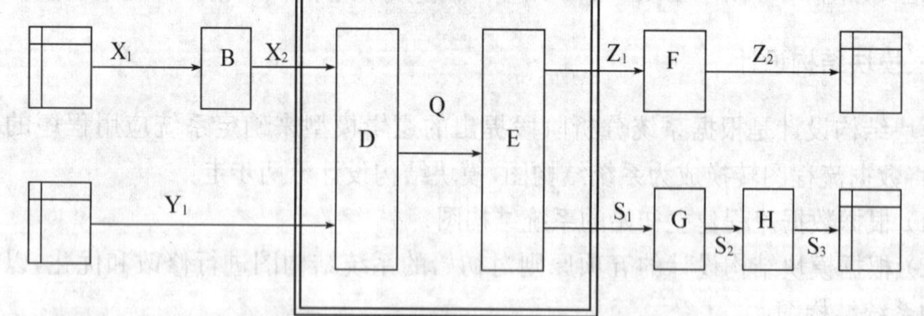
X1
B
X2
D
Q
E
Z1
F
Z2
Y1
S1
G
S2
H
S3
物理输入
逻辑输入
变换中心
逻辑输出
物理输出

图 9-6　变换型数据流程图

(1) 具有输入、变换和输出这样的顺序结构。

(2) 从同一外部项输入的数据流所经过的处理路径相同。

2. 初始的系统结构图的形式

由变换型数据流程导出的初始的系统结构图基本形式即由主控模块和输入、处理及输出三大基本模块构成。

工作过程：主控模块首先调用输入模块，控制沿着调用关系逐层达到最低层模块，数据 X_1,Y_1 输入后，逐层向上进行预处理和传递，最后成为系统的输入数据传递到主控模块，主控模块接着调用处理模块进行处理（即中心变换 Q），转换成输出数据 D,E，再从主控模块逐层向下传送，在传送过程中逐步变换成适当的输出形式，输出到指定的外部项。

3. 导出初始的系统结构图的步骤

逻辑输入：输入变换中心的数据流称为系统的逻辑输入。

逻辑输出：输出输入变换中心的数据流称为系统的逻辑输出。

变换中心：逻辑输入之间的部分即是系统的变换中心，运用变换中心法从变换型数据流程图，导出上述基本形式的系统结构图，其过程有以下三步：

（1）确定变换中心

数据流程图中几股数据流汇合处往往就是系统的变换中心——离物理输入端最远，但仍可视为系统输入的那个数据流就是系统的逻辑输入；离物理输出端最远，但仍可以视为系统输出的那个数据流就是系统的逻辑输出，两者之间的全部处理逻辑就是系统的变换中心。

（2）设计模块结构的顶层和第一层

系统模块结构的顶层是主控模块负责对全系统进行控制与协调，通过调用下级模块来实现系统的多种处理功能。在一般情况下，主控模块并不执行数据流程图中任何一个处理逻辑功能。

第一层的设计方法如下：

① 为数据流程图中的每一个逻辑输入设计一个输入模块，它的功能是向主控模块提供逻辑输入数据。

② 为数据流程图中的每一个逻辑输出设计一个输出模块，其功能是发送系统加工产生的逻辑输出数据。

③ 为数据流程中的变换部分设计一个处理模块，它的功能是对逻辑输入进行加工处理，变换成逻辑输出。

④ 按照数据流程图的要求，在主控模块与第一层之间标注传递的数据。

（3）形成完整的系统结构图

在完成第二步的基础上，根据数据流程图将系统结构图中第一层的模块自顶向下地逐级向下扩展，即可逐步细化每一个模块的功能，最后形成完整的系统结构图。例如图 9-7 的凭证管理，它的转换过程就是典型的变换中心法。

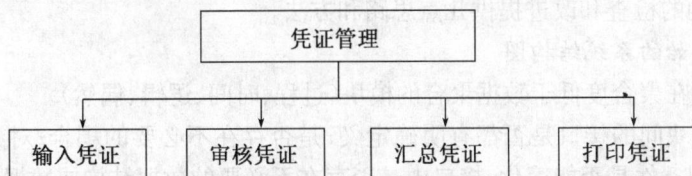

图 9-7　凭证管理的模块结构图

三、事务中心分析法

事务中心分析法简称事务中心法,适用于事务型数据流程图。

事务型数据流程图一般具有平行的结构,其显著特点是经同一外部项传入系统的数据流,根据其事务类型的不同经过不同的处理路径如图 9-8 所示。

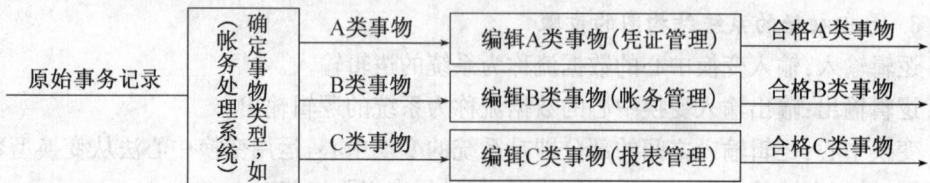

图 9-8 事务型数据流程图

1. 事务中心法在系统设计中有两个重要作用

(1) 能把一个大的复杂的数据流程图,分类成若干个比较小的数据流程图,其只反映一类事务的处理功能。

(2) 它能够把这些系统结构图(其中每一张表示一种类型的事务处理)合并起来,形成一张大的系统结构图,容易修改,便于维护。

2. 用事务中心法设计系统结构图的步骤

(1) 首先分析数据流程图,确定它的事务中心。

(2) 然后再设计系统的模块结构。

3. 事务中心的特点

(1) 获得原始的事务记录。

(2) 分析每一事务并确定它的类型。

(3) 为每一事务选择相应的处理路径。

(4) 确保每一项事务得到完全的处理。

4. 事务中心的确认

如果存在这样的处理逻辑:它对流入的数据流进行类型判断,并根据类型的不同产生不同的处理路径,那么一般地讲,它便是事务中心。其系统结构图的设计及分解细化与变换中心法类似。

四、系统结构图的改进

上述两种方法的系统结构图只是初步的尚未优化,下面根据模块结构设计的五项原则,就系统结构的检查和改进提供几点思路和方法。

1. 检查初始的系统结构图

① 是否存在聚合度低于数据聚合的模块(过程、时间、逻辑、偶然)。

② 每一模块间的接口是否都有明确定义;是否存在不必要的耦合;对必须采取的控制耦合,其控制条件是否能简化;接口中是否存在不必要的数据结构或数据元素。

③ 对于已定义好的接口,每一个模块是否能够用程序实现;在调用一个模块时所有必要的参数是否都表达清楚了。

④ 扇入到同一模块的所有接口是否都具有相同数目和相同类型的数据。

⑤ 是否存在可以进一步分解的模块。

⑥ 是否存在控制范围和影响范围的冲突；内部存在判断调用的模块与被调用的模块所处的层次是否相差太远。

⑦ 系统是否保持平衡、匀称；即处于最高层和较高层的模块所处理的数据是否已经被加工过了。

⑧ 合格的输入数据是怎样产生的；不合格数据的错误处理考虑了没有。

⑨ 在处理某项数据时，系统内的模块在运行时是否会发生冲突。

⑩ 是否存在功能重复的模块。（公用调用模块）

⑪ 是否存在扇出系数太大的模块；存在是否会引起这个模块产生混乱的逻辑；是否可以提高直接下属模块的聚合度来减少该模块的扇出系数。

⑫ 系统和用户之间的接口是否简单、易于理解（界面友好）。

⑬ 每一模块的功能是否都表达清楚；是否有详细说明。

⑭ 每一模块的输入、输出数据是否均在数据字典中定义过。

⑮ 从用户角度看要否修改；会对系统产生什么影响。

⑯ 这个系统是否能够用程序实现。

2. 解决问题的方法

① 提高模块聚合度。

② 降低模块间耦合度。

五、模块设计

详细的模块设计包括模块的外部设计和模块的内部设计，并根据设计的结果，编写模块说明书（其汇编再增加一些描述：数据文件说明、变量说明、对话说明、系统结构图便为程序设计说明书），为系统实施阶段的程序设计提供全面、明确的技术依据。

（一）模块设计（处理过程设计）原则

所谓处理过程设计就是模块的详细设计。处理过程设计除了满足各具体模块的功能、输入和输出方面的基本要求（将在下面介绍）之外，还应该考虑如下几点：

(1) 模块之间的接口要符合通信要求。

(2) 考虑将来实现时所采用的计算机语言的特点。

(3) 考虑数据处理的特点。

(4) 估计计算机执行时间不能超出要求。

(5) 考虑程序运行所占用的存储空间。

(6) 使程序调试的跟踪方便。

(7) 估计编程和上机调试的工作量。

（二）模块的外部设计

其基础是系统结构图，将每个模块与其他相关模块的外部接口进行更明确、更详细的定义。

1. 模拟的调用关系

(1) 本模块被哪些上级模块调用，其名称、标识符及调用方式，如是判断调用的具体条件是什么？如果是循环调用,循环约束条件是什么?

（2）本模块调用哪些下级模块,内容同上。

2. 每个模块的输入数据和输出数据的名称、标识符及类型

这些数据来自哪个数据文件或输出到哪个数据文件,这些文件的名称、编号。

3. 模块间的控制关系

上述输入输出数据中哪些数据控制对方模块的内部处理过程,控制条件是什么? 控制条件是否能进一步简化?

由于模块间的接口关系在很大程度上对模块的内部处理产生影响,因此,模块设计首先考虑外部条件,模块外部设计结果反映在模块说明书中。

（三）模块的内部设计

模块内部设计的主要内容是模块的处理流程设计和处理逻辑（处理方法、算法和规则）的描述。

1. 处理流程设计

就是以系统中的每个模块的处理功能为对象,分析和设计完成这一功能所需的处理单元及其合理组合。

处理单元:一个模块的处理功能总是由一系列操作过程来实现的,每个操作过程称之为处理单元。

处理流程的设计是系统中最底层的设计,是系统流程图的展开和具体化,其设计的结果表现为每个模块处理过程的处理流程和数据流程。因为一般是一个处理过程就编写一个程序段,由此设计出来的处理流程图就是下一步程序设计的主要依据,从图9-9中可以明显地看出其输入、处理和输出的全过程。

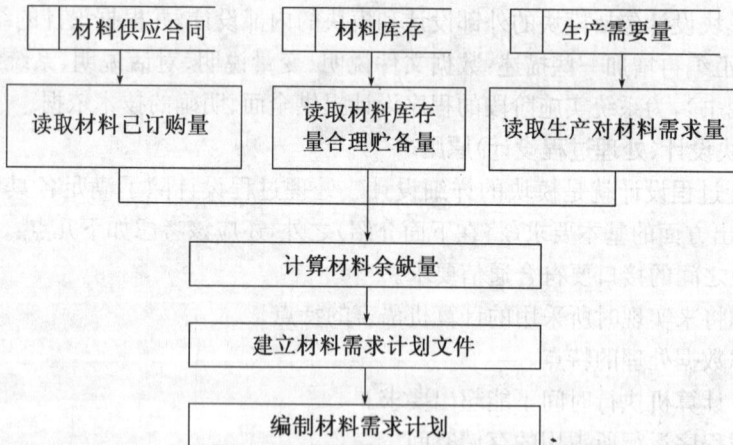

图9-9 编制材料需求计划的处理流程图

2. 模块内部设计

可以按其功能分为原始数据录入、需求结果数据输出、对话查询、内部处理四大类。在高层模块中,这些功能都是结合在一起的,在往下分时,则可以分为以下几种:

（1）输入模块。其功能专门负责将大批数据录入计算机,具体要求在输入格式介绍。

（2）输出模块。其功能专门负责把处理结果按一定的要求格式输出,具体要求在输出设计介绍。

（3）查询模块。其功能是人机接口的一部分，它与输入、输出模块不同，它送入的是查询要求，输出的是某一特定的查询结果。该模块的主要性能指标是响应时间、精度和可能的附加说明。

（4）内部处理模块。上述三种模块都是人机接口，此外的各种处理均归属内部处理模块，如初始化、结算、计算、盘存等功能。由于没有人工干预，计算机的"速度"在这里得以体现。业务处理中的算法、处理规则（法规）都在这里实现，该模块设计的主要性能指标应是算法的准确性与速度，这是由程序设计质量来保证的。

（5）作为辅助功能的修改模块，只是修改的时刻受到特定条件与有关法规的约束。

（四）模块说明书

模块说明书也称模块设计书，是模块设计的最终成果，也是系统设计报告的主要组成部分，由系统设计员负责编写。模块说明书对模块的功能、内部处理流程与处理逻辑、外部接口等进行全面和明确的定义，是系统实施阶段程序设计的基本依据。

模块接口说明书的内容包括三个部分：模块说明部分、模块接口关系及内部处理流程与处理逻辑（包括处理所采用的方法、算法、规则等）。这些需要制定严格的规范。

（五）加工说明的编写规范

（1）避免结构复杂的长句。

（2）使用的名词必须在数据字典中有明确的定义。

（3）不要使用意义相同的多种动词，如修改、修正，更改等，使用的动词应始终如一。

（4）为提高可读性，书写时应采用阶梯格式。

（5）嵌套使用各种结构时，应避免嵌套层次过多而影响可读性。

表 9-1　模块说明书

一、模块说明				处理流程图：
子系统名称				
模块名称				
模块标识符				
模块功能				
使用机器				
编程语言				
二、模块接口				
	上级模块		下级模块	
调用关系	模块名称	标识符	模块名称	标识符

(续表)

输入输出	输入文件		输出文件		输入数据流		输出数据流	
	名称	编号	名称	编号	名称	编号	名称	编号

三、处理逻辑(逻辑、方法、算法、法规)								
设计			日期		审核		日期	

(六)处理过程设计第二种工具 IPO 图

IPO 图是一张描述输入—处理—输出的图,如图 9-10 所示,是一张修改库存文件部分内容的模块输入—处理—输出图。

IPO 图编号(即模块号):C5.5.8			
数据库设计文件编号:C.3.2.2,C.3.2.3		编码文件号:C.2.3	编程要求文件号:C.1.1
模块名称:＊＊＊＊＊＊	设计者:＊＊＊	使用单位:＊＊＊＊＊	编程要求:C++
输入部分(I)	处理描述(P)		输出部分(O)
＊上级模块送入单据数据 ＊读单据存根文件 ＊读价格文件 ＊读用户记录文件 ········	(1) 核对单据与单据存根记录; (2) 计算并核实价格; (3) 检查用户记录和信贷情况 ······ 处理过程-(1) 出错记录(记录不合格) OK { (2)- 价格错误处理 OK { (3)- 用户信贷记录不佳处理 OK 记录合格处理		＊将合理标志送回上一级调用模块 ＊将检查的记录记入×××文件 ＊修改用户记录文件 ········
备注:(用以记录该模块设计过程中的特殊要求)			

图 9-10　修改库存文件部分内容的模块的 IPO 图

第四节　代码设计

代码是代表事物的名称、属性和状态等的符号,为了便于计算机处理而设计。

一、代码的功能

(1) 它为事物提供一个概要而又明确的认定,便于数据的存储与检索,以节约时间与空间。

(2) 可以提高系统的处理效率与精度。软代码进行统计、分类、累计等。

(3) 可以提高系统数据的全局一致性。可以纠正平时人们习惯上的称谓差异。

(4) 代码是人和计算机之间的共同语言，是两者交换信息的工具。

二、编码的目的

(1) 唯一性(无二义性)。如职员的工号。

(2) 规范性(强调规范性)。按特定的规律编制，如个人的身份证号码。

(3) 可识别性。有帮助机器识别事物的任务。

三、分类原则

需具体案例说明，如资产的分类。

(1) 必须保证有足够的容量和足以包括规定范围内分母项所包含的所有对象。

(2) 按属性系统化。按处理对象的具体属性系统进行，如线性分类中的层次所表示的事物属性。

(3) 分类要有一定的柔性，不至于在出现变更时破坏分类的结构(冗余小而可扩充)。

(4) 注意本类系统与外系统以及已有系统之间的协调。

四、代码设计中应注意的事项

(1) 代码设计在逻辑上必须能够满足用户的需要，在结构上应该与处理的方法一致。如财会的科目代码设计可以生成各类需要的明细帐和总帐。

(2) 一个代码应唯一地标志它所对应的事物或属性，即唯一性。

(3) 代码设计是要留有足够的位置，及柔性，以适应环境可能发生的变化。

(4) 代码要系统化，标准化设计，以便于理解与交流。

(5) 要注意避免引起误解，不要使用易于混淆的字符如"0"与"O"。

(6) 要尽量使用不易出错的代码结构，如"字母—字母—数字"结构比"字母—数字—字母"结构要优越。

(7) 代码总长度超过 4 位以上时，注意分段处理。如 A01 - 001 - 010 比 A01001010 要好。

(8) 注意字母与数字的混合使用，可以增加代码的总容量。

五、编码方法

指分类问题的一种形式化描述。

1. 顺序码
以某种顺序形式编码，如淮安人的身份证号码是 3208＊＊＃＃＃＠＠&&＄＄＄

特点：简单、易追加、易校对、易处理。

缺点：可识别性差、不便记忆。

2. 字符码

以英文字母或汉字字符的助忆码,如我国目前的汽车牌号。

优点:辅助记忆,易识别。

缺点:不易校对。

3. 区间码

是把数据项分成若干组,每一个区间代表一个组,码中数字的值和位置都代表一定意义。例如对企业的规模进行分类,可以用表9-2的方式表示。

表9-2 企业分类代码

码	1	2	3	4
销售额与资产总额之和(亿元)	<5	5~50	50~500	>500
类别	小型	中型	大型	特大型

优点:信息处理比较可靠,排序、分类、检索等操作易于进行,

缺点:它的长度与它的分类属性有关,有时可能码很长。

区间码又可以分为:多面码与上下关联码。

(1) 多面码。即一个数据项可以具有多方面得的特性,如果在码的结构中,为这些特性各自规定一个位置,就形成多面码。表9-3是一个真实的应用案例。

表9-3 资产分类代码

1	2	3	4—5	6—9	10—11
财务分类码	大类分类码	小类分类码	部门代码	资产编号码	工序码
0:备用		非生产类			
1:生产用	生产设备	生产主机			
2:非生产用	辅助生产设备	生产辅机			
3:停用	非设备生产	管理类			
4:待处理	计量仪器仪表	科研类	以 01～99 表示	自然顺序号	按:工序或设备属性排列
5:土地	运输设备				
6:租入	生产房屋				
7:租出	非生产房屋				
8:不折不提	生产建筑物				
9:报废	非生产建筑物				

(2) 上下关联码。是由几个意义上相互关联的区间码组成的,其结构一般由左向右排列。如会计科目代码,左边是法定三位,属于核算种类,其余代表会计核算子科目。

4. 混合码(以数字和字符编码)

如产品,特别是生产资料产品,CJ20/220,C618。

优点:易识别,易于表现对象的系列性。

缺点：不易校对。

六、代码的检验

是利用在原代码的基础上增设一位校验位的方法来实现校验的。

常用方法是加权取余，即选一组确定的权值和模，校验时将原码加权运算，然后除以模，将余数作为校验位。如计算机计算结果与人工不同，则认为输入有错。

例：原码 12345□，其中"□"为校验位。

取质数权值为：如 11、9、7、5、3

现取模数为：11　　　　则：$11*1+9*2+7*3+5*4+3*5=85$

　　　　85/11＝8　　　则：键入 123458

第五节　信息系统流程图案例

一、一个典型的成功案例：中小企业采购管理系统（北京中科国际软件有限公司）

中科国际中小企业采购管理系统是针对我国企业目前的物资采购状况而设计开发的一套管理系统，如图 9-11 所示。该系统由供应商资源管理、计划管理、采购管理和库存管理等模块组成。（网址：http://www.chinatech-bj.com）

1. 物料采购计划

主要通过对产品及物料结构的管理，以生产计划、相关需求计划、独立需求计划、物料需求采购计划、补库计划、产品成本预算、采购资金预测等为基本内容；从新计划的制订、物料采购计划的生成（其中，批次实际采购量以"有效库存"为计算依据，并结合参考理论采购量、实际库存、最大最小库存、虚拟库存、经济批量等因素）、审计部门的监审核实，以及采购计划执行情况的实时跟踪，均能使库存始终处于最小库存量，以减少库存资金积压，保证了生产正常高效进行。

2. 采购管理

通过建立和分解采购订单、供应商档案的维护，动态掌握订单执行情况，有效地管理整个企业的采购业务，及时、准确地保证企业生产所需求的各类物料，快速处理并下达采购计划，控制和节约采购资金，降低采购成本，提高采购活动的效率。

（1）比价采购。可随时查看采购单物料与多家供应商的对照表，通过比较价格、质量等级、信用等级、交货周期以及价格、合格率等参数，最终确认所选择的供应商是否合理。

（2）采购执行与资金对比。通过对计划采购数量、实际入库数量，预算（计划）价格、采购实际价格，原定供应商、实际采购供应商等资料信息的跟踪查询，以确保采购的正常执行。

3. 库存管理

主要处理各种出、入库业务，提供库存状况查询及报表、即时报警手段对库存数据进行安全性控制，及时动态地掌握各种库存物料的信息，便于企业进行对生产物料的管理控

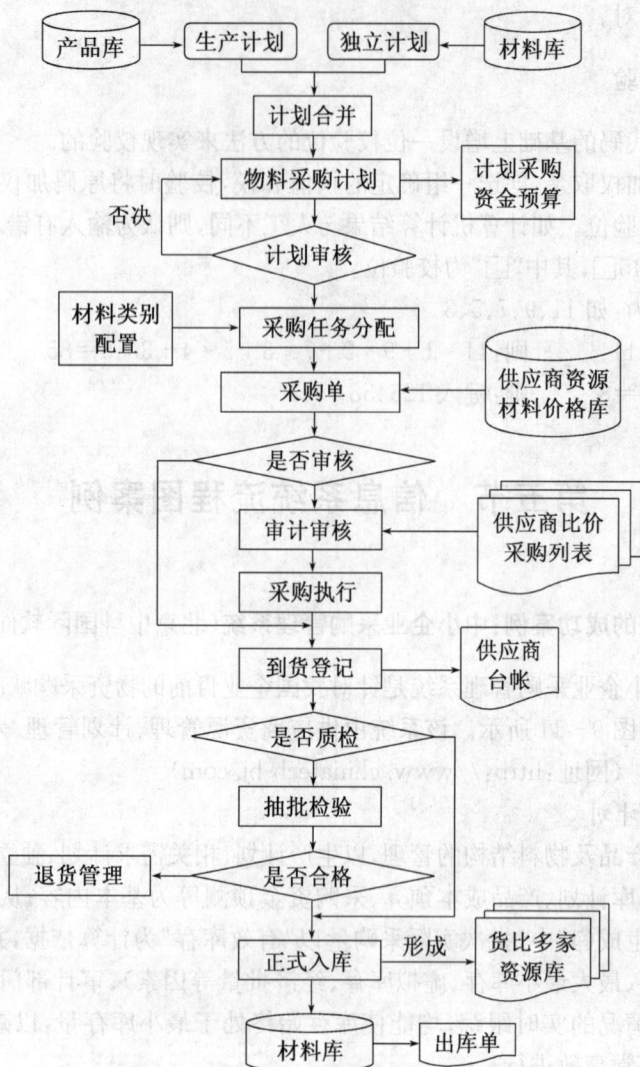

图 9‒11　企业采购系统信息系统流程图

制,从而避免物料积压占用或物料短缺影响生产。

　　动态盘库——可进行动态的盘点,即盘点期间不受出入库、退货、退库、报废、调拨等影响,盘点报表的数据始终为所规定的启动时间点的数据。

　　库存报警——能根据有效库存,对未完成的计划进行跟踪,作出及时准确的报警提示,如图 9‒12 所示。

　　4. 供应商资源管理

　　系统将企业现有的信息、新供应商信息和入库单有关信息进行组合,并记录了供应商的信用等级、质量等级、交货周期、历史交易价格,使企业能够比较简单有效地进行采购过程的监管。此外,还可随时查询供应商在某时段内的供货情况,包括材料的合格率、实际交易价格、日期以及平均价格等信息;系统同时通过图表及数据列表的表现方式做比较,使查询更直观明朗、操作简单。

5. 产品特色

采购计划管理使库存始终保持最低的合理库存量,可以有效降低库存占用资金,保证了采购数量的准确。

(1)供应商资源管理记录了供应商的信用等级、质量等级、交货周期、历史交易价格,形成"货比多家数据库",使企业领导能够简单有效地进行物流管理。

(2)可进行动态库存盘点,即盘点期间不影响库房的出库、入库、退货、退库、调拨、报废等业务处理,库存盘点报表为启动盘点时间点的数据,而材料台账为实际库存数量。

(3)材料报警查询和补库计划能对以前未完成的计划进行跟踪,根据有效库存及时准确做出报警。

(4)积压库存材料查询 可以按照时间的长短,以先进先出等方法查询出积压的状况,对过期材料做出及时处理。

前面所叙述的功能结构图主要从功能的角度描述了系统的结构,但并未表达各功能之间的数据传递关系,事实上,系统中的许多业务或功能都是通过数据文件联系起来的。这些关系在信息系统设计中便通过绘制信息系统流程图将其从整体上表达出来。

6. 信息系统流程图绘制的步骤

信息系统流程图是以新系统的数据流程图为基础绘制的,步骤如下:

(1)为数据流程图中的处理功能画出数据关系图,它反映的是数据之间的关系,及输入、中间数据和输出信息之间的关系。

(2)把各个处理功能的数据关系图综合起来,形成整个系统的数据关系图,即信息系统流程图。

目前国际上所用的符号日趋统一,我国国家标准 GB1526 - 79 信息处理流程图图形符号和国际标准化组织标准 ISO1028、2636 以及美国国家标准协会 ANSI 的图形符号大致相同。

注意:从数据流程图到信息系统流程图并非单纯的符号改变,信息系统流程图表示的是计算机的处理流程,而并不像数据流程图那样还反映了人工操作那一部分。因此,绘制信息系统流程图的前提是已经确定了的系统的边界、人一机接口和数据处理方式。

从数据流程图到信息系统流程图还应考虑哪些处理功能可以合并或进一步分解,然后把有关的处理看成系统流程图中的一个处理功能。

第六节 系统物理配置方案设计

一、设计依据

1. 系统的吞吐量

即每秒钟执行作业数,是一种正比关系。一般选择具有高性能的计算机和网络系统。

2. 系统的响应时间

从用户向系统发出作业请求开始,经过处理后,给出应答结果的时间。一般选择 CPU 运算速度较快计算机以及高传递速度的通讯线路,如实时应用系统。

3. 系统的可靠性

可以连续使用的时间。对要求高的系统可以采用双机双工结构方式。

4. 集中式还是分布式

如系统的处理方式是集中式的,则信息系统既可以是主机系统,也可以是网络系统;如系统处理方式是分布式的,则采用微机网络将更能有效地发挥系统的性能。

5. 地域范围

根据系统覆盖的范围决定是采用广域网还是局域网。

6. 数据管理方式

如果数据管理方式为文件系统,则操作系统应具备文件管理能力;如果数据管理方式为数据库管理方式,则操作系统应具备数据库管理系统。

一般应用中是两者兼而有之。

二、计算机硬件选择

管理对计算机的基本要求是速度快、通道能力强、操作灵活方便。

如果系统的数据处理是集中式的,系统应用的主要目的是利用计算机的强大计算能力,则可以采用主机——终端系统;如果是主要应用于企业的管理等,其应用本身就是分布式,则以微机网络比较适宜,灵活、经济。

三、计算机网络的选择

1. 网络的拓扑结构

应根据应用系统的地域分布、信息流量进行综合考虑,一般应尽量使信息流量最大的应用放在同一网段上。合理安排网络上的设备布局,以节约投资。

2. 网络的逻辑设计

通常首先按软件将系统从逻辑上分为几个分系统或子系统,然后再配备必要的设备,并考虑设备之间的连接结构。网络节点的权限设计必须满足安全保密要求,同时满足企业内部通信的质量与速度要求。

3. 网络操作系统

一般根据当时的技术状况和需要决定。

四、数据库管理系统的选择

MIS 是以数据库系统为基础的,一个好的数据库管理系统对 MIS 的应用起着举足轻重的影响。在数据库管理系统选择上,主要考虑以下几点:

(1) 数据库的性能;

(2) 数据库管理系统的系统平台;

(3) 数据库管理系统的安全保密性能;

（4）数据类型。

常用的有 Oracle、Sybase、SQR Server、Informix、FoxPro，前两者基于服务器模式，是开发大型管理信息系统的首选。

五、应用软件的选择

应用软件的开发一般由自主开发、联合开发、委托开发和市场采购。企业大型应用软件（如 ERP）一般是在企业采购之后，再与供应商联合进行二次开发。这样比较适合企业特点、节约投资、加快进度、提高企业管理水平。

请注意：管理软件应在尊重管理原则的基础上向功能更广阔方向拓展，但不是要软件削足适履去服从企业的任何要求，也不是要企业一定与软件对号入座。这是目前 MIS 失败最主要的原因。选择软件需要考虑的因素一般可以概括如下：

（1）软件功能是否能够满足用户要求。

① 系统必须处理哪些事件和数据；软件能否满足数据表示的需求，如数据类型、记录长度、文件最大长度等。

② 系统能够产生哪些报告、报表、文档或其他输出，是否能够满足需求。

③ 系统要储存的数据量和事件数。

④ 系统有哪些查询功能；是否能够满足要求。

⑤ 系统有哪些不足；有何解决措施。

（2）软件有无足够的灵活性；借以适应企业对软件输入、输出的要求和环境的变化。

（3）软件能否获得长期的支持；供应商的信用和能力如何。

（4）企业是否能够按照软件的主要需求进行流程重组。

第七节　人机接口设计

在任一 MIS 中，即使其自动化程度再高，也同时存在人工处理和计算机处理两种方式。人-机接口是指两种处理方式转换时的衔接部分，主要有以下几种：

（1）系统输入。是人工处理向计算机处理转换时的接口。

（2）系统输出。是由计算机处理向手工处理转换时的接口。

（3）人机对话。计算机处理过程中，要求通过手工处理进行干预的接口，既含输出，又含输入，是一种复合形式。

人机接口是沟通人工处理与计算机处理的信息通道，是用户与计算机通讯的窗口，故应为系统详细设计的主要环节，其质量不仅影响到系统使用是否方便，用户界面是否"友好"，而且对计算机潜在能力的充分发挥及系统的功能、工作质量和工作效率产生直接影响。

一、人-机接口设计的原则

（1）时间匹配。由于两个处理的处理速度相差很大，该如何适配。

（2）减少数据输入数量，提高且保证数据输入质量。

（3）使用方便，对用户友好。

二、输出设计的要求

输出设计将为用户提供必要的结果和信息，是系统开发目的与评价系统成功与否的标准。

1. 输出设计的要求

系统的输出直接与用户相联系，是向用户提供使用的信息，输出信息的数量与质量直接决定了系统功能的强弱和使用效果，故其出发点是保证输出能方便地为用户服务，正确地反映和组成对用户的有用信息，最大限度地辅助管理人员进行管理活动。

2. 输出内容

（1）输出信息的基本内容。包括信息形式（表格、图形、文字），输出项目及数据类型（字符，数字等）位数及取值范围，数据来源及生成算法等。

对外必须满足高层主管部门实行管理和调控的要求，对内应尽量满足企业各级管理人员提出的信息需求，应能全面、准确、及时地反映企业生产经营活动的动态过程，特别是那些对生产经营过程的控制、反馈有用的信息。

（2）信息使用的要求。即输出信息的使用者、使用目的，使用期限，产生周期、报告量、输出份数、机密和安全要求等。

3. 输出方式与设备

输出方式与设备取决于信息的用途，根据具体要求决定。

4. 输出格式和介质

输出格式无论是表格还是图形、图标、文件、声音、图像，都要注意介质的合理使用。

注意：① 方便用户，适应习惯，美观大方；② 充分考虑原系统的输出格式，若需修改应协商解决；③ 尽量采用标准化的格式，文字和术语的统一，符合规范要求；④ 充分利用标准纸张；⑤ 统计报表，特别是多层次报表，必须包括全部必需的统计数据及必要的文字分析和合理的图形应用；⑥ 输出报表应考虑防止修改的可能，并充分考虑系统发展的需要。

三、输入设计

输入设计对系统的质量起着决定性的作用，是信息系统与用户之间交互的纽带，决定着人—机交互的效率。应该安排在输出设计之间进行。

（一）输入设计的要求（原则）

（1）要求保证输入数据的正确性、输入过程尽量简化；增加必要的校验措施与纠错技术。

（2）提高输入速度、减少输入延迟；充分利用周转文件和批量录入措施。

（3）控制输入量；只输入基本的必须数据。

（4）避免额外步骤。与输入及质量无关的一律省略。

（5）输入界面设计必须满足：安全可靠性、简单与简明性、立即反馈性，以及色彩风格适中和风格统一性。

（6）建立必要的操作管理规程。如权限设定、审核规范、操作规范、失误处理、备份处理以及应急处理措施等。

（二）输入内容

完全取决于所需的输出信息，在满足处理要求的前提下，将输入数据控制在最低限度。

（三）数据的输入方式

数据的输入方式与设备和数据发生地点、发生时间、数量及数据特性、处理速度要求有关，常见形式有：① 键盘输入；② 媒体输入；③ 联机输入；④ 字符识别输入。

（四）输入格式

（1）设计专门的输入记录单，与屏幕显示画面格式一致。其原则：便于填写和输入，便于人工和程序的正确性校验。

（2）直接从原始数据单上输入数据，屏幕格式与原始凭证格式一致。

注意：① 直接减少输入工作量，避免重复输入；② 允许按记录逐项输入，也可以按某一属性项输入；③ 输入格式关系到数据的存贮结构，要使存贮空间尽量小；④ 便于填写，即保证填写迅速、正确、全面、简易和节约，应减少填写量，版面排列要有条理；⑤ 标准、清晰、便于归档；⑥ 设计的格式应保证输入精度。

（3）考虑模数/数模转换方式问题，这类输入主要在商业和流水生产线上使用较多，对输入数据的准确性、可靠性、精度以及效率都必须慎重考虑。

（4）对已经建立企业网的管理信息系统，要充分考虑网络和通信传输问题，除了硬件问题之外，需要满足相应的网络传输协议和数据标准问题。

（五）输入数据的校验

1. 数据出错类型

数据出错的类型有：① 数据本身错误：单据填错、录错；② 数据不足或多余：准备过程过失或重复转换所致；③ 数据的延误：数据提供时间延误造成。

2. 数据校验方法

数据常用校验方法有：① 重复录入校验，两人同录，对比校验；② 视觉校验，在屏幕上进行（主要方法）；③ 分批汇总校验，按类别或发生日期分批，人、机分别汇总对照；④ 控制总数校验，对所有数据项进行；⑤ 数据类型校验，是否符合预先规定的格式；⑥ 逻辑校验，是否在逻辑上有矛盾（如男 m，女 w，非 F，是 Y）；⑦ 界限校验，即范围，上限、下限校验；⑧ 顺序校验，分类排序，按顺序检查，有无重复遗漏；⑨ 记录计数校验；⑩ 平衡校验，主要用于财务，借贷平衡，纵横合计平衡；⑪ 匹配校验，输入数据与已存在数据文件中的数据是否匹配，如产品代码在文件中存在否，内容相符否；⑫ 代码校验（设计难度大）。

3. 数据出错的纠错方法

（1）手工纠错，在准备过程完成。

（2）程序自动纠错。① 原始数据出错。只能返回原始单据填写单位修改；② 机器自动纠错。待输入数据完全校验并改正后，再进行下一步处理；舍弃出错数据，只处理正确的数据，此法只适用于调查分析情况，因此是不需要太精确的数据计算，如百分比等；只处理正确的数据，出错数据待修正后再进行处理；剔除出错数据，继续运行处理，出错数据待下一个运行周期一并处理,此法适用于运行周期短而又剔除的数据对输出信息的正确性影响不大的情况。

4. 出错表的设计

在数据输入的过程中需要通过程序对输入的数据进行校验,如发现错误,程序应能够自动地打印出有关信息提示,此即数据出错打印表设计,其一是以数据校验为目的的程序;其二是边处理边作数据校验的程序。

四、人机对话设计

人机对话是指在系统运行过程中,用户通过终端屏幕与计算机进行一系列交替式的询问与回答,向计算机提供运行过程中所需要的数据和/或控制信息,控制计算机的处理过程。界面的风格、质量及友好程度在这里得以体现,因此设计必须特别慎重。

1. 对话设计原则

(1) 明确对话的对象。确定列示问题的详细程度。

(2) 面向用户。对话的措词、思路、习惯尽可能适应用户环境。

(3) 出错提示的设计。将系统出现的错误信息准确、及时地报告用户。

(4) 辅助信息的设计。用辅助的形式给出明示,如快捷键的使用、固定数据信息(如会计的各级科目、用户信息)的索引、自动录入,以及有关当前元素的信息与说明。

(5) 对话要清楚、简单,不能具有二义性。

(6) 要适合用户的环境和具体情况,允许具有不同能力和经验的用户在不同的速度下操作。

2. 对话方式

(1) 问答式。回答是"Y"或"N"。问答式常用于控制程序的流向,根据操作员的回答执行程序的不同分支。

(2) 菜单式。系统通过屏幕显示多种可能的选择内容及其代号,用户根据需要键入相应的代号,点击菜单,可以方便地调用系统功能。可分级、分层调用。

优点:灵活。缺点:无法一次执行所有功能。

(3) 填表式。在屏幕上设计一个完善的表单,由用户根据表单格式填入相应的数据。此形式对事务数据的输入操作特别合适。

(4) 图符/图形、色彩形式。通常称为图符的图形符号可以代替菜单和命令语言用于系统对话中。可以根据图符和图形功能生成复杂的图像,这种复杂的图像能在屏幕上显示或合并到文件中去。将图形与彩色结合起来的能力为提高信息传递的质量提供了潜力。

(5) 单选或多选式对话框格式。在面向对象的设计中使用频繁,需要选择的内容全部包括在选择范围之内,用户对设计的要求只是进行确认:是存在唯一性选择还是存在多种可能性选择,这样可以简化用户输入,最典型的如社会调查格式。

(6) 自然语言式。在多媒体状态下运用。

第八节　数据存储设计

在系统分析阶段已从逻辑角度对数据存储进行了初步的设计,在系统设计阶段,还要根据已选用的计算机硬件和软件以及使用的具体要求,进一步完成数据存储的详细设计。

MIS 是基于文件系统或数据库系统的,文件是存放在系统中要处理和维护的数据的基本方式,在数据存储设计中,要确定数据的组织方式。而对于整个系统的全局性数据管理则采用数据库。文件设计就是根据文件的使用要求、处理方式、存储量、数据的活动性以及硬件设备的条件等,合理地确定文件的类型、选择文件介质,确定文件的组织方式和存取方法。

一、文件的分类

(1) 按存储介质分类。卡片、纸带、磁盘、磁带和打印文件。

(2) 按文件的信息流向分类。输入文件、输出文件和输入输出文件(如磁盘文件)。

(3) 按文件的组织方式分类。顺序文件、索引文件、直接存取文件。

(4) 按文件的用途分类。

① 主文件。是指系统中最重要的共享文件,主要存放固定值属性的数据。它必须准确、完整并及时更新。

② 处理文件(Transaction file)。又称事务文件,是用来存放事务数据的临时文件,包括对主文件进行更新的全部数据。

③ 工作文件。是处理过程中暂时存放的数据文件,如排序过程中建立的排序文件等。

④ 周转文件。是用来存放具有固定个体变动属性的数据(如工资管理中的扣项数据,独立出来形成数据文件),可以是纸介质,也可以是磁介质。

⑤ 其他文件。如后备文件(复制文件)、档案文件等。

二、文件设计

在文件设计之前需要确认数据的处理方式、文件的存储介质、计算机操作系统所能够提供的文件组织方式、存取方式和对存取时间、处理时间的要求。

表 9 - 4　常用文件组织方式性能比较

效果 组织	文件处理方式		文件 大小	随机查找 速度	顺序查找 速度	适于何种 活动率	对软件 要求	备注
	顺序	随机						
顺序	很好	不好	无限制	慢	很快	高	低	
索引	好	好	中等	快	快	低	中	
直接	不好	很好	有限制	很快	慢	低	高	

表 9 - 5　不同用途文件的存储介质和组织方式

因素与选择 / 用途	保存期	活动率	存取方式	存取介质	组织方式
主文件	长	高	顺序	磁盘	索引
		低	随机		直接
处理文件	中			磁介质	顺序
工作文件	短			磁介质	顺序

活动率＝(需要处理的记录/源记录)＊100％

共享文件中的数据项目是其他文件设计的基准,不可变更,以防出错。

文件是由记录组成,所以,设计文件主要是设计文件记录的格式:数据项的名称、变量名、类型、宽度、和小数位。

第九节　编写程序设计说明书和系统设计报告

一、编写程序设计说明书

程序设计是根据系统分析与系统设计阶段产生的文档资料,这种书面文件是以每个处理过程作为单位,由系统设计员编写,交给程序员,程序设计员根据说明书使用制定的计算机程序设计语言书写源程序。程序设计完成后,即编写程序说明书(包括算法、程序流程图及源程序清单),作为系统开发技术文档的一部分。以后在模块修改时,应附上模块修改说明书。

说明书的内容包括:程序名、所属系统及子系统名、程序的功能、程序的输入和输出数据关系图、输入文件和输出文件的格式、程序处理说明(包括计算公式、决策表、控制方法、法规等)。

二、制定设计规范

在设计之前应该制定一个大家都必须遵守的设计规范,如文件名、程序名、子系统名等的命名格式;编码结构、代码结构、度量衡的标准以及各种操作和管理规范等。

三、系统设计报告

系统设计报告是系统设计阶段的工作成果,也是系统实施阶段的主要依据,由系统设计员的编写、报最高决策者审批。

纲要如下:

一、引言

1. 摘要:新系统的名称、目标和功能。

2. 背景:用户;项目的开发单位;本系统和其他系统或机构的关系。

3. 工作条件与限制。

＊硬件、软件、运行环境的限制;　　＊安全性、保密性与可靠性方面的限制;

＊所采用的系统软件文本;　　＊所采用的网络协议标准的文本。

4. 参考和引用的资料。

5. 专门术语定义。

二、系统的总体设计(介绍)

1. 子系统的划分及依据。

2. 人机分工及依据。

3. 系统的模块结构设计。

＊新系统的数据流程图;　　＊新系统初始的系统结构图;

＊优化后的系统结构图及优化说明;　　＊模块说明书。

4. 系统配置设计。

＊新系统的计算机体与结构及选择依据(网络);

＊选用的计算机主机与外设的名称、型号规格及选择依据;

＊系统软件的选择与依据;

＊系统的具体配置方案及硬件配置图;

＊设备清单。

5. 数据库物理设计。

三、系统的详细设计

主要文件设计方案:

1. 代码设计。

＊代码的对象、名称、结构和使用范围;　　＊代码设计的说明与评价。

2. 输入设计方案。

＊输入项目及提供者;　　＊输入内容:数据名称、类型、取值范围;

＊输入的方法:设备与格式;　　＊输入校验的方法及效果分析。

3. 输出设计方案。

＊输出项目及使用者;　　＊输出内容:数据名称、类型、取值范围、周期;

＊输出方式、设备与格式。

4. 程序模块说明书。

5. 可靠性、保密性设计及效果分析。

四、系统实施计划

1. 工作任务分解,指定每项任务的要求。

2. 工作进度与费用预算。

参加评审人员名单及意见要作附录备案。

复习思考题

1. 系统设计是如何将数据流程图转换成为信息流程图?

2. 我国的汽车牌号编码属于哪一类? 你对我国汽车牌号编码有何见解? 提出你的方案。

3. 在系统设计中,如何安排各种具体设计内容的顺序? 为什么?

4. 如图9-12所示:

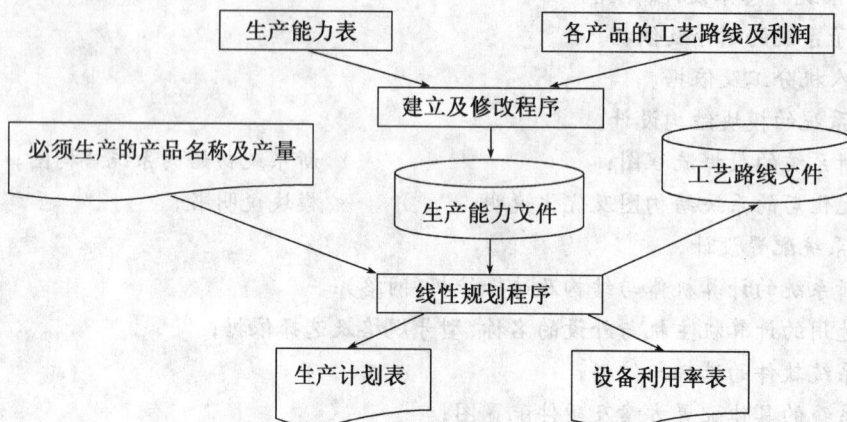

图9-12　生产计划优化系统

(1) 工艺路线文件的记录格式应该如何设计?

(2) 如果还要考虑满足原材料现有的库存数量这个约束条件,如何实现此优化过程?

(3) 如果主要设备的利用率较低,应如何解决?

(4) 描述优化后的模型。

5. 运行一个输入数据的程序时,首先要输入一个成员的代码,如果主文件中有该人员的代码,则自动显示该人员的姓名,并进入有关数据录入,如不对,该怎么办? 请写出此流程。

第十章　管理信息系统的实施、运行及维护

此阶段是系统开发的最后阶段,包括系统实施阶段的工作程序、系统运行及维护阶段的工作程序及工作内容。

系统实施是对方案的物理系统实现,此阶段将投入大量的系统开发资源,最终形成目标系统的运行环境。

系统实施可分为程序设计、系统调试和系统转换三个部分。

第一节　物理系统实施概述

系统实施的任务是投入大量的人力、物力和财力,按照系统设计所确定的物理模型(即技术方案)去具体地实现新系统。这阶段的工作每一具体步骤都必须十分认真组织、协调,任何细微的差错都会给系统造成隐患,难以达到预期的设计标准。

一、系统实施阶段的主要工作内容

1. 计算机硬件、软件辅助设备的购置与安装

按系统设计报告所确定的执行,在选择厂商(公司)时,应注意:

(1) 有良好的信誉和技术服务体系,包括售前技术指导、售后技术服务、人员培训。

(2) 价格合理。

2. 机房的建立

对机房一般要求如下:① 安装必要的空调实施,确保温度控制在 15 ℃~30 ℃,相对湿度 40~60％;② 墙面和地面的处理要达到防尘要求,地毯和木板要求做过防静电处理;③ 采用双层窗结构,防止外部尘埃进入;④ 采用不间断供电系统(UPS)作电源;⑤ 将动力用电与计算机电分开,减少电压波动和干扰;⑥ 机房应有可靠的接地,要求接地电阻小于 4 欧姆;⑦ 选用比较先进的网络系统;⑧ 小型机或更高档次的机器应请专门设计和施工部门。

3. 程序的编写与调试

本阶段有许多程序员分头进行程序设计,这是本阶段工作量最大,也是最重要的任务,其质量直接关系到所期望的系统功能是否能全部实现。

4. 系统调试

基于应用程序每一个模块的编程和调试完成的基础上,即可进行系统调试,量大任重。

5. 数据准备录入

MIS 的大量数据,是系统正常工作的"原材料",没有进行完整、系统准备的数据,只

能是"GIGO"(GARBGE IN,GARBGE OUR),硬件、软件系统再先进也将黯然失色。因此,数据的收集、整理、校对、格式编辑及录入是一项必不可少的工作,必须专人负责。

事实上在系统分析阶段的后期,即应进入准备阶段。

6. 系统转换

系统调试合格,所有必要基础原始真实数据均已录入,即可交付用户使用,此即开始从原系统向新系统的转换。

7. 人员培训

开发单位有责任、有义务为用户做好培训工作,特别是目前系统比较复杂的 ERP 之类的大型系统。需要培训的人员有各个层次的管理人员、数据录入人员、系统操作员、数据管理员,应用软件维护人员以及系统主管人员。后三种人最好一齐参加系统开发的全过程,以便在系统运行过程中担负起繁重的应用软件维护任务,这也是以前开发的 MIS 失败的一个重要原因。

8. 系统开发文档资料的整理与归案

在整个 MIS 开发过程中有大量的管理文件和技术文档,必须整理成册,形成完整的文档资料,交管理部门存档。

二、程序设计

由于软件设计的费用在系统中的比例急剧上升,已提高硬件和系统软件对环境的适应性。

(一) 程序质量的标准的主要要求

(1) 可理解性(可读性)。程序结构清晰、思路清楚、语句简捷,使人容易阅读和分析。程序的结构应清晰明了,各部分的独立性强及聚合性高,便于修改。由于 MIS 的寿命一般在 3～10 年,可维护性可以降低软件的使用费用。

(2) 健壮性(可靠性)。是指程序无论在什么样的条件与环境下运行都不易被破坏。容错能力强,不会产生意外的操作,不会产生死锁或系统崩溃。

(3) 可维护性。在系统运行过程中,需要不断地对程序进行修改和扩充,因此程序必须是容易修改的,且这种修改不会影响其他部分。

(4) 效率高。程序运行速度(时间)和存贮效果(空间),俗称时空效果,这对矛盾要作出正确处理。

(二) 程序设计的步骤

1. 了解实际使用的计算机系统的性能

(1) 硬件性能。内存、字长、速度。

(2) 操作系统特点。含有功能,提供服务,文件管理方式。

(3) 程序设计语言特点。语法规则和编程特点。

(4) 数据库管理系统。

2. 研究并充分理解系统设计报告

充分理解应用软件的模块结构、数据结构、代码体系、系统的输入与输出、可靠性和保密性措施、人机对话的内容及方式、每个模块的具体要求,对编程质量事关重要。

3. 设计处理过程

在第二步的基础上，根据模块说明书中模块的处理流程和处理逻辑要求，考虑具体的处理过程，并用程序流程图进行描述。

4. 编写程序

以模块为单位编写程序代码，并进行必要的调试。

5. 检查

完成第四步后，即进行检查，利用黑箱法或白箱法调试，发现各种可能发生的错误并立即纠正。

6. 模块调试

将编写确认无误的程序输入计算机，以模块为单位进行调试。构成系统的全部模块都编写完成并通过各类复杂的调试后，即可装配连接成完整的 MIS 应用软件。

7. 程序说明书

程序说明书的内容包括：① 整个系统程序包括说明；② 系统流程图和程序流程；③ 作业控制语句说明；④ 程序清单；⑤ 程序测试过程说明；⑥ 输入、输出样本；⑦ 程序所有检测点设置说明；⑧ 各个操作指令，控制流指令；⑨ 操作人员指导（使用）说明书，操作顺序、所需 I/O 介质、程序中断时应采取的措施、例外情况处理、输入参数条件、输出发布等；⑩ 修改程序的手续。

三、结构化程序设计的方法

1. 自顶向下的模块化设计（TOP - DOWN）

目的在于从一开始就能从总体上理解和把握整个系统，而后对于组成系统的各功能模块逐步求精，从而使整个程序保持良好的结构，提高软件的效率。

注意事项：① 模块的独立性。提高每个模块的聚合度，降低其耦合度，将模块作为一个独立的子系统开发；② 模块划分大小适中。模块中内含子模块数要尽可能少，既便于模块的独立开发，又便于系统重构；③ 模块功能要简单。一般只完成一个独立的处理任务；④ 共享的功能模块应集中。作为一个过渡过程模块，便于集中管理和引用。

2. 结构化程序设计方法（Structured Programming）

自顶向下的模块化方法描述了大程序设计的原则，在具体编程中，则采用结构化程序设计方法。其特点是基于三种基本逻辑结构：顺序（线性）结构、循环结构和选择结构。

结构化程序设计优点：① 使程序的结构标准化；② 每种结构只有一个入口、一个出口，程序结构清晰，便于理解与调试；③ 由于没有无条件转移语句，因此程序是线性的，既提高编程效果，又有较好的可读性。

第二节　程序调试和系统调试

系统调试是在单个程序调试成功之后，组织程序、模块、子系统的联调。系统调试不仅包括计算机处理过程的调试，也包括人工处理过程和操作环境的检验和调试。

系统调试通常按下述步骤进行:模块调试,简称单调;子系统调试,简称分调;系统调试,简称联调或总调;实况调试,实为用户验收。

系统调试是为了发现尽可能多的错误而运行程序的过程。

模块调试由担任该模块编程任务的程序员负责,其余调试由系统分析员负责。

一、模块(程序)调试

在系统调试中,首先进行的是模块调试,其优点如下:

(1)易于发现和纠正错误。

因发现的错误肯定在被试的模块中,且模块规模小,也比较容易纠正。

(2)调试可以由多个程序员并行进行,以加快调试速度。编程后的模块通常存在两种错误:语法错误和逻辑错误。

语法错误:是指部分程序语句不符合程序设计语言的语法规则,如,出现非法字符、非法保留字、变量名错、命令格式错等。由于一般语言加工系统都有较完善的语法检查能力,可以在系统的帮助下,容易发现和纠正(大部分在编程调试中就可发现)。

逻辑错误:是指所设计的程序不能满足规定的功能要求或对数据进行加工的正确性得不到应有的保证。模块调试主要是针对逻辑错误。

模块调试的基本方法是黑箱法和白箱法。

1. 黑箱法

黑箱法是将待调试的模块看作一个"黑箱",即不考虑模块内部的程序结构,只检查模块从外部来看是否符合模块说明书或 IPO 图的要求,因此亦称功能测试法。

由于模块的输入输出可能在很大范围内变化,若想用黑箱法测出所有可能的错误,则输入数据必须尽可能取得所有值来进行测试,检查是否在每种情况下都能产生正确的结果,实际上是不可能的。因此,只要在输入数据全部可能取的值中,确定一个子集作为测试数据,这个子集的查错能力应当尽可能强。

确定这个作为测试数据的子集有如下办法:

这些测试数据中有正常数据、错误数据(包括错误的操作和异常数据如空格)。

(1)等价分类

将输入数据可能取的值分成若干个"等价类",每一类取一个有代表性的数据作为测试数据,有几个等价类就有几个测试数据。

如:输入数据的取值范围为 $1 \leqslant X \leqslant 999$ 的整数,则可以将其划分成一个合理的等价类 $X \geqslant 1$. AND. $X \leqslant 999$,和两个不合理的等价类,$X < 1$. AND. $X > 999$ 的数。

(2)边界值分析法

经验证明,程序往往在处理边界处的数据时容易出错,所以边界点的数据作为测试数据有较高的查错能力。如上例:取 $X = 1$ 或 $X = 999, 0, 100$

(3)因果法

因果法看重检查输入条件的多种组合,每个条件组合是"因",这种条件下的输出即后"果",可用判断表简化后的每一列设计一组测试数据,检查多种组合测试数据下的输出结果是否满足判断表的要求。

2. 白箱法

利用白箱法进行模块调试时,是通过尽可能多的执行程序中的不同路径来发现错,如此,必须使程序中每种可能的路径都执行一遍,事实上是很难完成的。

常用的策略是通过有限的测试数据,使程序覆盖的程度尽可能高些,却能发现尽可能多的错误。白箱法测试需要测试人员能读懂程序,并根据程序的内部设置逻辑来设计测试数据。

白箱法常用的方法有以下几种:

(1) 语句覆盖。

其原则是:选择足够的测试数据,使得程序中的每个语句至少都能执行一次。如多重条件组合(多重循环)语句,更需要谨慎从事,如果不能充分覆盖,就可能留下问题。

(2) 判断覆盖。

其原则是:所选择的测试数据能使程序中每个判断分支都能至少执行一次。难度最大。

若判断条件是复合条件构成的,则考虑以下办法。

(3) 条件覆盖

其原则是:选择足够的测试数据,使得程序的每个判断中的每个条件的所有可能取的结果至少出现一次。

(4) 条件组合覆盖

选择的测试数据应能使所有判断中每个条件取值的所有可能的组合至少出现一次。

如:有两个顺序组合的条件组合,其中每个判断由两简单条件组成,而每个条件可能取两个值,则每个判断可能出现不同条件值的四种组合,两个判断可能出现八种组合,则满足选择原则,充分覆盖。

二、子系统调试

子系统调试又称分调,它是在模块调试的基础上,解决构成系统的各模块之间的联结问题,包括以下几种:

(1) 调用关系。上级模块能否正常调用下级模块。

(2) 通讯关系。模块之间传递的数据和标志位是否正确。

(3) 控制关系。模块之间的控制信息是否起作用,以及控制关系是否正确。

总之是解决模块间的联结是否达到了系统结构图的要求。

三、子系统调试有两种方法

子系统调试有自顶向下和由底向上两种方法。

1. 自顶向下的调试方法

此法是先调试顶层模块(主控模块),再调试它所调用的模块,并逐步向下进行。

为了比较科学和高效确定试顺序时,遵守以下原则:

(1) 尽早调试包括输入、输出在内的模块。

(2) 尽早调试最为关键、比较复杂模块。

2. 由底向上的调试方法

首先调试最底层的模块,再调试用它们的上级模块,并逐步向上进行。

唯一的要求是:在有调用关系的模块中,先调试下层再调试上层。决定调试顺序的原则和自上向下调试方法同。

测试模块间相互关系和上下级模块的联结是否正确,可酌情使用多种试法,各有千秋。

四、系统调试和实况调试

在子系统调试的基础上,再进行整个系统的功能调试,称为系统调试或联合调试或总调。它包括子系统之间的数据通讯、子系统之间共享数据的使用、系统的各种功能是否达到了系统目标的要求。

系统总调后应进行系统实况调试,这是系统运用真实数据的一次全面运行,同时也是用户进行验收的过程。实况调试的测试数据通常采用原系统已运行过的历史数据,将运行结果与原系统的结果进行比较。实现调试不仅是用户验收性的一次试运行,也是考验系统功能、运转的合理性和运行效率。正确性与可靠性的一次全面测试,新系统优越亦显示。(总结),对新系统的测试顺序是模块调试、子系统调试、系统调试。

模块调试的依据是模块说明书,目的是发现并纠正程序设计的错误。

子系统调试的依据是系统结构图;目的是为了发现和纠正系统设计(主要应用散件的总体结构设计)中的错误。

系统调试的依据是系统分析报告;目的是为了发现和纠正系统分析中的错误。

由此可见:越是早期发生的错误越是在较晚的时候才能发现,而这种错误的纠正将花费巨大的代价,因此,必须重视系统开发早期的系统分析、系统设计和错误预测工作,将错误的可能消灭在萌芽之前。

第三节　系统转换

经调试合格的新系统投入实际运行、逐步取代原系统,即由现行系统向目标系统转换过程,其最终形式是系统开发者把目标系统的全部控制权移交用户,称之为系统转换。其主要有三项工作:系统试运行、新系统转换、调整机构与建立制度。

一、系统试运行

新系统虽然经过严格的调试被证明是合格的,但把它立即投入实际运行去代替原系统是不明智的,因为新系统毕竟没有经受过实际应用环境的考验:替代之后,一旦出现意外情况,后果不堪设想。试运行是系统调试的继续与深化,是一种在实际应用环境中不断发现和纠正系统存在的错误、改进系统功能、提高系统性能的过程。试运行阶段的主要工作如下:

(1) 建立机房,对计算机(网络)系统进行安装、调试和初始化。

（2）系统实际运行所必需的大量数据的录入，经正确性检查后存入有关文件或数据库。

（3）新系统应用软件的装入与链接，并逐步投入运行。

以上三步在系统实况调试阶段已经完成。

（4）考虑新系统运行情况，对系统进行初始化，输入原始数据记录，将新系统的输出与老系统的输出进行比较，观察和记录试运行中发生的多种不正常情况，并及时纠正。

（5）考察系统的运行效率、可靠性、安全性、精度、速度等关键指标。

（6）各类人员培训，除理论外，这要熟悉各自的岗位，不要忽视管理阶层。

（7）调整组织机构和建立必要的管理制度。

（8）写出系统运行报告。

二、系统转换

系统转换是在系统运行成功后，即可开始。系统转换应尽可能平稳，使新系统安全地取代原系统。系统转换一般有三种方式：直接转换、并行转换、逐步转换。

1. 直接转换

经过确认，在某一时刻将原系统停止使用，由新系统完全接替工作。这种转换过程简单，但危险性相当大，因此，直接转换只在小系统中采用，如图 10-1 所示。

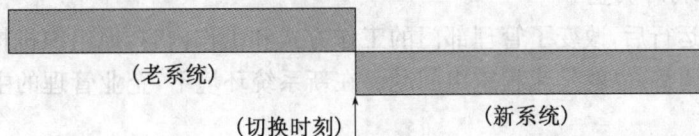

图 10-1 直接转换模型

2. 并行转换

新旧系统同时工作一段时间，相互检验，在比较过程中可以进一步考验新系统，比较两个系统的优缺点，并使系统操作员得以锻炼，逐步熟悉新系统的操作规程和其功能。如图 10-2 所示，典型的如财会电算化。

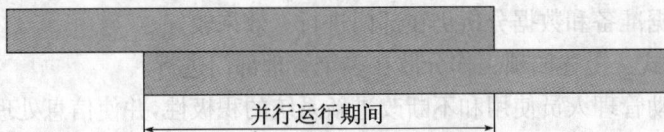

图 10-2 并行转换模型

转换需分两步：第一步以原系统为主，新系统作为校核；第二步以新系统为主，原系统作为校核，一般要数月，甚至达一年。

3. 逐步（分阶段）转换

在系统转换过程中，为防止新系统故障而引起整个系统混乱，而采用逐步转换，分为以下三种情况：

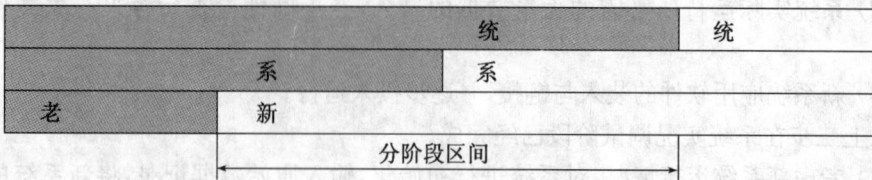

图 10-3 逐步转换模型

（1）按功能分阶段逐步转换。首先以系统中一个主要功能或独立性强又简单的功能投入使用，正常后，逐步增加其他功能。

（2）按机器设备分阶段逐步转换。如是联机，先用主机实行批处理，再逐步增加联机终端实现联机处理。如是网络，先选少量微机网，再逐步增加实现整网络系统。

（3）按部门分阶段逐步转换。先选一、二部门，待正常之后逐步增加之。

逐步转换是广泛采用的方法，平稳、安全，但应注意解决好分步转换的几部分之间的接口问题，特别是人们的思想观念的转换与人工的转换；基础数据要准确无误和及时；系统人员要有足够的准备，做好记录、分析和纠错工作。

三、调整组织机构和建立管理制度

1. 组织机构的调整

MIS 投入运行后，改变了管理部门的工作方式和工作内容，原组织机构和工作人员要进行必要的调整，也就是流程重组问题。在新系统环境下，企业管理的主要业务工作如下：

（1）数据准备。即原始数据的收集、审核、整理。

（2）信息处理。包括数据输入、系统操作、输出、结果及数据备份。

（3）数据分析。根据系统处理结果进行分析，根据分析结果进行相应的管理活动。

（4）系统维护。包括硬件、软件及数据的维护。

2. 信息机构的设置有三种方式

（1）集中式。成立企业统一的信息中心，将整个企业的信息处理和系统维护集中在信息中心，而数据准备和数据分析仍在部门进行。效果较好。

（2）分散方式。上述四项工作分散在多个管理部门进行。

优点：能调动管理人员使用和不断改进新系统的积极性，并使信息处理和管理业务紧密结合；缺点：配备维护人员造成资源浪费，缺乏统一管理，容易造成系统混乱。（失败事例很多）

（3）二者的结合。即以分散为主，但成立集中管理的信息中心。目前的大型管理系统更为适宜，负责整个系统的提议管理与维护。

3. 建立必要的管理制度

必要的管理制度一般有：① 档案管理制度，按档案管理制度运作；② 系统维护制度，按设备管理制度操作；③ 各类人员的岗位责任制度，执行岗位责任制度；④ 系统运行管理制度，包括运行管理机构的建立与调整、基础数据管理制度、操作管理制度、运行管理制度以及系统运行结果分析制度。对系统运行结果分析应引起足够的重视。

第四节　系统运行、维护与评审

目标系统经试运行证明达到了设计要求,并满足企业需求后,应在一定时期逐步(或一次)取代现系统,进入目标系统的正式运行,并对系统的正常运行进行维护和对系统的运行效果进行评价。

进入系统运行与维护阶段标志着在预定的条件和要求下,目标系统的开发结束,标志着企业计算机 MIS 的建成。实践证明,系统的运行管理与系统维护的效果在很大程度上影响到系统的生命力。

一、系统运行管理

系统运行管理有以下四方面的工作:

(1) 维护系统的日常运行。包括数据收集、审核、整理、录入、系统的运行操作,处理结果整理。

(2) 记录系统运行情况。特别注意意外情况及处理过程,要及时、完整、确切地记录。

(3) 系统资源管理。包括人员、机房、计算机、辅助设备。

(4) 系统维护管理。包括硬件、软件、代码、数据维护等,量大,难度深,人员多,需要严谨处置。

二、系统运行日常维护

目的:使系统始终处于正常的运行状态,也是长期工作。

1. 程序维护

系统运行过程中暴露出来的、而在调试过程未发现的错误;或由于功能需要扩充、提高、改善的维护工作,量很重,且牵一发而动全身,必须十分慎重,需要有详细的记录并存档。

改进的流程是:改进需求——下达改进任务——理解源程序——决定改进方法——实施改进——对改进后的程序进行测试——《评价》——不能确认,则返回到必要步骤,修正之——通过,则将文件存档。

2. 数据维护

是指对系统中数据文件或数据库进行修改,包括数据项的增、删和数据特性如长度的修改,以及数据文件的增、删。注意:数据维护会引起相应处理程序的维护要求。因此,数据的非故障维护只有在确认时才进行,一定要报系统主管同意,在统一计划下进行。

3. 代码维护

包括代码的更改、增加、删除,任何一种处理都将牵动全局,要慎之又慎。

4. 硬件维护

按照设备管理规程进行定期保养、定期检查、维护及维修。

三、系统的适应性维护

是一项长期的有计划的工作,并以系统运行情况记录与日常维护机理为基础。其内容如下:

(1) 系统发展规划的研究、制定与调整。

(2) 系统缺陷的记录、分析与解决方案的设计。

(3) 系统结构的调整、更新与扩充。

(4) 系统功能的增设、修改。

(5) 系统数据结构的调整与扩充。

(6) 各工作站点应用系统的功能重组。

(7) 系统硬件的维护、更新与添置。

(8) 系统维护的记录及维护手册的修订。

四、系统文档的管理

文档是记录人们思维活动及其结果的书面形式的、以不同介质存储的文字资料,是在系统开发、运行与维护过程中不断地按阶段依次推进编写、修改、完善与积累而形成的。

1. 系统文档的管理工作

(1) 文档标准与规范的制定。

(2) 文档编写的指导与监督。

(3) 文档的收存、保管与借用手续的办理等。

2. 信息系统文档的内容及产生的阶段

表 10-1　文档的类型及其产生的阶段

文档类别	文档内容	产生阶段	备注
技术文档	系统总体规划报告	系统规划	
	系统分析报告	系统分析	
	系统设计说明书	系统设计	
	程序设计说明书	系统设计	
	数据设计说明书	系统设计	
	系统测试说明书	系统设计	
	系统使用说明书	系统实施	
	系统测试报告	系统实施	
	系统维护手册	系统实施	运行中继续完善
管理文档	系统需求报告	系统开发前	
	系统开发计划	系统规划	
	系统开发合同书	系统规划	委托或合作开发时

（续表）

文档类别	文档内容	产生阶段	备注
	系统总体规划评审意见	系统规划	
	系统分析审批意见	系统分析	
	系统实施计划	系统设计	
	系统设计审核报告	系统设计	
	系统试运行报告	系统实施	
	系统维护计划	系统实施	
	系统运行报告	系统运行与维护	
	系统开发总结报告	系统运行与维护	
	系统评价报告	系统运行与维护	
	系统维护报告	系统运行与维护	
记录文档	会议记录	各阶段	
	调查记录	各阶段	
	系统运行情况记录	系统运行与维护	
	系统日常维护记录	系统运行与维护	
	系统适应性维护记录	系统运行与维护	

五、系统的安全保密性

1. 造成安全问题的主要原因

（1）自然现象与电源不正常引起的软、硬件造成的损坏和数据的破坏。

（2）操作失误导致的数据破坏。

（3）病毒侵扰造成的软件、硬件和数据的破坏。

（4）人为对系统软件、硬件和数据的破坏。黑客与商业间谍是系统安全的两大难题。

2. 一般应对措施

（1）依据国家和企业法规进行安全与保密教育。

（2）制定信息系统损坏恢复规程。

（3）配备齐全的安全设备（如稳压电源与空调）以及相应的隔离措施。

（4）实施切实可靠的系统访问控制制度与措施。

（5）完整地制作系统软件和应用软件的备份，强化日常运行管理与维护，做好数据备份工作。

（6）敏感数据尽可能以隔离的方式存放，有专人负责。

六、信息系统的评审

系统评审是在平时管理的基础上，在系统投入运行一段时间后，集中地对系统进行一次全面系统的相关指标的综合分析和评价。其评价指标如下：

1．系统性能指标

（1）人机交互的灵活性与方便性。

（2）系统响应时间与信息处理速度满足管理业务需求的程度。

（3）输出信息的正确性与精确度。

（4）单位时间内的故障次数与故障时间在工作时间中的比例。

（5）系统结构与功能的调整、改进及扩展，与其他系统交互或集成的难易程度。

（6）系统故障诊断、排除、恢复的难易程度。

（7）系统安全保密措施的完整性、规范性与有效性。

（8）系统文档资料的规范、完备与正确程度。

2．与直接经济效益有关的指标

（1）系统投资额。与系统投资直接有关的资金、人力、材料以及占用的时间等。

（2）系统运行费用。耗材、能源、折旧、维护费用等。

（3）系统运行新增加的效益。主要在于降低成本、减少库存、资金周转加快及占用减少、销售的增加以及人力的减少等。很难精确计算。

（4）投资回收期。

$$回收期＝从资金投入到产生效益(年)＋\frac{投资额}{系统运行后每年新增效益－系统运行费用}$$

3．与间接经济效益有关的指标

（1）对组织为适应新环境所作的结构、管理制度与管理模式等的变革所起的推动作用。

（2）能显著改善企业形象。对外提高客户对企业的信任度；对内提高全体职员的自信心。

（3）可以使管理者获得更多的新知识、新技术和新方法，缔造学习型企业，进入良性循环。

（4）信息系统的共享与交互式部门之间、管理人员之间的联系更紧密，提高企业凝聚力。

（5）对企业的规章制度、工作规范、定额与标准、计量与代码等的基础管理起推动作用。

七、信息系统的评价

1．从技术角度进行评价

（1）信息系统的总水平。如系统的总体结构、技术(包括网络)的先进性。

（2）系统功能的范围与层次。功能的多少与难度以及对应管理层的高低等。

（3）信息资源开发与利用的范围与深度。内部与外部信息的比例，以及外部信息的利用率等。

（4）系统的质量。加工处理的匹配性、可用性、正确性、可扩展性以及可维护性等。

（5）系统的安全性和保密性。

（6）系统文档的完备性。

（7）系统开发过程是否规范，系统功能的先进性、有效性以及完备性。

2. 从经济效益（直接和间接）方面的评价

一般采用性能、成本和效益综合比。

（1）系统的投资额。

（2）系统运行费用。

（3）系统运行所新增的直接经济效益。

（4）投资回收期（静态的和动态的）。

（5）对企业形象的提升。

（6）对企业体制和组织机构的改革、管理流程的优化所发挥的推动作用。

（7）对企业内部管理协调能力和凝聚力的提升。

（8）系统的实用性、提供的信息质量、处理结果是否满足用户需求以及信息资源的利用率和系统运行结果的有效性等。这些是关键的技术指标。

复习思考题

1. 系统实施阶段的主要工作内容？

2. 系统运行阶段的主要工作内容？

3. 系统运行管理及日常维护管理的内容？

4. 为什么要做好系统的适应性维护？

5. 信息系统评价的主要指标有哪些？为什么？

6. 用以你熟悉的典型的案例，描述结构化程序设计常用的三种基本逻辑结构。

7. 程序调试与子系统测试之间有哪些内在联系？前者有哪些基本方法？

8. 为什么说系统文档是信息系统的生命线？

第十一章　面向对象的系统开发方法

第一节　面向对象的基本概念及特性

所谓"面向对象"是一种认识客观世界的世界观,从结构组织角度模拟客观世界的一种方法。人们在认识和理解现实世界的过程中,普遍运用以下三种构造法则:

(1) 区分对象及其属性。例如:不仅区分事物,还区分该事物有别于其他同类事物的显著差异。

(2) 区分整体对象及其组成部分。如汽车和它的车轮。

(3) 不同对象类的形成及区分。如汽车与轮船。

因此,客观世界是由许多不同的对象构成的,每个对象都有自己独特的内部状态和运动规律,这些不同的对象的相互联系和相互作用构成了完整的现实世界。

一、面向对象的基本概念

1. 对象(Object)

(1)"对象"的含义

客观世界中任何事物都可以在一定前提下看作对象,不同前提下形成的对象称为问题对象,这个"不同前提"就是所研究的问题领域,客观世界的对象问题域映射,其结果就是对象。这就是我们研究的核心——问题对象(简称对象)。所以,对象是一个封闭体,是一组数据和施加于这些数据上的一组操作构成,表示如下:

① 标识。即对象的名称,用来在问题域中区分其他对象。

② 数据。用来描述对象属性的存储或数据结构,它表示了对象的一个状态。

③ 操作。即对象的行为。分为两类:一类是对象自身承受的操作,及操作的结果修改了自身原有的属性;另一类是施加于其他对象的操作,即将产生的输出结果作为消息发送的操作。

④ 接口。主要指对外接口,是指对象受理外部消息所指定的操作的名称集合。

(2) 对象的特征

① 名称/标识(ID)唯一,以区别于其他对象。

② 某一时间段内,有、且只有一组私有数据(DS),用以表述一个状态,且状态的改变只能通过自身行为实现。

③ 有一组操作(MS),每一个操作决定对象的一种行为,操作分自动和使动两类。

④ 对象内部封装数据、操作,外部以消息通信方式进行相互联系作用。(MI,是对象受理的消息名集合[即对外接口])

(a) 表示方式

(b) 表示方式

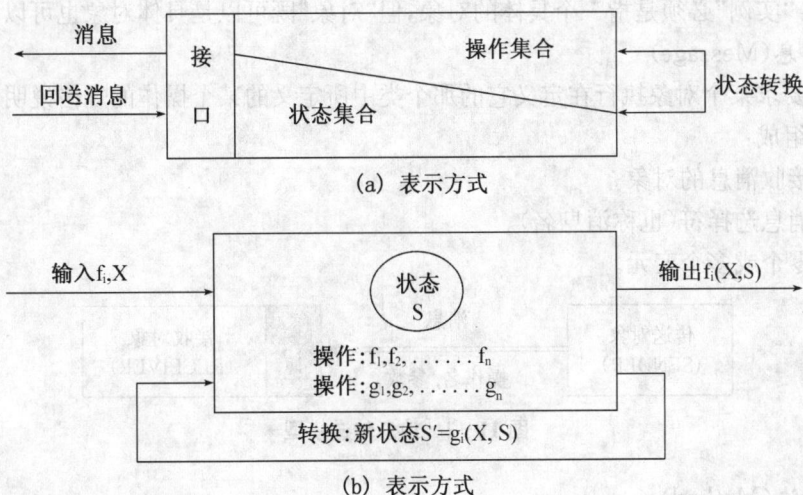

图 11-1　用自动机模拟对象

对象＝＜ ID,MS,DS,MI ＞

(3) 对象的特点

① 以数据为中心。操作围绕对其数据所需要的处理来设置,操作与其当时所处的状态(数据的值)有关。

② 对象是主动的。它是处理的主体,为了完成某个操作,不能从外部直接加工它的私有数据,而是必须通过它的公有接口向对象发消息,请求它执行它的某个操作,处理它的私有数据。

③ 实现了数据封装。它的私有数据被封装在黑盒内,对外是隐蔽的、不可见的。

④ 本质上具有并行性。对象是描述其内部状态的数据及可以对这些数据施加全部操作的集合。不同对象各自独立地处理自身的数据,彼此通过发消息完成通信。

⑤ 模块独立性好。理由如前所述,完成对象功能所需的操作的元素(数据和方法)基本上被封装在对象内部。

2. 类(Class)

对象的集合就是类(包括表示对象状态的属性集和表示对象行为的方法集)。所以,类是所有相似对象的状态变量和行为变量构成的模板。表示如下:

① 标识。是类的名称,用以区别其他类。

② 继承。描述子类承袭的父类的名称,以及继承得到的结构与功能。

③ 数据结构。是对类数据的组织结构的描述。

④ 操作。是指该类通用功能的具体实现方法。

⑤ 接口。指面向其他类的统一的外部通讯协议。

类具有明显的层次性,一个类可以派生出多个子类,父类层中有的数据可被多次重用,子类也可以扩充自身的属性方法。对象是类的一个具体实例(Instance)。在系统开发中可以通过增加新的实例来增加系统的功能。系统可以简单地看作一个彼此通过传递消息而相互作用的对象集合。

注意:"实例"必须是指一个具体的对象,但"对象"既可以是具体对象也可以是泛指。

3. 消息(Message)

就是要求某个对象执行在定义它的那个类中所定义的某个操作的规格说明。消息由三个部分组成:

(1) 接收消息的对象。

(2) 消息选择符(也称消息名)。

(3) 零个或多个变元。

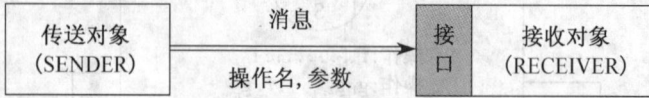

图 11-2 消息传送模型

4. 方法(Method)

就是对象所能执行的操作,也就是类中所定义的服务。方法描述了对象执行操作的算法,响应消息的方法。C++语言中称之为成员函数。

5. 属性(Attribute)

就是类中所定义的数据,它是对客观世界实体所具有的性质的抽象。类的每个实例都有自己特有的属性值。

6. 继承(Inheritance)

广义地说,继承是指能够直接获得已有的特性和特征,而不必重复定义它们。在面向对象的软件技术中,继承是子类自动地共享基类中定义的数据和方法的机制。父类具有通用性,子类则具有特殊性,子类可以从父类、祖父类那里继承方法和属性,这个关系被称为"is-a"关系。继承性使得相似的对象可以共享程序和数据结构,极大地减少了程序中的冗余信息。只要在原有类的基础上修改、增补、删除少量的数据和方法,就可以得到子类,然后生成大小、初态不同的实例;父类衍生子类时,父类的操作接口也传递给子类,达到接口的一致性。故其典型的优点在于支持重用。

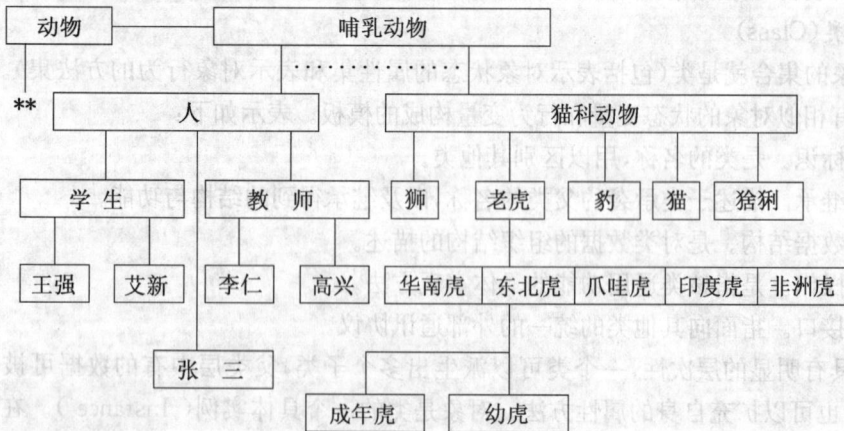

图 11-3 继承的层次关系

二、面向对象的特征

整体概念：面向对象＝数据抽象＋数据抽象类型＋继承性。

（1）封装性。突破了传统的数据与操作分离模式，使自身的状态、行为局部化。

（2）继承性。是其特有机制。通过类继承可以弥补由封装对象带来的诸如数据或操作冗余的问题，通过继承支持重用实现软件资源共享、演化以及增强扩充。

（3）多态性。同一消息发送至不同对象或类可导致不同的操作结果，使软件开发设计更便利，编码灵活。

（4）易维护性。面向对象的抽象封装使对象信息隐藏在局部，对对象的修改或对象自身产生错误的时候，由此带来的影响仅仅局限于对象内部而不波及整个系统。

第二节　面向对象的系统开发方法的原理

面向对象开发一般分三个阶段：面向对象系统分析（OOA）；面向对象系统设计（OOD）；面向对象系统实施（OOP）。

一、面向对象系统分析（Object-Oriented Analysis，OOA）

1. 原则

（1）构造与分解相结合的原则。构造是指由基本对象组装成复杂或活动对象的过程；分解是指对大粒度对象进行细化，从而完成系统模型细化的过程。这是 OOA 的基础。

（2）抽象与具体相结合的原则。抽象是指强调对事务本质性而忽略其非本质性的细节；具体是指对必要的细节加以刻画的过程。

（3）封装的原则。

（4）继承性的原则。

（5）构造问题空间。

① 区分对象与属性。如某企业和该企业的规模与环境。

② 区分整体对象及其组成部分。该构造过程称为构造分类结构。如企业及其下属部门。

③ 不同对象的形成及区分。在面向对象方法中将这个构造过程称之为组装结构。如所有的人类和猫科动物类的形成和区分。

一般也使用实体关系（E－R）图最为分析的工具。

2. 分析方法

（1）被开发的软件（或整个系统）用一种不严格的概括描述加以说明。

（2）对象用下划线标明的名词或名词字句表示，列出简表，同义词要注明。如果对象要求得到一个解，则它便是解空间（如接受、查找等）的一部分；否则，如果对象只是描述解所必要的，则它便是问题空间（如移动、同步）的一部分。

（3）对象的属性用带下划线的全部形容词来辨认，认出以后，再把它们与相应的对象（名词）建立联系。

（4）操作由带下划线的全部动词、动词短语以及谓语识别（一个动词短语指明一个条件测试）并且每一操作均联系到一些特定的对象。

（5）操作的属性由带下划线的所有副词确定，并与其特定的操作（动词）相联系。

3. 实例（物资管理）

（1）问题陈述

某物资出入库管理系统主要对产品、零部件/中间件、原材料、辅料及标准件等物资进行管理，种类不多，但出入频繁，量大。仓库管理员要求系统能实现出入库登记、定期汇总查询、生成报表、不定期查询等功能。

系统需要维护和提供的信息：物资信息、库存信息、出入库信息等。

（2）识别对象/类

① 把对象分为实体对象、接口对象和控制对象。

实体对象：指在问题领域中直接认识到的对象，它代表了要为之存储数据的现实或抽象的东西。

接口对象：是一种技术性对象，用于连接应用（应用问题/软件）和外界系统或用户（如屏幕），尤其重要的是实体对象的数据通常都是经过接口进出应用的。

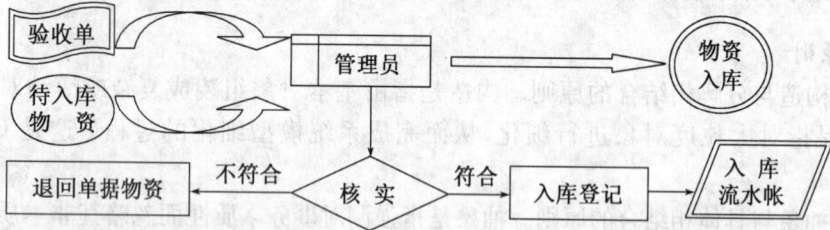

(a)

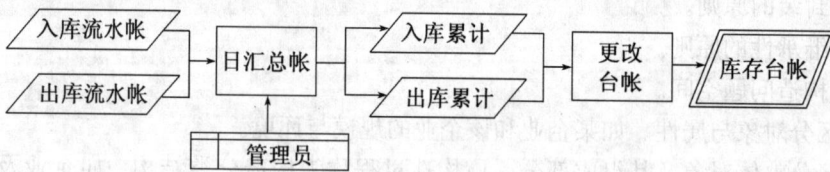

(b)

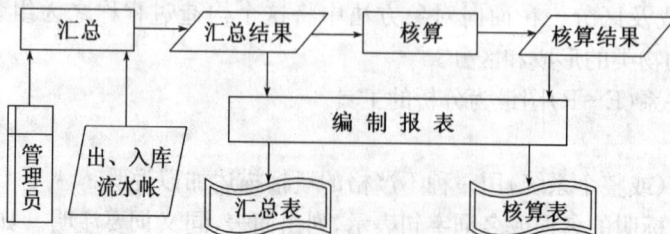

(c)

图 11-4　待制系统的主要事件

控制对象:主要用来协调实体对象和接口对象的活动。

② 依据准则:

＊ 搜寻原则。一次考虑问题域中的结构、所需信息、人员、组织结构等多方面问题,从中挖掘系统潜在对象。

＊ 判别准则。根据系统是否有必要保存该对象的信息、对象的属性个数是否大于一等因素,确定模型对象。

＊ 检验原则。

如单个对象确实反映问题空间中的实体,则其存在是合理的;

如系统中还存在另一个相同属性和服务的对象,则合并之;

如系统中存在另一个相似属性和服务的对象,且它也能正确刻画问题域,则考虑使用分类结构,并且只考虑保存得出派生结果的对象。

③ 结合三个原则,并辅以主要事件分析,可以得到待制系统的实体对象。

（3）确定对象的属性

定义属性是分析与选择的过程。主要是用名字和描述性语言说明属性。明确某个属性究竟在描述那个对象,在保证最大稳定性和模型一致的基础上,从原子概念的层次上表示属性。随着属性的增加,需要重新修订属性(使用检验原则)。

如图 11 - 4 中用双线表示的都是实体对象,包括物资。其属性表示如图 11 - 5 所示。

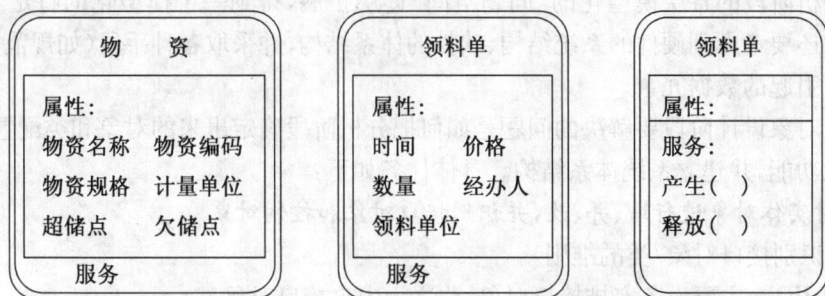

图 11 - 5　实体对象"物资"和"领料单"的属性及实体对象"领料单"的服务

（4）确定对象服务

即确定对象行为。定义服务的核心内容是为每个对象和类定义各种行为,包括直接动因的行为、进化史上的相似的行为、功能相似的行为。

所谓行为是指对象达到某种状态时所作的一系列处理操作,这些操作是需要耗费时间的。

定义服务要通过对处理需求进行观察度量,获得相应的文字说明,如图 11 - 5 所示。

（5）确定对象类的关系

关系指客观世界中两个事物(具体的或抽象的)之间的相互作用和影响,可以分为三种:

① 概括(继承),是类与其衍生体之间的关系。

② 聚集,是对象间存在的一种整体与部分之间的关系。如地址,可以包括省、市(县)名、街道名、门牌号码以及邮政编码等部分。

③ 消息连接,其实质是一种调用关系。标识消息连接时,要在发送者的服务说明中建立消息连接的文档,在接受者的服务说明中建立相应的执行服务的文档。通过分析可以用静态关系图表示,如图 11 - 6 所示。

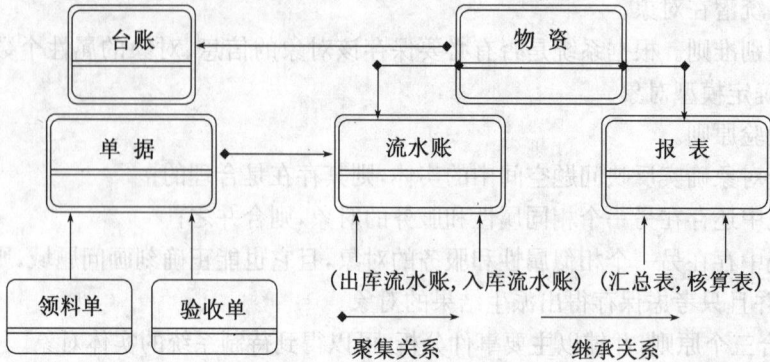

图 11 - 6　实体对象的静态关系

二、面向对象系统设计(Object-Oriented Design,OOD)

与面向对象系统分析相同。主要是从增加属性、服务开始的一种增量递进式的扩充。就是将分析阶段的各层模型化的"问题空间"逐层扩展,得到一个模型化的特定"实现空间",有时还要考虑到硬件的系统结构、软件的体系结构,并采取各种手段(如规范化)控制因扩充而引起的数据冗余。

面向对象设计阶段要解决的问题是如何把分析阶段确定出来的对象和类配置起来以实现系统功能,并建立系统体系结构。具体任务如下:

1. 对实体对象进行增、并、改,并识别接口对象和控制对象

(1) 识别接口对象/类的准则。

① 为用户、主要设备安排接口对象,称之为中央接口对象;

② 对于特制的图形用户接口(Graphic User Interface,GUI),分别建立接口对象。这些接口对象都可以与中央接口对象通信联系。

③ 对于其他类型设备,如某类输出处理设备,可增配接口对象。

接口对象的服务应包括:从系统外部获取信息,并为之提供信息。如用户行为发生变化,则接口对象的服务随之改变。

结合对问题陈述及系统事件的进一步研究,并结合已识别的实体对象,可以得到具体的接口对象,如图 11 - 7 所示。

(2) 控制对象的识别。能否承担某项功能是识别控制对象存在的依据。

控制对象通常是暂时的或瞬间的,只存在于某一系统事件的发生过程中,在实体对象和接口对象之间,控制对象起缓冲作用,如图 11 - 8 所示。

判别实体对象与控制对象的规则:

① 如一个对象包含属性并且是永久的,则该对象是实体对象;否则属于控制对象。

② 一个控制对象最好只与一个和系统交互作用的实体相联系,已减少变化的影响。

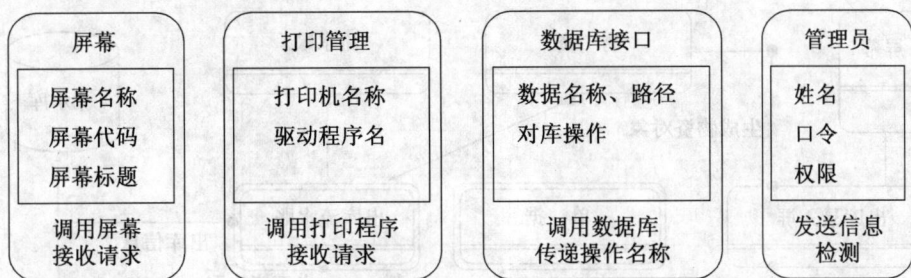

图 11-7　上述案例的接口对象

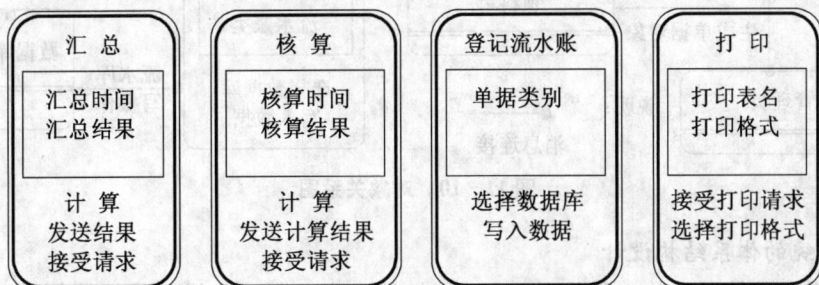

图 11-8　上述案例的控制对象

太复杂和缺乏功能聚合性的控制对象应分解,具有强烈的功能聚合性的控制对象则应合并。

2. 确定实体对象、接口对象和控制对象之间的各种关系,完善对象类结构

其中包括对象静态联系图和对象关系图。

(1) 静态关系。当需要用接口对象或控制对象来保持关于他们所往来的实体对象的信息时,用接口或控制对象与实体对象之间的静态联系实现,如图 11-9 所示。

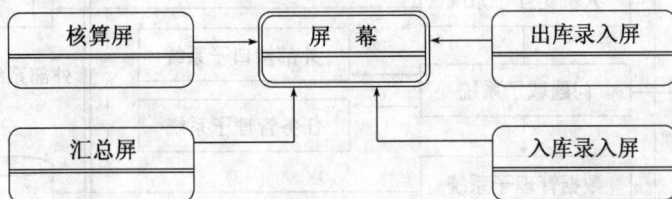

图 11-9　上述案例中部分接口/控制对象的静态联系

(2) 消息连接。通常,实体对象与接口和控制对象无所了解,无消息联系,仅回答接口对象或控制对象发出的通信,接口对象或控制对象接到事件通知的响应,要求所需信息。当接口对象形成明显的结构式,尤其是当一个接口对象能与另一对象类中几个对象联系时,将这种关系明确确定。如用接口对象之间的联系表示窗口之间的转换,如图 11-10 所示。

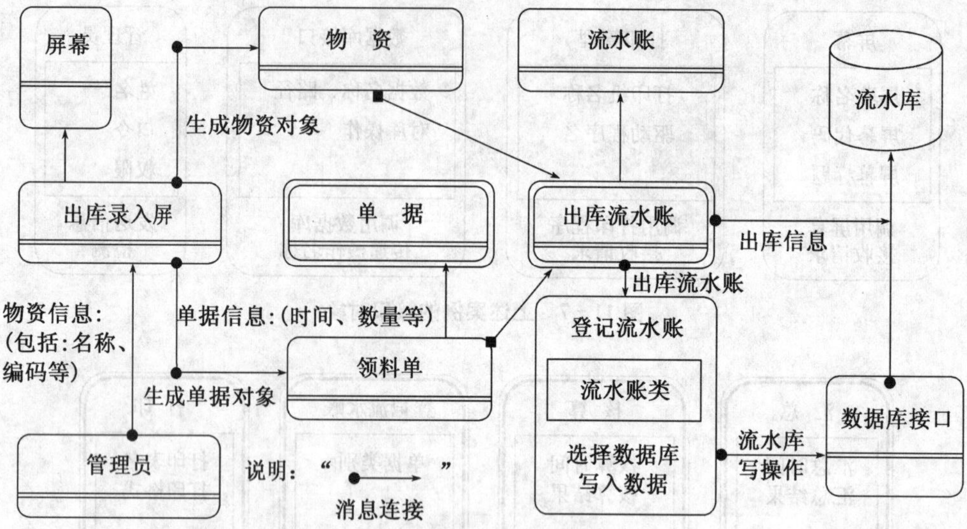

图 11-10　对象关系图

3. 系统的体系结构设计

（1）系统的体系结构。是一种组织机制，是一张蓝图。此机制将系统划分为若干子系统（模块或组件），全面地反映系统各个层次的结构、功能及动态特性。在面向对象系统中，体系结构是采用代表较高级抽象的类集团来表达的。"集团"表达系统必要机制的关键特征，如用户接口、数据库、关键业务功能等。类的集团有实用函数、外部接口、用户接口，存于数据库中持久的对象、计算、进程间通信等类的集团，有助于大型系统的研制。

一般由以下六个部分组成，如图 11-11 所示。

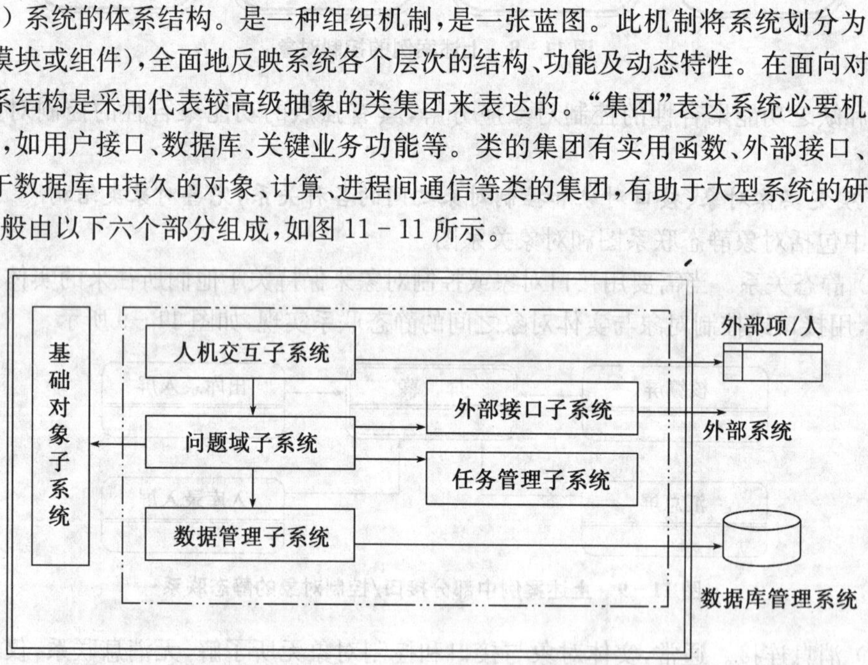

图 11-11　系统的体系结构（系统全貌图）

（2）子系统的详细设计。此为编程奠定基础。

① 问题领域子系统的设计。主要任务是完善对象属性和操作的形式规定，包括限定属性值、确定负载服务的算法等。

例如：对控制对象"汇总"的"计算"服务算法的描述如下：

选择/打开数据库；

读取汇总时间(汇总时间＝//)；

利用 SQL 语句累加一种物资出库量(count all for ... to 汇总结果 1)；

利用 SQL 语句累加该种物资出库量(count all for ... to 汇总结果 2)；

将汇总结果 1、汇总结果 2 以及两者之差存放于中间库(append)；

继续,直到所有种类的物资全部累加完毕；

关闭数据库(close database)。

注意:此法与结构化设计方法中的处理逻辑设计很类似。

② 人机交互子系统的设计。主要确定图形用户接口的总体策略。把窗口(接口对象)、窗口元素(菜单、按钮、表矿、文字输入相等)以及有关问题领域对象之间的关系详细地规定出来。对现有的、可以重用的组件(如标准的对话框等)则无需详细设计。

③ 外部接口子系统的设计。主要处理两种情况:其一,与现存的非面向对象或面向对象系统的交往,方法是可以将现存的系统作为一个黑盒子处理;其二,与现存的面向对象的(子)系统的集成,是一种白盒子处理法,直接对接交往。

④ 数据管理子系统的设计。数据库管理子系统是连接问题域子系统与外部数据库管理系统的桥梁,为实现对象的物理存取建立通道。对于关系数据库管理系统,为了面对对象信息系统存储数据,需要在对象存取时进行格式变换。

对于本章列举的实例,数据库中至少有存放物资信息、流水账信息、台账信息的永久性表,以及记录汇总信息、核算信息的中间表,构成符合关系范式的数据表。

⑤ 任务管理子系统的设计。只有在设计多任务并行系统时,才有任务管理问题。任务对象规定了任务的名称、驱动方式(事件驱动或时钟驱动)、任务优先级以及任务间通信方式。

⑥ 基础对象子系统的设计。主要在于实现应用系统所需的基础构造体,如串、数组、队、栈、结构、树等。这类对象在语义上不同于实体、接口及控制对象。

三、面向对象的实施

这一阶段的主要任务是将 OOD 中得到的模型利用程序设计实现。具体操作时:选择程序设计语言、面向对象应用程序框架的构建、程序编写构建出信息系统的应用软件平台,以及之后的调试、试运行等。

基本过程如下:(以 VFP6.0 为例)

(1) 建立应用程序框架;应用程序的组建文件建立。

(2) 使用"项目管理器"。将程序应用组件分别放在项目管理器各选项卡中,统一管理。

(3) 创建数据库。并在库中建立必要的"表单",包括中间或临时表单。

(4) 创建类。目的在于帮助用户快速创建原型,并向应用程序中添加功能,是代码更易于管理和维护。

(5) 设计用户操作界面。关系用户界面友好问题。

(6) 设计访问信息方法。如为用户提供帮助信息、提示信息等。

(7) 测试与调试。

复习思考题

1. 试述面向对象的基本概念(对象、类、继承、消息等),以及面向对象的含义。
2. 简述面向对象的开发方式与原理。并简述系统开发过程。
3. 将结构化开发方法与面向对象方法作一比较。

第十二章 决策支持系统简介

管理信息系统只能解决结构化的问题,而决策支持系统(Decision Support Systems,DSS)是结合计算机强大的信息处理能力,以交互方式支持决策者解决半结构化或非结构化决策问题的系统,正好弥补了 MIS 的不足。在 20 世纪的 70 年代,DSS 大都由模型库、数据库以及人机交互系统三部分组成,到了 80 年代初,增加了知识库和方法库,构成了三库系统或四库系统;80 年代后期,人工神经元及机器学习等技术的研究与应用为知识的学习与获得开辟了新的途径,专家系统与 DSS 形结合,充分地利用专家系统的定性分析与 DSS 的定量分析的优点,形成了智能决策支持系统 IDSS;而 DSS 与计算机网络技术结合构成了新型的能供异地决策者共同参与决策的群体决策支持系统 GDSS;在 GDSS 的基础上人们将分布式的数据库、模型库与知识库等决策资源有机地集成,构建分布式决策支持系统 DDSS,只是还很不完善。

第一节 决策支持系统的概述

一、决策支持系统的决策功能

决策支持系统的决策功能一般可以归纳如下:

(1) 管理并随时提供与决策问题有关的组织内部信息,如订单、生产能力、财务报表等。

(2) 收集、管理并提供与决策问题有关的组织外部信息,如政策法规、经济统计、同行动态、市场行情、科技进展等。

(3) 收集、管理并提供各项决策方案执行情况的反馈信息,如订单和合同执行进程等。

(4) 能以一定的方式存储和管理与决策问题有关的各种数学模型,如定价模型、库存控制模型、生产调度模型等。

(5) 能够存储并提供常用的数学方法和算法,如回归分析法、线性规划、最短路径等。

(6) 上述数据、模型与方法能容易地修改与添加,如数据模式的变更、模型的连接与修改、各种方法的修改等。

(7) 能灵活地运用模型与方法对数据进行加工、汇总、分析、预测,得出所需的综合信息与预测信息。

(8) 具有方便的人机对话和图像输出功能,能满足随机的数据查询要求,回答"如果……则……"(What ... if ...)之类的问题。

(9) 提供良好的数据通信功能,以保证及时收集所需并将加工结果传送给使用者。

(10) 具有使用者能忍受的加工速度与响应时间,不影响使用者的情绪。

二、决策支持系统的基本特征

(1) 对准上层管理人员经常面临的结构化程度不高、说明不够充分的问题。

(2) 把模型或分析技术与传统的数据存取技术及检索结合起来。

(3) 易于为非计算机专业人员以交互会话的方式使用。

(4) 强调对环境及用户决策方法改变的灵活性及适应性。

(5) 支持但不是替代高层决策者制定决策。

三、决策支持系统的结构特征

(1) 模型库及管理系统。

(2) 数据库及管理系统。

(3) 方法库及管理系统。

(4) 交互式计算机硬件与软件。

(5) 对用户友好的建模语言。

四、决策支持系定义

DSS 是一种以计算机为工具,应用决策科学及有关学科的理论与方法,以人机交互方式辅助决策者解决半结构化和非结构化决策问题的信息系统。

如:物流中心系统对城市产业布局的影响,其模型如图 12-1 所示:

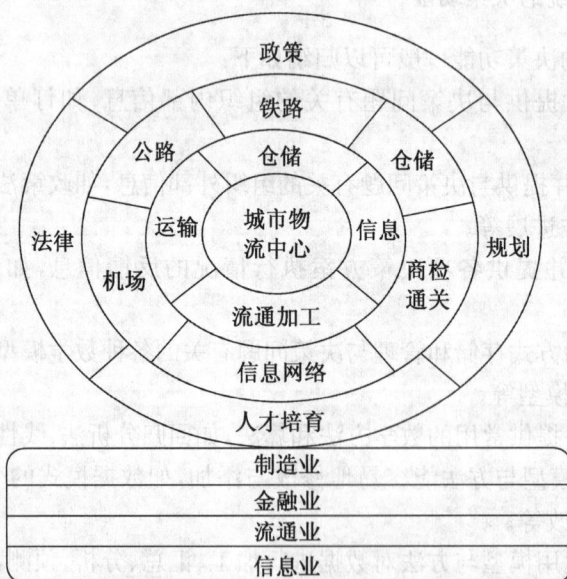

图 12-1 城市现代物流中心系统构成

请你对你熟悉的城市建立一个模型,并提出你的规划方案。

第二节 决策支持系统的组成

一、决策支持系统的概念模型

如图 12 - 2 所示为 DSS 的基本模式。由此可见：决策者是运用自己的知识，把它和 DSS 的响应输出结合起来对他所管理的"真实系统"进行决策。对于"真实系统"而言，提出的问题、操作的数据是输出信息，而人们的初始决策则是输入信息流，通过反复对话分析，反过来再对真实系统进行决策。

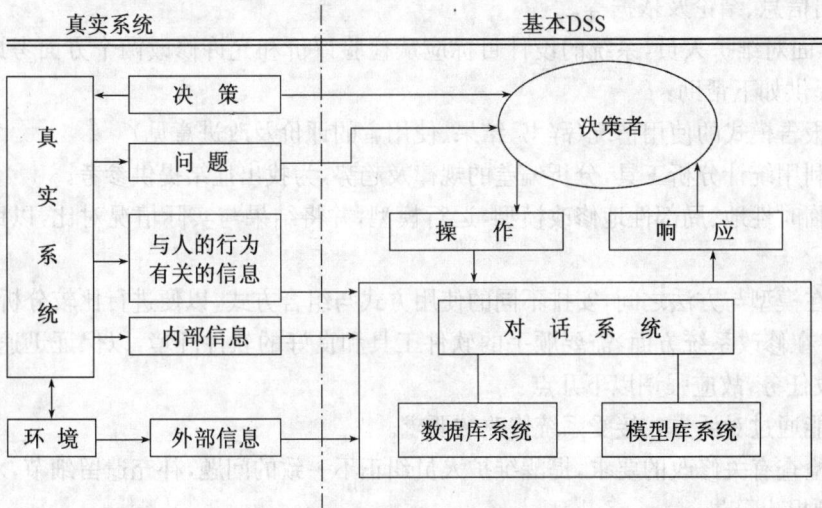

图 12 - 2　DSS 的基本模式

二、决策支持系统的系统结构

1. 三角式结构

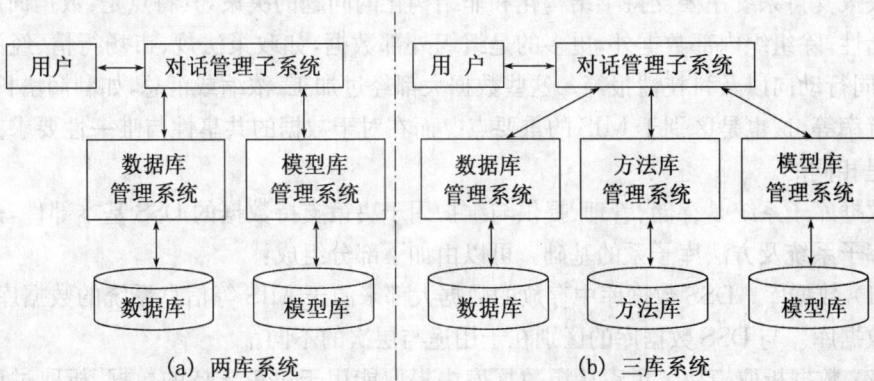

(a) 两库系统　　　　　(b) 三库系统

图 12 - 3　DSS 的三角式系统结构

2. 人机对话子系统

（1）从系统的使用和维护两个方面讨论对话接口的实际目标问题,其总的概念模式如下所述:

① 能使用户了解系统所能提供的数据、模型及方法的情况,如数据模式与范围、模型种类、数量、用途及运行要求等。

② 通过"如果……则……"（What … if … ）方式提问。

③ 对请求输入有足够的检验和容错能力,给用户某些必要的提示与帮助。

④ 通过运行模型,使用户取得或选择某些分析结果或预测结果。

⑤ 在决策过程结束后,能把反馈结果送入系统,对现有模型提出评价和修改意见。

⑥ 当需要的时候,可以按使用者的要求方式,很方便地以图形及表格等丰富的表达方式输出信息、结论及依据等。

（2）面对维护人员,系统的设计目标应从检验评价和允许修改两个方面考虑。为维护人员提供如下帮助:

① 报告模式的使用情况（辞书、结果、使用者的评价及改进意见）

② 利用统计分析工具,分析偏差的规律及趋势,为找出症结提供参考。

③ 临时性地、局部性地修改模型,运行模型,并将结果与实际情况对比,以助于发现问题。

④ 在模型与方法之间,安排不同的使用方式与组合方式,以便进行比较分析。

（3）在修改系统方面,需要顺手的软件工具和良好的软件环境,以保证迅速、可靠地完成修改任务,故应强调以下几点:

① 能通过对话方式接受系统修改的要求。

② 检查有关修改的要求,提醒维护人员纠正不一致的问题,补充遗留细节,对可能出现的问题提出警告。

③ 根据要求,自动迅速地修改系统,包括在模型库中登记新模型、建立各种必要的联系、修改数据库等。

当然,这还是目标。

3. 数据库子系统

决策支持系统主要支持半结构化和非结构化的问题的决策,其特点是:数据面广且又具概括性,除组织内部数据外,更多的是组织外部数据,如政策法规、市场行情、经济统计数据、同行动向以及科技情报等。这些数据大都经过加工、浓缩或汇总,如利润增长率、市场占有率等,这也是区别于 MIS 的重要点。而在对于数据的共享性与唯一性要求方面与 MIS 是相同的。

数据库子系统是存储、管理、提供与维护用于决策支持数据的 DSS 基本部件,是支持模型库子系统及方法库子系的基础。可以由如下部分组成:

（1）数据库。DSS 数据库中存放的数据大都来源于 MIS 等信息系统的数据库,称之为源数据库。与 DSS 数据库的区别在于用途与层次的不同。

（2）数据析取模块。负责从源数据库中提取能用于决策支持的数据,析取过程也是对源数据进行加工的过程,是选择、浓缩与转换数据的过程,复杂费时。

（3）数据字典。描述与维护各数据项的属性、来龙去脉。可以看作数据库的一个组成部分。

（4）数据库管理系统。用于管理、提供与维护数据库中的数据，也是与其他子系统的接口。

（5）数据查询模块。用来解释来自人机对话及模型库等子系统的数据请求，并将结果返回对话子系统或直接用于模型的构建与计算。

4. 模型库子系统

模型是以某种形式反映客观事物本质属性，揭示其运动规律的描述。DSS 设立模型库子系统是为了在不同的条件下通过模型来实现对问题的动态描述，以便探索或选择令人满意的问题解，所以，DSS 事实上是由"模型驱动的"。

应用模型获得的输出结果可以分为如下三种作用：① 直接用于制定决策；② 对决策的制定提出建议；③ 用来估计决策实施后可能产生的后果。

模型库子系统包括模型库、模型库管理系统两个部分。

（1）模型库。属于核心部件，用于存储决策模型，即能让各种决策问题共享或专门用于某特定决策问题的模型基本模块或单元模型，以及它们之间的关系，应具有自学习能力。

用单元模型构造的模型或决策支持模型可以分为模拟方法类、规划方法类、计量经济方法类、投入产出类等，其中每一个类又可以分为若干子类。如经济类可以分为预测类模型、综合平衡类模型（例如生产计划模型、投入产出模型等）、结构优化类模型（工业结构优化等）、经济控制类模型（如财政税收、物价、信贷等）。

模型基本单元在模型库中的存储方式目前主要有子程序、语句、数据和逻辑关系四种方式。

① 以子程序方式存储。常用的原始方式，它将模型的输入、输出格式及算法用完整的程序表示。缺点：不利于修改，造成各类模型相似部分的存储冗余。

② 以语句方式存储。用一套建模语言以语句的形式组成与模型各部分相对应的语句集合，在予以存储。缺点：同子程序方式，但稍有进步。

③ 以数据方式存储。特点是将模型看成一组数据集表示的关系。此法便于利用数据库管理系统来操作模型库，使模型库和数据库能用统一的办法进行管理。一般是在模型实际运行时，把相关数据传递到求解该模型的方法程序中，已达到识别和对该模型求解的目的。

（2）模型库管理系统。主要功能是模型的利用和维护。

① 模型的利用包括决策问题的定义和概念模型化，从模型库中选择恰当的模型或单元模型构造具体问题的决策支持模型，以及运行模型。

② 模型的维护包括模型的联接、修改与增删等。

模型库子系统是在与 DSS 其他部件的交互过程中发挥作用的，与数据库子系统的交互可以获得各种模型所需的数据，实现数据输入、输出和中间结果存取自动化；与方法库子系统的交互可以实行目标搜索、灵敏度分析和仿真运行自动化。

这种交互式在与人机对话系统之间，模型的使用和维护实质上是用户通过人机对话子系统予以控制与操作的。

5. 方法库子系统

使存储、管理、调用及维护 DSS 各部件要用到的通用算法、标准函数等方法的部件，方法一般是用程序方式存储。

它通过对描述外部接口的程序向 DSS 提供合适的环境，使计算过程实行交互式的数据存取，从数据库选择数据，从方法库选择算法，然后将数据和算法结合起来进行计算，并以直观清晰的呈现方式输出结果，供决策者使用。

6. 决策支持系统的三个技术层次

(1) 专用 DSS

是面向用户的能够提供决策支持功能的基于计算机的信息系统。目前的 DSS 都是针对某一个或某一类特定的问题领域。

(2) DSS 生成器

是一种能用来迅速和方便地研制构造专用 DSS 的计算机硬件和软件系统。一般包括数据管理、模型管理和对话管理所需的技术以及能将它们有机结合起来的接口。通过 DSS 生产器可以根据决策者的要求、决策问题域与决策环境等，在较短的时间内生成一个专用的 DSS。

(3) DSS 工具

可以用来构造专用 DSS 和 DSS 生成器的基础技术与基本硬件和软件单元。其特点如下：

① 不同的 DSS 在开发技术与构件上都有共同部分，例如开发语言、结构框架、基本算法、输入输出程序等。

② 从零点开始的 DSS 开发方式周期长，与应用对象的变化不相适应。

常用的工具有数值计算(如净现值)、彩色图形工具、线性规划软件包等。

(4) 三种技术层次之间关系

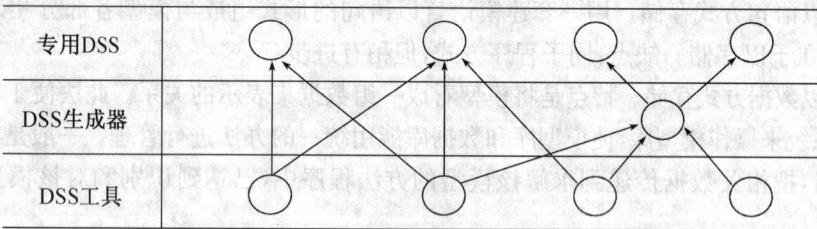

图 12-4 DSS 的三种技术层次

第三节 智能决策支持系统与群体决策支持系统

一、智能决策支持系统的基本概念

人工智能应用的两大分支是专家系统（Expert Systems，ES）和人工神经网络（Artificial Neural Network，ANN），IDSS 是在传统 DSS 的基础上结合人工智能技术而形成的。

二、智能决策支持系统的结构

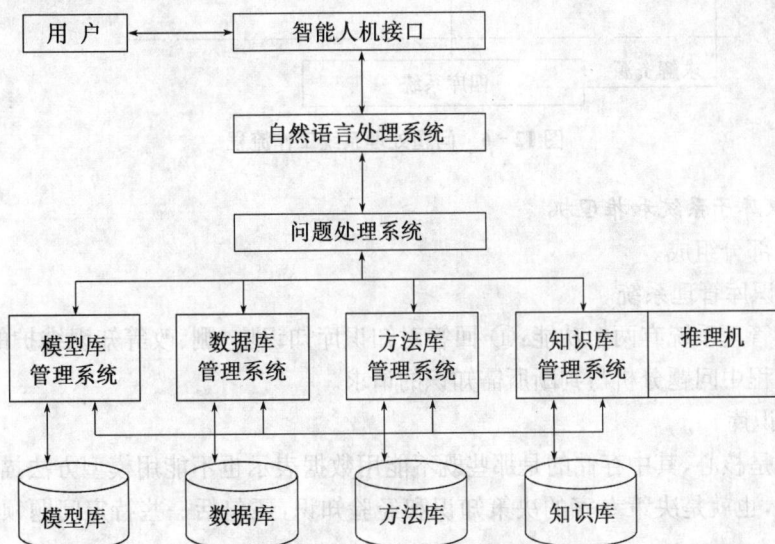

```
┌────────┐         ┌──────────────┐
│ 用 户  │ ◄─────► │  智能人机接口  │
└────────┘         └──────────────┘
                          ▲
                          │
                          ▼
                   ┌──────────────┐
                   │ 自然语言处理系统 │
                   └──────────────┘
                          ▲
                          │
                          ▼
                   ┌──────────────┐
                   │  问题处理系统  │
                   └──────────────┘

┌────────┐ ┌────────┐ ┌────────┐ ┌────────┬──────┐
│ 模型库 │ │ 数据库 │ │ 方法库 │ │ 知识库 │推理机│
│管理系统│ │管理系统│ │管理系统│ │管理系统│      │
└────────┘ └────────┘ └────────┘ └────────┴──────┘
    ▲          ▲          ▲          ▲
    ▼          ▼          ▼          ▼
 ╭──────╮  ╭──────╮  ╭──────╮  ╭──────╮
 │模型库│  │数据库│  │方法库│  │知识库│
 ╰──────╯  ╰──────╯  ╰──────╯  ╰──────╯
```

图 12-5 四库 IDSS 的基本结构

1. 智能人机接口

是接受用自然语言或接近自然语言的方式表达的决策问题及决策目标（极大地改善了人机界面的性能），自然语言处理功能通过语法、语义结构分析等方法将其转换成系统能理解的形式；运行后，系统则以决策者能够清晰理解的或指定的方式输出解进程与结果。

问题处理系统的任务就是识别、分析与求解问题，根据决策问题的结构化程度采用相应的求解方法，选择或构造模型或利用推理机制进行求解。

2. 问题处理系统

其处于 IDSS 的中心地位，是联系人与机器所存储的求解资源的桥梁，主要有问题分析与问题求解器两部分组成。是 IDSS 中最为活跃的部件，起着非常重要的作用。如图 12-6 所示。

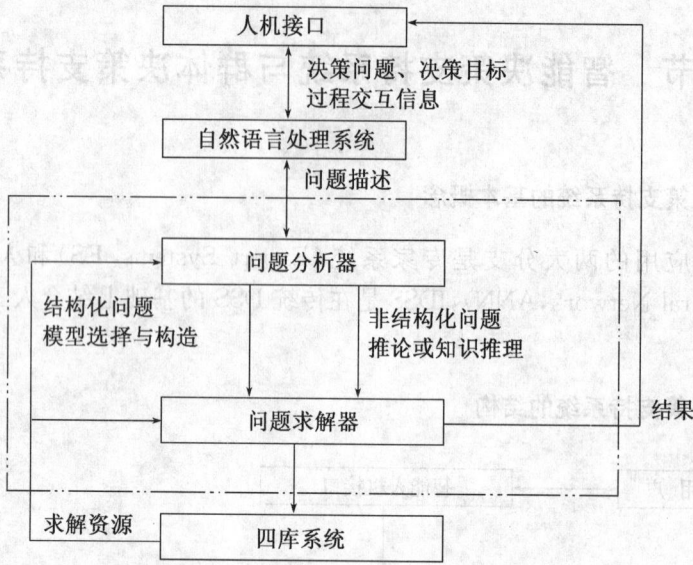

图 12 - 6　问题处理系统工作流程

3. 知识库子系统和推理机

由三个部分组成。

（1）知识库管理系统

知识库管理系统有两个功能：① 回答对知识库知识增、删、改等知识维护的请求；②回答决策过程中问题分析与判断所需知识的请求。

（2）知识库

知识库是核心，其中存储的是那些既不能用数据表示也不能用模型方法描述的专家知识和经验，也就是决策专家的决策知识和经验知识，还包括一些特定问题领域的专门知识。

知识表示是为描述世界所做的一组约定，是知识的符号化过程，其表示形式直接影响到推理的方式，并在很大程度上决定着一个系统的能力和通用性。

知识库中包含事实库与规则库：事实库中存放着"任务 A 是紧急订货"这样的事实；而规则库中存放着"IF 任务 A 是紧急订货，AND 任务 A 是出口任务，THEN 任务 A 按最优先安排计划"这样的规则。

（3）推理机

推理机是指从已知事实推出新事实（结论）的过程。它是一组程序，针对用户问题去处理知识库（规则和事实）。

在经济进入全球化之后，群体决策（GDSS）对于跨国公司就显得尤为重要。

三、群体决策典型特点

（1）不受时间和空间的限制。

（2）能让决策者相互之间便捷地交流信息和共享信息，减少片面性。

（3）决策者可克服消极的心理影响，无保留地发表自己的意见。

（4）能集思广益，激发决策者思路，使问题的方案尽可能趋于完善。

（5）可防止小集团主义及个性对决策结果的影响。

（6）可提高决策群体成员对决策结果的满意程度和置信度。

（7）群体越大效果越显著。

四、典型结构

GDSS 必须建立在一个局域网或广域网上，在构件上，增设了规程库、通信库、共享的公共数据库、模型库以及方法库等。一般以一定的规程，如正式会议或虚拟会议的方式运行，会议由一个主持人及多个与会者，围绕一个称为"主体"的决策问题，按照某种规程展开，如图 12-7 所示。

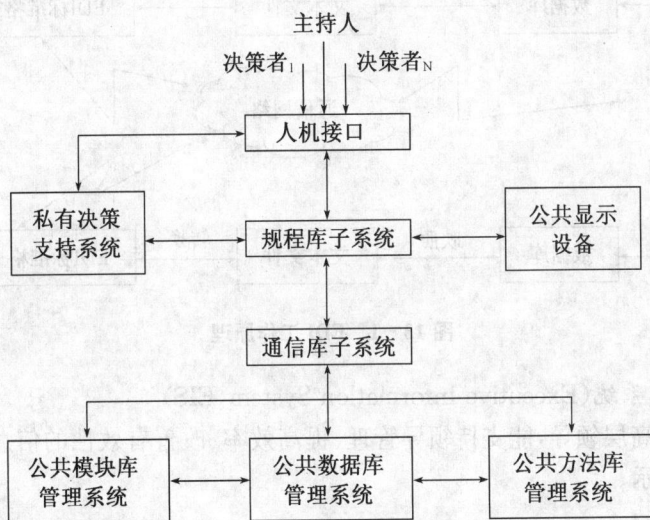

图 12-7　一种具有代表性的群体决策支持系统结构

人机接口接收决策群体的各种请求，这些请求有关于会议要求与安排的发布请求，与会者的数据、模型、方法等决策资源的请求等。

通信库子系统相当于秘书处，是系统的核心，它存储管理"主题"信息、会议进程信息和与会者的来往信息，负责这些信息的收发，沟通与会者之间、与会者与公共库、模型库及方法库之间的通信。公共显示屏信息也由通信库子系统传送给各参会者的站点。

规程库子系统存储与管理群体决策支持系统的运作规则及会议时间流程规则等，如决策者请求的优先级别规则、决策意见发送优先级别规则以及各种协调规则等。

复习思考题

1. 用文字形式对 IDSS 中的问题处理系统工作流程给与恰当的描述。

2. IDSS 与目前流行的 MRPII、ERP、电子商务有何联系？

3. 谈谈你对决策支持系统未来的应用前景与趋势的看法。

第十三章　信息系统的发展对未来的影响

一、信息系统的发展新趋势

1. 电子数据交换(Electronic Data Interchang,EDI)

是企业间业务往来的商业交易资料用标准的格式以电子方式在计算机之间自动进行的传送,如订单、发票、运单、采购单、银行对账等。工作原理如图13-1所示。

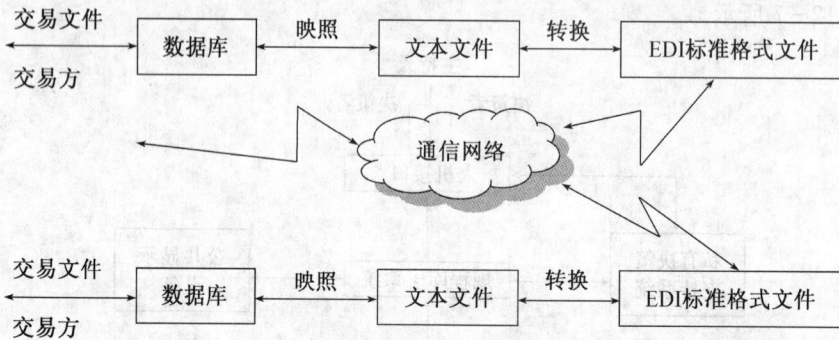

图 13-1　EDI 工作原理

2. 经理信息系统(Executive Information System,EIS)

是面向组织高层领导,能支持领导管理、提高效率、改善有效性的信息系统。概念模型如图13-2所示。

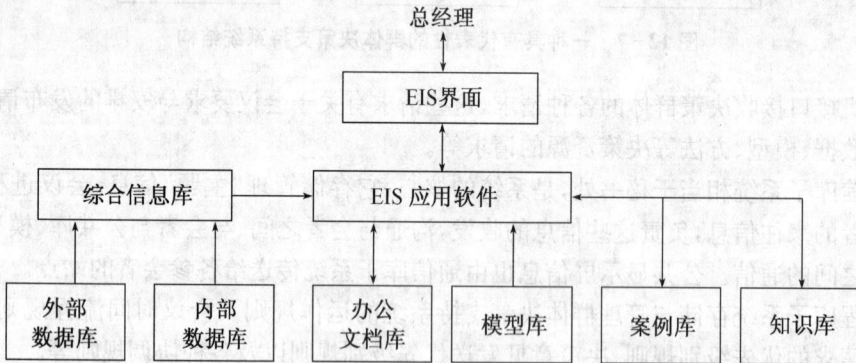

图 13-2　EIS 概念模型

EIS 必须基于人工智能技术,其中案例的类比推理技术尤为重要,还得有丰富的办公支持功能。尚在发展之中。

3. 战略信息系统(Strategic Information System,SIS)

是一种支持企业赢得或保持竞争优势,制定中长期战略规划的信息系统,尚在发展之中。其逻辑结构图如图 13-3 所示。

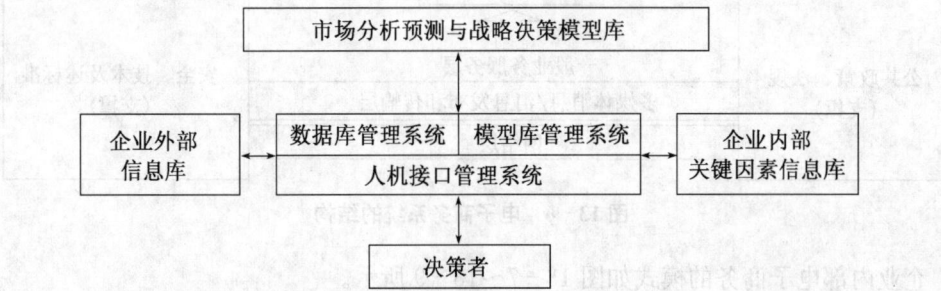

图 13-3　战略信息系统逻辑结构

4. 电子商务(Electronic Commerce,EC)

是一种新型的市场运作模式,同时还影响着企业内部组织结构和管理模式。所以,电子商务是在利用现代电子工具(包括现代通讯工具和计算机网络)的基础上进行的企业经营管理和市场贸易等现代商务活动。如图 13-4～13-6 所示。

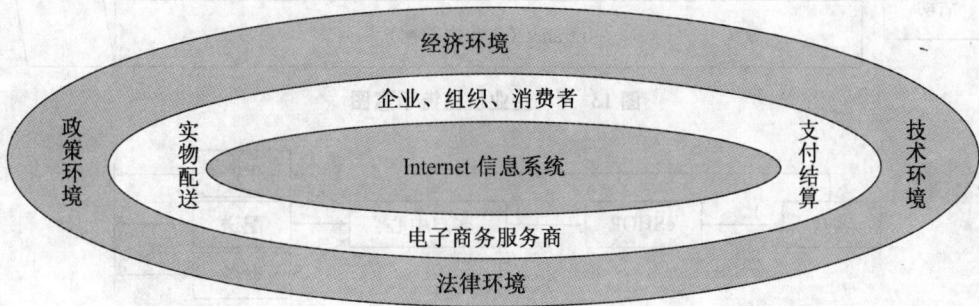

图 13-4　基础电子商务系统

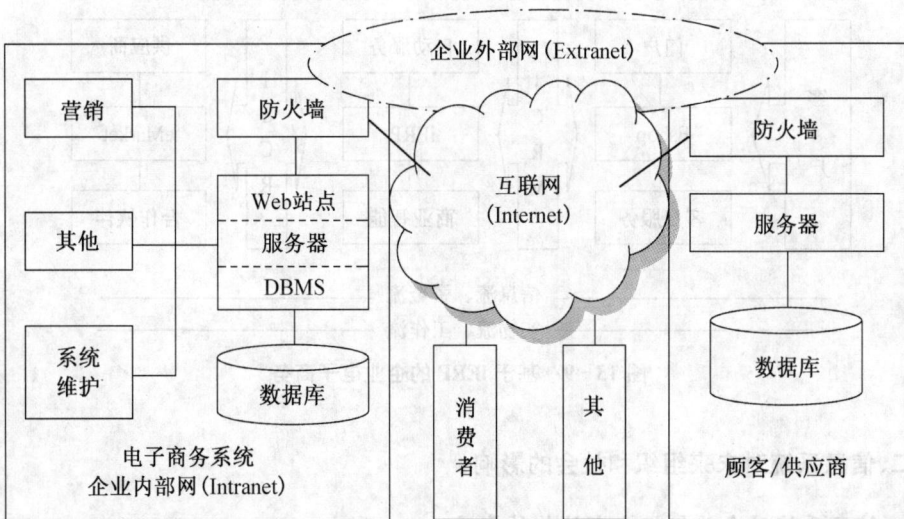

图 13-5　企业电子商务系统组成结构图

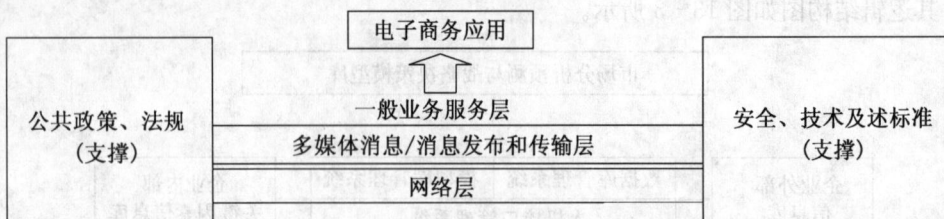

图 13-6 电子商务系统的结构

企业内部电子商务的模式如图 13-7～13-9 所示。

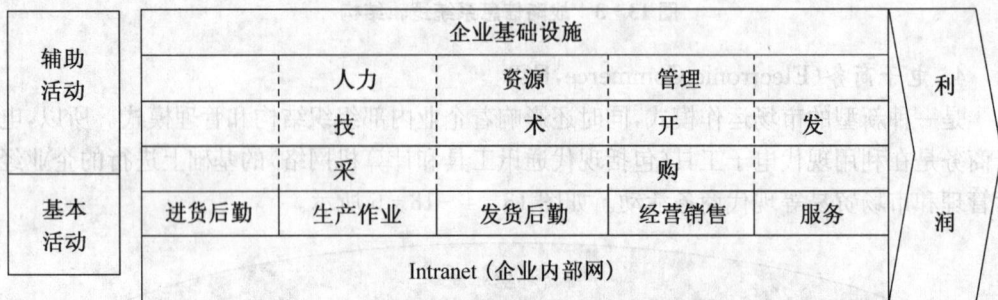

图 13-7 企业价值链示意图

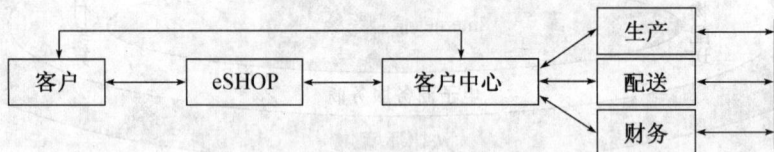

图 13-8 顾客主导型电子商务模式的管理

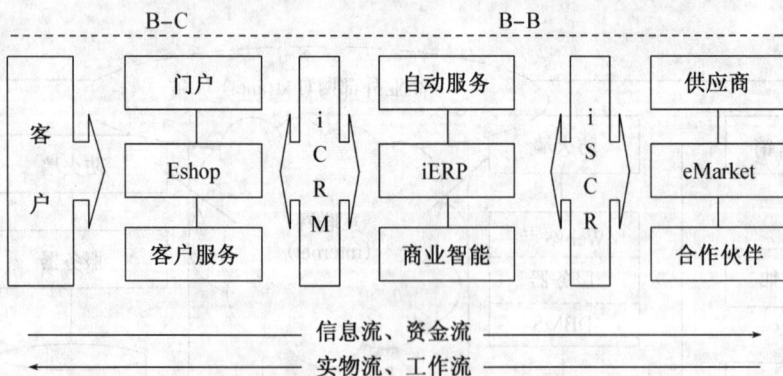

图 13-9 基于 iERP 的企业电子商务

二、信息系统对未来组织和社会的影响

1. 信息系统对企业组织内部结构的影响

（1）信息资源观念与信息系统地位的确立，使企业组织结构向菱形结构发展。

人们普遍接受信息是一项重要的战略资源的观念。信息管理在所有管理部门和技术部门中均占有重要地位,企业中的蓝领职员减少,而白领职员最多,出现首席信息经理(Chief Information Officer,CIO)。

(2) 信息与决策支持功能的开发与利用,是企业组织向扁平方向发展。

外部环境的迅速变化,要求决策效率和速度提升,决策已不再是企业最高层的专利。企业决策权力向下层逐步转移、分散化,管理层则逐步削减而扁平化。

(3) 基于信息网络的信息交流与共享,提高了企业组织结构的灵活性与有效性。

基于市场的瞬息万变、竞争的日益激烈,处于不同地域的企业部门、分支机构或管理人员在必要时可以借助于有关共享信息的分析与判断,突破权力层次的限制,直接地、自信地对生产经营问题作出决策。信息网络系统正好解除了组织结构中僵化与呆滞的不利面,增添了灵活性和积极性。

(4) 信息系统对企业变革的使能器作用,增加了企业过程重组(Business Process Reengineering,BPR)及组织结构优化的成功率。

信息系统是 BPR 的技术基础,也是 BPR 成功的保证。

2. 信息系统对社会的影响

(1) 对经济发展的影响

信息技术的发展促进了信息资源的开发与利用,形成了信息产业;信息产业构成了信息经济的基础,成为推动整个社会经济发展的增长点。特别是全球经济一体化,已是任何力量都无法阻挡的趋势,这是资本发展的必然结果——追求利润的最大化。

(2) 对生活与工作方式的影响

信息交流方式,文化、娱乐、新闻的主动获得,电子货币、交易方式等,涉及习惯、习俗与心理各个方面。

(3) 对科研与教育的影响

文献的检索、科研人员分布所涉及的区域与范围、远程教育等。

(4) 对法律与政策的影响

国家安全保密、知识产权、税法、隐私权等。

3. 信息资源管理

信息资源管理(Information Resources Management,IRM)已是一个热点问题。从广义角度来说,IRM 就是对包括信息、信息技术、信息设备和信息人员在内的信息组元的管理。

(1) 信息资源管理的特征

由于信息资源与其他资源一样具有基本的价值,通过加工能够增加价值。所以,IRM 强调信息、信息技术及信息人员等诸要素的复合性集成管理;强调信息商品和信息经济的概念,侧重信息领域的经济学理论的应用,突出从经济角度进行信息资源的管理;强调信息高层管理和战略管理。

(2) 信息资源管理的目标

定位于要充分体现信息资源的特征,即维护信息资源的概念,在组织中建立 IRM 的职业地位,对组织所有可用的信息、信息技术、信息设备与信息人员合成一体,做统一配置与综合管理,为组织充分有效地开发与利用信息提供保证。

(3) IRM 的内容

① 研究内容:

* 组织中的信息管理:包括组织的结构、目标、管理观念、决策类型与评价方法等信息环境的分析,信息与环境之间相互关系的分析,是组织中各类信息资源协调一致发展的信息构架的研究等。

* 信息管理策略:包括政府宏观的信息战略发展政策与规划、企业开发、组织与利用信息的策略,以及维护信息资源有序发展的有关信息权益、安全等法律问题的研究,信息管理策略还包括信息系统设计思想、人文作用对 IRM 的影响,人的信息心理与行为的研究等。

* 信息资源开发与利用的经济问题:包括信息的度量、信息的价值与成本的测算方法、信息价值的转换、信息产业与信息市场的引导与管理方法的研究等。

* 信息管理的组织体制:信息的管理者或信息管理组织在企业中的地位、职责研究。

② 实践内容:

信息资源的开发;信息资源的组织;信息系统的建设以及信息资源的利用。

三、道德规范与素养

这是一个世界性的难题,却又是必须解决的问题。

复习思考题

1. 请你用文字的形式叙述一下企业战略决策过程及基本问题。
2. 解释基础电子商务系统。
3. 解释企业电子商务系统组成结构。
4. 就信息系统对未来组织和社会的影响问题谈谈你的见解。

管理信息系统开发案例——数字化资源

第十四章　基础篇

第十五章　中级篇

参考文献

[1] 黄梯云. 管理信息系统(修订版). 北京:高等教育出版社,2013.

[2] 薛华成. 管理信息系统(第三版). 北京:清华大学出版社,1999.

[3] 陈晓红. 管理信息系统教程. 北京:清华大学出版社,2003.

[4] 李东. 管理信息系统理论与应用. 北京:北京大学出版社,2001.

[5] 张国锋. 管理信息系统. 北京:机械工业出版社,2001.

[6] 甘仞初. 管理信息系统. 北京:机械工业出版社,2001.

[7] [美]Reaph M. Stair, George W. Reynolds. 信息系统原理. 北京:机械工业出版社,2000.

[8] 周玉清,等. ERP 原理与应用. 北京:机械工业出版社,2002.

[9] 高洪深. 决策支持系统(DSS)——理论、方法、案例. 北京:清华大学出版社,1996.

[10] 陈国青,等. 信息系统的组织管理建模. 北京:清华大学出版社,2002.

[11] 高阳. 计算机网络原理与实用技术. 长沙:中南工业大学出版社,1998.

[12] 左美云,等. 信息系统的开发与管理教程. 北京:清华大学出版社,2001.

[13] [美]斯蒂芬·哈格,等. 信息时代的管理信息系统. 北京:机械工业出版社,2000.

[14] 周玉清,等. ERP 原理与应用. 北京:机械出版社,2002.

[15] 陈佳. 信息系统开发方法教程. 北京:清华大学出版社,1998.

[16] [美]马丁·威尔逊. 信息时代——运用信息技术的成功管理. 北京:经济管理出版社,2000.

[17] [美]琳达·M. 阿普盖特,等. 公司信息系统管理——信息时代的管理挑战. 大连:东北财经大学出版社,2000.

[18] 岳剑波. 信息管理基础. 北京:清华大学出版社,1999.

[19] 高纯. 信息化与政府信息资源管理. 北京:中国计划出版社,2001.

[20] 王士同. 人工智能教程. 北京:电子工业出版社,2001.

[21] [美]小詹姆斯·I. 卡什,等. 创建信息时代的组织. 大连:东北财经大学出版社,2000.

[22] 李师贤,等. 面向对象程序设计基础. 北京,高等教育出版社,1998.

[23] 陈晓红. 工商管理案例集. 长沙:湖南人民出版社,2000.

[24] 中国软件行业协会人工智能协会. 人工智能辞典. 北京:人民邮电出版社,1992.

[25] 陈晓红. 电子商务实现技术. 北京:清华大学出版社,2001.

[26] [美]Gary P. Schneider, James T. Perry. 电子商务. 北京:机械工业出版社,2000.

[27] 方美琪. 电子商务概论. 北京:清华大学出版社,2000.

[28] 陈晓红. 决策支持系统理论与应用. 北京:清华大学出版社,2000.

[29] 姜同强. 计算机信息系统开发——理论、方法与实践. 北京:科学出版社,1999.

[30] 罗超理,等. 管理信息系统原理与应用. 北京:清华大学出版社,2002.

[31] 李劲东,等. 管理信息系统原理. 西安:电子科技大学出版社,2003.

[32] 王要武. 管理信息系统. 北京:电子工业出版社,2003.

[33] 苏选良. 管理信息系统. 北京:电子工业出版社,2003.

[34] [美]Kenneth C. Laudon. Information Systems and the Internet. 北京:机械工业出版社,1999.

[35] [美]Robert A. Schultheis. Management Information Systems. 北京:机械工业出版社,1998.

[36] 罗鸿. ERP 实施全程指南. 北京:电子工业出版社,2003.

[37] 罗鸿,王忠民. ERP 原理、设计、实施(第 2 版). 北京:电子工业出版社,2004.

[38] 用友软件股份有限公司. ERP 应用指南. 北京:机械工业出版社,2002.

[39] 李东. 企业信息化案例. 北京:北京大学出版社,2002.

[40] 罗运模,等. SQL Server 2000 数据仓库应用与开发. 北京:人民邮电出版社,2001.

[41] 朱道立,龚国华,罗齐. 物流和供应链管理. 上海:复旦大学出版社,2001.

[42] 曹国法,卢方元,杨长辉. 中小企业管理信息化研究. 郑州:郑州大学出版社,2003.

[43] 徐震宇. 如何进行企业文化建设. 北京:北京大学出版社,2004.

[44] 石惠波. 如何进行流程设计与再造. 北京:北京大学出版社,2004.

[45] 侯书森,孔淑红. 企业供应链管理. 北京:中国广播电视出版社,2002.

[46] 苗东升. 系统科学原理. 北京:中国人民大学出版社,1990.

[47] Turban E, J E Aronson, T P Liang. Decision Support Systems and Intelligent Systems 7th Edition. New Jersey:Prentice Hall,2005.

[48] Andrew S Tanenbaum. Computer Networks. Fourt Edition. New Jersey:Prentice Hall,2007.

[49] O'Brien, James A, Marakas George M. Introduction to Information Systems. 13th Edition. New York: Irwin/McGraw-Hill,2003.